陕西省社科基金项目:"绿色金融支持陕西
(2023D034)

榆林学院高层次人才科研启动项目:"中国
产业协同发展的机制与路径研究"(2023GK

# 中国与共建"一带一路"国家金融合作对产业协同发展的影响研究

马 艳◎著

中国财经出版传媒集团

经济科学出版社
Economic Science Press

·北 京·

图书在版编目（CIP）数据

中国与共建"一带一路"国家金融合作对产业协同发
展的影响研究／马艳著 . -- 北京 ：经济科学出版社，
2024. 8. -- ISBN 978 - 7 - 5218 - 6219 - 5

Ⅰ. F831. 6；F269

中国国家版本馆 CIP 数据核字第 2024YV7057 号

责任编辑：杨　洋
责任校对：郑淑艳　蒋子明
责任印制：范　艳

**中国与共建"一带一路"国家金融合作对产业协同发展的影响研究**
ZHONGGUO YU GONGJIAN "YIDAIYILU" GUOJIA JINRONG HEZUO
DUI CHANYE XIETONG FAZHAN DE YINGXIANG YANJIU
马 艳 著
经济科学出版社出版、发行　新华书店经销
社址：北京市海淀区阜成路甲 28 号　邮编：100142
总编部电话：010 - 88191217　发行部电话：010 - 88191522
网址：www. esp. com. cn
电子邮箱：esp@ esp. com. cn
天猫网店：经济科学出版社旗舰店
网址：http：//jjkxcbs. tmall. com
北京季蜂印刷有限公司印装
710 × 1000　16 开　16. 25 印张　280000 字
2024 年 8 月第 1 版　2024 年 8 月第 1 次印刷
ISBN 978 - 7 - 5218 - 6219 - 5　定价：114. 00 元
（图书出现印装问题，本社负责调换。电话：010 - 88191545）
（版权所有　侵权必究　打击盗版　举报热线：010 - 88191661
QQ：2242791300　营销中心电话：010 - 88191537
电子邮箱：dbts@ esp. com. cn）

榆林学院高层次人才科研启动项目：中国与"一带一路"国家金融合作助力产业协同发展的机制与路径研究（1515 – 2023GF92）

# 前 言

PREFACE

当前,"一带一路"建设迈入了一个崭新的高质量发展阶段,肩负着维护区域安全稳定,推动经济复苏发展,产业结构转型升级,区域价值链跃迁的重要使命。金融作为资本配置的核心机制与经济发展的命脉,在"一带一路"建设及产业协同发展中发挥着关键作用。然而,共建国家大多为发展中国家或新兴经济体,金融发展基础差、底子薄,难以动员充足的资金以一己之力支撑"一带一路"建设。

区域金融合作通过政策及制度协调,建立区域内部市场,降低金融准入门槛与交易成本,促进区域内金融要素自由流动,为区域产业发展提供资金支持与金融服务,并有效降低金融风险,从而促进区域产业协同发展。因此,"一带一路"产业协同发展需要共建国家和地区联合力量,深化金融合作,构建金融合作新体系、新机制与新模式。前期研究成果大多聚焦金融发展对产业结构升级及经济增长的作用,对共建"一带一路"国家金融合作能否促进产业协同发展这一问题的研究较少,还有待论证与检验。研究中国与共建"一带一路"国家金融合作对产业协同发展的影响效应,厘清其具体传导路径,并进行实证检验,具有十分重要的理论价值和现实意义。

围绕"金融合作能够促进产业协同发展"这一核心观点,首先,本书构建理论框架,从理论层面论证了金融合作对产业协同发展的作用，并系统阐述了其作用机理及传导路径。其次，描述并测度我国与共建"一带一路"国家金融合作水平与产业协同发展状况，并对其区域差异与时空演变特征进行分析。进一步采用固定效应模型、门限效应模型、中介效应模型与空间杜宾模型，就共建"一带一路"国家金融合作促进产业协同发展的直接效应、中介效应及空间效应进行验证。最后，得出结论并提出对策建议，将理论应用于指导"一带一路"建设高质量协同发展的实践中。

本书的主要研究结论：（1）我国与共建"一带一路"国家金融合作水平不断提升，与东盟国家、阿联酋、俄罗斯等国家的金融合作更加紧密，而与其他地区和国家的合作较少，有待依据需求分阶段逐步提升。（2）从共建地区整个产业的分布来看，东亚及南亚大部分地区是初级产品的集中地，也是制造业的集中地，而西亚、北非、独联体和中东欧则是第三产业相对发达。中国的产业结构与东南亚、南亚在第一、第二产业上同时具有竞争性与互补性，而与其他共建地区在初级产品与制成品上的互补性较强，产业协同具有潜在发展空间。（3）我国与共建国家的金融合作存在产业增长协同效应，且第一产业增长的协同性大于第二产业和第三产业。同时金融合作能够促进合作国之间产业结构协同升级，且产业结构高级化协同水平大于产业结构合理化。此外，金融合作与产业协同发展的关系受到共建国家金融发展水平的异质性影响，当共建国家金融发展达到一定水平，才能促进与我国的产业协同发展。（4）金融合作与产业协同发展均存在显著的正向空间溢出效应，即本地区与中国的金融合作与产业协同发展会对相邻地区与中国的金融合作与产业协同发展产生积极影响。（5）技术创新、国际贸易与资本流动是金融合作促进产业协同发展的三条传导路径。技术创新、国际贸易与资本流动均对第二产业协同增长的促进作用最大；国际贸易与技术创新对产业结构高级化协同度的促进作用大于产业结构合理化，而资本流动对产业结构合理化协同度的促进作用大于产业结构高级化。

本书的创新点：（1）以"一带一路"产业协同发展为视角，将产业协同发展问题扩展到国际层面，为后续研究国际层面的产业协同问题提供更广阔的研究视域与有益参考。（2）应用市场均衡优化理论模型推理演绎金融合作促进产业协同发展的理论逻辑，同时构建了金融合作促进产业协同发展的理论分析框架与影响机制，从而拓展和深化了金融发展促进经济增长与产业结构升级的理论。（3）采用区域熵及灰色关联度测算中国与共建国家优势产业及产业协同发展水平，拓展了"一带一路"区域产业协同发展相关研究。（4）应用固定效应模型、中介效应模型、面板门槛回归模型、空间杜宾模型等多种实证方法，检验中国与共建"一带一路"国家金融合作影响产业协同发展的直接效应、中介效应及空间效应，为科学评价金融合作对产业协同发展的影响提供了一个相对严谨的实证分析框架，一定程度上丰富了相关的实证与案例研究。

基于上述研究结论，本书从推动金融合作向纵深发展、明确产业协同发展趋势与方向、畅通金融合作对产业协同发展的作用路径三个方面提出了相应的对策建议，以期为实践以及相关政策的制定提供参考依据。

# 目 录
CONTENTS

# 第1章

# 导　　论

## 1.1　研究背景与意义

### 1.1.1　研究背景

2013 年中国"一带一路"倡议的提出，是全球区域经济一体化与全球区域经济合作的创新与实践。自倡议提出以来，"一带一路"区域经济一体化建设持续推进，构筑了中国与共建国家团结一致，复苏经济的利益与命运共同体，成为世界范围内区域经济合作的新亮点。习近平总书记在第一届"一带一路"高峰论坛上指出，产业是经济之本，"一带一路"国家间的经济融合与一体化发展，需要共建国家深入开展产业合作，在产业层面实现相互融合、相互促进、共同融入全球价值链体系。①

基础设施建设是中国与共建国家对外直接投资与产能合作的重点，是带动"一带一路"区域经济增长与产业发展的重要引擎（隋广军等，2017）。在"一带一路"基础设施投资中，铁路、公路、机场、水电站

---

① 习近平出席"一带一路"国际合作高峰论坛开幕式并发表主旨演讲 [EB/OL]. 中华人民共和国国家互联网信息办公室网站，2017 – 05 – 14.

等项目需要巨大的资金支持,据 2017 年亚洲开发银行(ADB)年报预测,从 2017~2030 年亚太地区基础设施建设投资需求约 26 万亿美元,年均需求约 2.5 万亿美元,其中包括应对气候变化的资金需求。亚太地区要实现 2050 年碳排放清零目标,需要每年将能源投资翻一番以上,即能源投资需要从 2016~2020 年的每年 2.3 万亿美元上涨到 2030 年的每年 5 万亿美元。

金融是经济发展的血液,是国民经济的命脉。金融是与经济发展相互融合、相互促进的动态变化过程。金融发展对经济增长和产业升级的影响与积极作用已被理论与实践普遍认可。大量国际国内研究表明,金融体系通过发挥其资源配置、提供流动性、解决信息不对称、分散风险等功能(Bodie & Merton,1993),对提升全要素生产率,促进经济增长具有巨大支撑与推动作用(King & Levine,1993)。金融发展对产业结构转型升级的影响也同样得到国内与跨国样本的论证(Walter Bagehot,1880;蔡红艳和闫庆民,2004;易信和刘凤良,2018)。此外,还有大量研究论证了金融结构(林毅夫,2003)、金融创新(林毅夫、付才辉和任晓猛,2019)、金融开放(陈雨露和罗煜,2007;张楠,2015;戴鹏毅和杨胜刚等,2021)对产业结构变迁及经济高质量增长的积极影响。由此得出,金融结构的改善、金融开放与创新能够促进金融功能的提升。当金融机构积极参与竞争、持续开放创新时,金融功能会日益提升,从而更好地发挥促进要素空间流动,降低交易成本、减少信息不对称、提升技术水平与劳动生产率的积极效应。因此,金融发展具有潜在的长期经济增长效应与产业结构升级效应。

然而,当前世界政治经济格局变幻莫测,"一带一路"建设面临着世界格局动荡,大国博弈,全球化受阻,经济增速放缓,产业链与供应链缩短等各类风险与挑战。共建国家大部分为发展中国家或新兴经济体,金融开放度不高,金融发展水平较低(见图 1-1),金融市场不发达,融资方式单一,国家政治经济风险大,难以动员充足的资金,依靠一己之力支撑"一带一路"建设。因此,需要共建国家和地区联合集体力量,深化金融合作，构建多元投融资平台与产融结合的金融合作体系，为共建国家的经济复苏、产能合作与产业协同发展助力赋能。

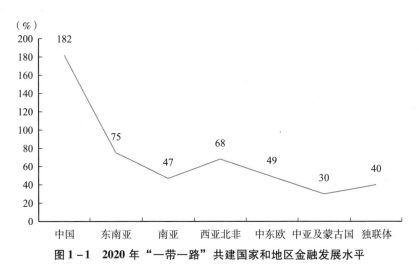

**图1-1　2020年"一带一路"共建国家和地区金融发展水平**

资料来源：根据国泰安数据测算所得。

为支持"一带一路"建设，中国发起成立亚洲基础设施投资银行（以下简称"亚投行"）、金砖国家新开发银行、丝路基金、上海合作组织开发银行等新兴多边开发性金融机构与金融合作平台。2023年是"一带一路"倡议提出到多边合作发展的第十个年头，以中国引领带动，以亚投行等区域金融组织为多边合作平台的"一带一路"国家金融合作是否能够为"一带一路"基础设施建设、产业升级与经济增长发挥积极作用呢？产融结合的金融合作体系能否促进共建国家的经济增长与产业协同发展呢？学者们的研究对上述问题做出一定的解答。李红权和唐纯（2018）和申韬、陆斯琪（2022）认为"一带一路"框架下的金融合作可以加速区域内的资本流动速度，提高金融资源的配置效率，降低共建国家的商品与服务的贸易成本与投资风险，推动共建国家经济增长。李延喜、何超和周依涵（2019）得出金融合作通过资金保障、服务体系网络化布局、跨境信用合作、金融监管四个路径，提升"一带一路"区域创新能力。何建军、毛文莉和潘红玉（2022）的研究则认为，金融合作通过缓解融资约束、推动金融发展、促进知识流动、防范金融风险四个路径，推动区域创新发展。梁双陆和刘林龙（2020）的研究表明，中国与东盟国家的金融合作通过技术引进与技术创新能够促进彼此产业结构优化升级。然而，对于产融结合的金融合作体系能否促进共建国家的经济增长与产业协同发展这个问题的解答还有待从理论、实证和实践等方面进行系统深入研究。

目前，关于"一带一路"框架下的金融合作方面的研究成果较为丰富，大多聚焦于合作动力、合作模式、合作风险及合作路径的探索。然而，相关研究都偏向于理论和政策层面，立足国际金融与经济相互联动，"一带一路"国际区域协同，综合分析研究"一带一路"金融合作对合作国产业协同发展的影响机理、路径及实证计量检验的研究文献较少，有必要将理论、实践以及实证结合，系统构建"一带一路"框架下金融合作促进双边产业协同发展的理论框架，并探索区域内国家间产业的优势互补与分工协作，金融合作促进产业链协同升级的有效路径，并对其实现机制及有效性进行实证检验。鉴于此，本书聚焦于中国与"一带一路"金融合作对产业协同发展的影响效应问题，从理论与实证两方面来系统研究上述问题。

## 1.1.2 研究意义

本书深入分析"一带一路"金融合作对产业协同发展的影响机理与作用路径，不仅可以拓宽和丰富金融合作与产业协同发展相关理论，而且对共建"一带一路"国家深化金融合作与促进产业协同发展具有一定的实践借鉴意义。

1. 理论意义

首先，基于金融发展与经济增长的关系理论、产业发展、产业关联等理论，构建了金融合作促进产业协同发展的理论分析框架。金融合作通过政策及制度协调，建立区域内部市场，降低准入门槛与交易成本，促进区域内要素流动，为区域间投融资合作、进出口贸易与产业技术创新提供信息平台、资金支持与金融服务，有效降低投融资风险，促进区域金融发展、技术创新、国际贸易与对外直接投资活动。上述活动通过空间溢出与产业关联等效应，带动区域内整体产业协同增长与产业结构协同升级。本书理论框架的构建有利于深化与拓展金融发展与经济增长关系理论。

其次，探究金融合作对产业协同发展影响机制及作用路径，继而归纳出三条影响渠道：资本流动、国际贸易与技术创新渠道，为构建此问题的理论解释框架拓宽了思路。

最后，测度中国与共建"一带一路"国家金融合作与产业协同发展水平，并实证检验金融合作对产业协同发展的影响机制与路径，有助于丰富现有关于金融合作与产业协同发展的实证与案例研究。

2. 现实意义

首先，研究中国与共建"一带一路"国家金融合作影响因素、效应、模式、现状及问题，有利于当前"双循环"新发展格局背景下，更准确地把握我国与共建国家金融合作所处阶段、存在的风险与障碍、肩负的责任与使命、目标与实现路径，从而为我国政府部门扩大对外开放、搭建金融合作平台、深化金融合作内容、制定金融合作推进战略提供现实依据。

其次，定性定量分析中国与共建"一带一路"国家产业协同发展现状及问题，有助于增强我国对区域内各国优势产业、产业结构、所处工业化阶段及与中国产业协同程度的了解，为更好地发挥地区优势产业，进行产业分工合作与产业对接做好铺垫。同时，有助于政府机构与相关部门通过加快基础设施建设、提升贸易投资便利化程度与加大研发创新力度，促进中国与共建国家的产能合作与产业协同发展提供参考。

最后，系统研究中国与"一带一路"金融合作助推产业协同发展的影响机理、路径、现状及问题，提出金融合作助力产业增长与产业链协同升级的可行性路径与保障措施以及风险监控体系的对策建议, 有助于为我国与共建国家金融合作更好地助力产业协同发展提供借鉴。

## 1.2  研究思路与方法

### 1.2.1  研究思路

本书围绕中国与 "一带一路" 共建国家金融合作促进产业协同发展这一核心问题, 首先构建理论分析框架, 并厘清作用机制与作用路径。其次, 就中国与共建 "一带一路" 国家金融合作影响产业协同发展的直接效应、中介效应与空间效应进行实证检验。最后, 就中国与共建 "一带一路" 国家金融合作如何促进产业协同发展提出对策建议。具体思路如下:

第一步, 界定 "金融合作" 与 "产业协同发展" 的概念, 对 "一带一路" "金融合作" "产业协同发展" 及金融合作对产业协同发展的影响相关理论进行梳理、相关文献进行归纳述评, 奠定本书的研究基础。

第二步, 通过数理模型推导 "一带一路" 框架下金融合作影响产业协同发展的理论逻辑与理论解释。在此基础上, 构建金融合作促进共建国家产业协同发展的理论框架, 并分别探讨金融合作对产业协同发展所产生的直接效应、空间效应及中介效应。

第三步, 科学评价中国与共建 "一带一路" 国家金融合作与产业协同发展的现状与问题。在现实描述合作基础、合作需求、合作内容与风险防范的基础上, 通过构建综合评价指标, 深入考察中国与共建 "一带一路" 国家金融合作的区域时空演变过程与特征。采用区位熵与灰色关联度描述评价共建各国的优势产业与产业结构差异, 来描述与评价中国与合作国产业协同发展水平。

第四步，采用多种计量模型与方法实证检验我国与共建"一带一路"国家金融合作是否存在产业增长与产业结构升级的协同效应。首先，采用固定效应、门槛效应就金融合作影响产业协同发展的直接效应进行检验；其次，采用空间杜宾模型就金融合作影响产业协同发展的空间效应进行验证；最后，采用中介效应模型，就金融合作影响产业协同发展的作用路径进行检验，并得出结论。

第五步，从深化金融合作、促进产业协同发展、加强金融与产业的融合几个方面提出有效促进我国与共建"一带一路"国家金融合作与产业协同发展的路径与政策建议。

### 1.2.2　研究方法

本书在研究方法上遵循文献梳理→理论构建→现状描述→实证检验→对策建议，这一研究基本逻辑与范式，采用文献研究、归纳演绎、统计比较及计量分析等方法。具体如下。

（1）文献研究法。本书通过阅读和梳理金融合作与产业协同发展相关文献与研究成果，跟踪了解国内外有关实践动态，从而发现现有研究的不足之处与研究空白，确立本书的研究方向。

（2）归纳演绎法。本书在梳理金融合作与产业协同发展等相关文献时采用了归纳演绎的逻辑分析方法，从而构建了本书的理论框架，继而提出了本书的研究假设；通过借鉴经典生产函数模型演绎推导出本书的数理模型；在金融合作与产业协同发展两个核心变量的特征、度量方式及动力机制分析中，使用了归纳与分类的逻辑分析方法。

（3）统计比较法。本书在描述分析中国与共建"一带一路"国家金融合作现状、金融合作综合指数、共建各国优势产业测算、产业结构差异、产业协同度测算等相关内容时，使用了直观的图表和数据进行统计分析，并进行区域间、国家间和不同的时间段横向和纵向比较分析，总结其差异与变化的规律及原因，为后文的理论推理与计量检验夯实基础。

（4）计量分析法。本书在实证部分，采用 SPSS、EXCELL，STATA15等软件，通过描述性统计与固定效应模型、门限效应模型及空间杜宾模型等多种计量模型，就中国与共建 "一带一路" 国家金融合作促进产业协同发展的存在性及异质性作用效果进行实证检验。

# 1.3 研究内容与框架

## 1.3.1 研究内容

从结构上看，本书的研究内容主要包括导论、文献综述、理论分析、现状描述、变量测度、实证检验和对策建议七个方面，九章内容。具体内容及框架为：

第1章为导论，主要阐述本书的研究背景与意义、研究思路与方法、研究内容与框架、研究创新点等。

第2章为文献综述。主要回顾和梳理了金融合作的动因、模式与效应，产业协同发展的影响因素、动力机制与协同类型以及金融合作对产业协同发展的影响等相关研究。通过归纳、总结评述了国内外相关问题的研究成果及其启示，明确本书需要进一步研究的方向与重点。

第3章为理论研究。首先，对主要研究对象的概念进行界定。其次，阐述所应用到的相关基础理论。再次，通过构建模型，对 "一带一路" 建设实施前后我国产业增长率及产业结构升级速度进行比较静态分析，探索深化中国与共建 "一带一路" 国家金融合作促进产业协同升级发展的理论模型与理论解释。最后，利用相关基础理论，构建了金融合作促进产业协同发展的理论框架，并归纳演绎出金融合作促进产业协同发展的影响机理与路径，并将其置于 "一带一路" 背景之下。

第4章为现实描述。从货币互换合作、金融机构互设、金融市场开放与金融监管合作四个维度描述了中国与共建"一带一路"国家金融合作的现状及问题，同时从中国与共建国家产业协同基础，产业结构互补性，所处的工业化阶段，产能合作现状等方面描述了中国与共建国家产业协同现状及潜力，并提出目前金融合作促进产业协同发展存在的障碍。

第5章为变量测度。从货币互换合作、金融机构互设、金融市场开放与金融监管合作四个维度构建了金融合作指数，采用描述性统计分析方法，系统地分析了"一带一路"区域金融合作与产业协同发展的现状、特征、趋势及问题，并依据当前共建国家和地区产业优势与互补性，研判了未来"一带一路"区域产业合作的潜力与方向。

第6章为实证研究。采用固定效应模型与门槛面板模型就中国与共建各国金融合作能否促进中国与共建国家三次产业的协同增长与产业结构协同升级进行实证检验。

第7章为空间效应检验。应用空间自相关及空间杜宾模型，就金融合作促进产业协同发展的本地效应与空间溢出效应进行实证检验。

第8章为中介效应检验。应用中介效应模型，实证检验基于资本流动、进出口贸易与技术创新三条路径的金融合作对产业协同发展的影响及作用效果。

第9章为结论及对策建议。归纳总结本书重要研究结论，并据此提出了金融合作促进产业协同发展的对策建议，最后简要指出本书研究不足及后续研究方向。

## 1.3.2　研究框架

本书的研究内容框架如图1-2所示。

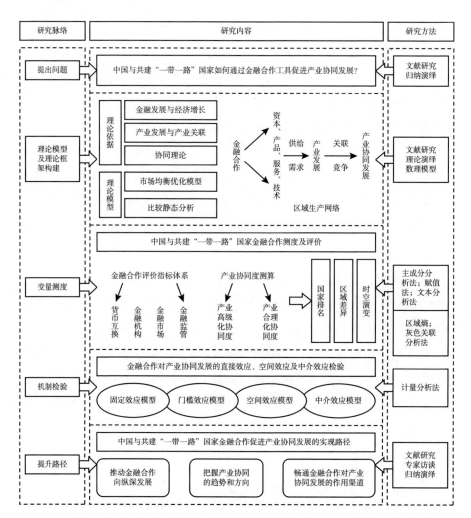

**图 1-2 本书研究框架**

# 1.4 本书创新之处

本书主要有以下几个方面的特色及创新:

(1) 研究视角的拓展。自党中央提出"一带一路"、京津冀、长三角经济带三大协同发展战略以来,已有文献对京津冀、长江三角洲等国内区域协同发展的研究较为丰富，而关于"一带一路"协同发展的文献则较为少见。本研究以国际区域经济一体化为背景，"一带一路"产业协同发展为视角，研究金融合作对中国与共建"一带一路"国家产业协同发展的影响问题，将产业协同发展问题扩展到国际层面，为产业协同发展研究提供了一个新的研究视角，丰富了"一带一路"金融合作促进产业协同发展的研究内容。

（2）理论机制的深化。本研究响应金融发展与经济增长理论，综合应用金融发展、产业发展、产业关联、区域协同等理论，构建了金融合作促进产业协同发展的理论分析框架，揭示金融合作影响产业协同发展的机理。首先，金融合作对产业协同发展的直接效应表现为：区域内国家间通过建立金融沟通机制与合作平台，签订合作协议，降低金融市场壁垒与交易费用，促进货币互换、金融机构互设、金融工具创新与金融市场开放，为区域内产业发展提供更多的货币工具、更大资金支持、更便利的金融服务与更安全的金融环境，从而促进区域内产业的协同发展。其次，金融合作通过促进资本流动、国际贸易与技术创新活动的中介效应促进产业的协同发展。具体表现为：金融发展为区域内产业发展提供更好的金融支持，使产业能够通过国际贸易、资本流动与技术创新等活动实现"走出去"与"引进来"的跨国经营。国际贸易、资本流动与技术创新活动通过改善要素禀赋、需求拉动、就业创造、竞争示范、技术溢出、产业关联等效应，提高了劳动生产率，实现了产业协同发展。最后，金融合作通过区域金融发展空间溢出、技术创新空间溢出以及产业空间协同效应，促进区域内金融发展与技术创新水平的提升、产业分工布局优化、产业的跨境转移升级、产业链的关联带动，从而推动了区域产业协同增长与产业结构协同升级。因此，本书在国际产业协同视角下，突出金融发展与技术创新的溢出效应及产业分工、产业转移、产业关联对产业协同发展的重要性，从而丰富和拓展了金融合作促进产业协同发展的理论框架。

（3）指标测度的改进。本研究综合以往的研究方法，从双边本币互换、金融机构互设、金融市场开放、金融监管合作四个维度采用了主成分分析法合成金融合作的综合指数，对金融合作水平进行评价，进一步扩充了以往的研究样本，丰富和完善了金融合作指标的测度方法。此外，以往研究鲜有对中国与共建 "一带一路" 国家优势产业及产业协同发展程度进行测度，本研究首次尝试采用区域熵对中国与共建 "一带一路" 国家优势产业进行测算，并采用灰色关联度对中国与共建 "一带一路" 国家产业协同发展程度进行评价，丰富了现有关于 "一带一路" 金融合作与产业协同的测度研究。

（4）实证方法的多元化。以往部分研究关注金融支持区域协同发展（易会满，2004；崔海洋和袁倩莹，2022；薛畅、何青和张策，2022）、金融合作对经济增长的影响（李红权和唐纯，2018；申韬和周吴越，2021；申韬和陆斯琪，2022；杜婕和乔琳等，2022）、金融合作对产业结构升级的影响（梁双陆和刘林龙，2020），鲜有研究将金融合作与产业协同联系在一起，相关的实证研究更是匮乏。本书在实证研究中分别通过固定效应模型实证分析了金融合作促进产业协同发展的客观存在性与协同作用效果，尤其是在异质性分析部分，采用面板门槛回归，考察了不同的金融发展水平下金融合作对产业协同发展的异质性影响；通过中介效应模型，将对资本流动、进出口贸易与技术创新作为中介变量的金融合作对产业协同发展的影响路径进行验证；通过空间面板模型，对金融合作促进产业协同发展的空间溢出效应进行了计量与实证检验。在一定程度上丰富了区域金融合作与产业协同发展的相关实证研究，为合理解释金融合作助力中国与共建 "一带一路" 国家产业协同发展的机理与推进路径提供了新的经验证据。

# 第 2 章

# 文 献 综 述

本章从"一带一路"、金融合作、产业协同发展的相关研究及金融合作对产业协同发展的影响研究等视角,梳理相关理论及实证研究动态。首先,梳理"一带一路"倡议对中国与共建国家贸易、投资、产能与金融合作的成效及所面临的风险与挑战;其次,梳理两个核心变量金融合作的动因、模式与效应以及产业协同发展的影响因素、动力机制及协同类型;最后,梳理金融发展对产业协同发展的影响。

## 2.1 "一带一路"相关研究

"一带一路"是中国国家主席习近平提出的"丝绸之路经济带"和"21世纪海上丝绸之路"的简称。前者是 2013 年 9 月习近平主席访问哈萨克斯坦时宣布的,后者是 2013 年 10 月访问印度尼西亚时宣布的。"一带一路"倡议以"和平与发展"为使命,旨在通过借助区域多边合作平台与合作机制,与共建国家建立开放、包容、合作、共赢的关系,实现中国与共建国家协同与可持续发展。近年来,关于"一带一路"经贸领域的研究成果丰硕,令人瞩目。主要涉及"一带一路"倡议的实施意义、经贸合作的内容、合作成效及面临的风险与挑战等,代表性成果主要集中在以下几个方面。

### 2.1.1 贸易合作

"一带一路"倡议所产生的最直接的效应就是贸易效应。关于"一带一路"贸易的相关研究成果相当丰富，主要涉及共建国家的比较优势、贸易增长、贸易结构、贸易便利化等内容。中国希望通过基础设施建设合作、财政援助、贸易联系将中国与共建国家纳入互惠互利的进程。因此，"一带一路"倡议有助于中国与共建国家贸易增长（Vinod K.，2006）。自由贸易和金融政策以及技术进步已经使国际贸易活动和金融部门的发展成为现代全球经济中经济增长的引擎（Marcel Kohler，2011）。部分学者构建贸易引力模型，研究共建国家对贸易便利化程度与其贸易增长的关系。其中，张亚斌和李俊（2016）测度共建国家和地区的贸易便利化水平，并实证分析各国对外贸易便利化程度对其对外贸易增长的影响。研究结果发现，共建国家对外贸易便利化程度的提升能够显著促进其贸易增长。因此，共建国家应通过改善制度质量，进一步扩大对外开放，提升贸易便利化水平，发展本国优势产业、建设自由贸易园区等举措，共同提升共建国家间的经贸合作水平（许家云，2017）。中国与共建国家和地区，比较优势不同，贸易互补性较强，产业结构差异大，经贸合作水平有待进一步提升（韩永辉，2015）。还有学者研究得出共建国家能源与矿产资源丰富，具有多元化出口意愿，与中国能源进口需求形成战略互补，因此中国与共建国家的能源贸易应作为未来合作的重点领域（张其仔和郭朝先等，2017）。许培源和罗琴秀（2020）应用 GTAP 模型的实证研究表明"一带一路"自由贸易区网络的构建，对共建国家的对外贸易、经济增长、产业结构升级及社会福利均具有正向影响，且先动者具有先行效应，应分阶段、分步骤、分重点地逐步推进，最终形成以中国为主导的自由贸易区网络。

### 2.1.2　投资合作

关于共建"一带一路"国家投资合作的研究主要涉及基础设施建设、国际产能合作、投资便利化及投资风险规避等领域。

1. 基础设施建设相关研究

"一带一路"建设初期，铁路、公路、桥梁、电力、水利、机场、港口等基础设施项目建设是重点领域，需要大量的资金、人力和技术支持，中国央企具有中国政府的各种信贷及金融支持，因此，能为中国企业进行海外投资带来重大机遇（Zheng Xinli，2015）。"一带一路"基础设施建设与产能合作是对外直接投资的重点领域，当前阶段应当以继续发挥和完善开发性金融作用为主，同时加大培育和挖掘商业金融潜力、加快推进区域金融中心建设、提早规划区域资本市场（王保忠和何炼成等，2015）。田国立（2019）提出"一带一路"基础设施融资难题的解决，可以通过向全球推广"一带一路"债券、股票、理财产品、资产证券化产品、政府与社会资本联合等方式，广泛募集资金来实现。

2. 产能合作相关研究

在"一带一路"倡议的推动下，国际产能合作既为发展中国家提供了新的产业合作方式，也为区域乃至世界产业发展开辟了新途径，提供了"中国方案"（李晓玉，2016）。郭建鸾和闫冬（2017）梳理了近年来中国和共建"一带一路"国家产能合作发展状况，得出中国与共建国家在基础设施建设、能源、贸易投资等方面的产能合作规模不断扩大、合作领域主体多样化的趋势。然而，目前"一带一路"产能合作还面临着融资渠道单一、投资领域集中、遭受资源掠夺指控、企业投保意识不强、保险制度不健全、难以融入东道国社会等障碍。目前，很多共建"一带一路"国家和地区处于工业化发展初期，工业体系不完善，产业链尚未形成较好的配套，给外商直接投资产能合作造成了不便（马建堂，2020）。

3. 对外直接投资相关研究

对外直接投资方面的研究成果主要集中在我国与共建国家对外直接投

资影响因素、投资现状、区位选择以及面临的风险等方面。贾妮莎和韩永辉（2018）的研究发现"一带一路"对外直接投资的效果受区域经济发展水平、外贸依存度、人力资本水平、知识产权保护水平、制度环境等因素的影响。杨栋旭和于津平（2021）构建投资便利化指标，拓展引力模型，检验共建"一带一路"国家投资便利化程度对对外直接投资的影响。其研究得出，提升共建国家投资便利化水平能够通过降低投资成本、减少投资风险、提升投资效率三个渠道促进对外直接投资。王曼怡和郭珺妍（2020）分析中国对共建"一带一路"国家的直接投资格局和分布后发现，中国对外直接投资存在问题包括：投资地区分布不均，投资行业过于集中，投资产业层次偏低等现象。具体表现为，中国对共建国家直接投资主要流向新加坡、马来西亚、印度尼西亚等东南亚国家，且主要流向基础设施建设、能源开发与初级产品加工等领域。史瑞祯和桑百川（2022）的研究发现，中国对共建"一带一路"国家的对外直接投资更倾向于选择中国劳动力成本与资本成本更低廉、与中国的制度距离与创新距离更小的区位，同时也会选择资源禀赋更优、资本存量及技术水平更高国家或地区。近年来，中国与共建"一带一路"国家对外直接投资合作在规模和层次上不断推进，但一些国家政局不稳，再加上美国、欧盟、俄罗斯等复杂利益博弈，势必对合作产生不利影响。此外，阿富汗、菲律宾、斯里兰卡等共建一大批国家因资金不足、人事变动或政府转移支付等，使得中国部分大型投资项目最终被停止、搁置或摧毁。因此，对外直接投资还面临着投资回报率不确定，资金无法收回的风险（Miao Ji，2015）。此外，投资与并购活动中的外部冲突、法律秩序与道德风险较大，因此，中国企业对共建"一带一路"国家的对外直接投资中，对风险进行评估与防范显得尤为重要（白力和王明生，2022）。

### 2.1.3 金融合作

1. 亚投行作用

国外对"一带一路"金融领域的研究主要关注亚洲基础设施投资银行

（以下简称"亚投行"，AIIB）的地位和影响。白明（Bai Ming，2014）认为亚投行不仅能促进亚太经合组织（APEC）金融合作平台的建立，还可以改变区域经济合作的总体趋势。冷泉（Reisen，2015）认为亚投行的主要功能是支持基础设施建设。随着时间的推移，亚投行将其投资重点转向应对气候变化、减贫、难民援助等领域，因此亚投行的成立对亚洲经济发展和城市化进程具有非比寻常的意义。伊藤（Ito T.，2015）推断中国主导成立亚投行是为提高其在全球金融体系中的地位。卡拉汉和哈伯德（Callaghan & Hubbard，2016）梳理了全球对亚投行的态度，总结得出亚投行是一家成熟的多边银行，其表现良好，连续多年获得最高信用评级。中国主导成立亚投行的积极意义在于为亚投行成员方投融资提供便利，为共建各国经济发展提供更多机遇。因此，亚投行的成立促进欧亚大陆，甚至整个世界的基础设施建设，加强运输和生产连通性，加强了中国与共建国家的贸易、投资、金融合作和国际化发展。

2. "一带一路"金融合作现状、问题及对策

国内学者对"一带一路"金融合作的研究主要集中在金融合作的现状、问题、风险、路径及对策建议等方面。程贵（2015）通过描述"丝绸之路"经济带国家双边本币互换、本币结算、多元化投融资建设、深化金融监管合作等方面的进展后得出，区域货币金融合作存在着政策协调难度大、主导权竞争及区域局势动荡等方面障碍，应从促进经济协调发展、加强政治对话、深化金融市场改革、加强区域安全几方面着手，进一步提升合作水平。周小川（2017）指出，为了解决"一带一路"基础设施建设能力不足，资金缺口较大的问题，共建国家金融合作需要从发挥开发性金融功能，加强金融基础设施建设、促进金融机构互设、实现金融服务对接，加强资本市场联通，发挥国际金融中心作用，提升人民币在"一带一路"中的作用等几个方面共同发力。宋爽和王永中（2018）通过对金融支持"一带一路"建设成果进行梳理后总结得出，银行贷款提供主要融资支撑，投资资金体系逐步形成，债券融资规模有限、民营资本参与程度不高，资本市场未能发挥有效作用的结论，应从加强境外资本合作，拓展公私合

作，构建金融服务体系与金融合作总体框架入手，促进金融更好地支持 "一带一路" 建设。尤宏兵、许孟云和王恬恬（2019）得出中国—东盟金融合作取得了较大成效，表现为货币合作不断深入，互设金融分支机构逐渐增加，区域金融稳定机制逐步完善，金融交流平台不断增多，但依然存在着双边金融合作的战略设计高度以及制度创新不够，金融监管体系不完善的问题，这导致部分成员对倡议的响应度不高，而且也使得金融合作内容过于散乱，相互之间无法形成连接，进而阻碍各国金融合作。因此，需要提升相互信任、求同存异与合作创新。

3. "一带一路" 金融合作风险

从现存的风险来说，大国之间的政治冲突严重到足以威胁到未来的任何区域项目（Ito T.，2004）。东亚金融合作中，大多数国家的金融市场欠发达，信息不对称，交易成本高。由于缺乏可用于分散国家特定风险的金融证券，各国无法参与风险分担活动（Yunjong Wang，2004；Kim et al.，2007）。此外，东亚区域经济、政治、宗教等方面的差异、区域组织结构松散，缺乏约束力、领导核心国的确立以及美国重返亚太对东亚的影响等构成了东亚区域金融合作的障碍（穆良平和姬振天，2016）。随着 "一带一路" 金融合作的深入，资本流动规模的扩大，金融机构间业务往来日益增强，加快制度整合与重构，形成庞大的产业链和资金链，但一旦产业链或资金链断裂，就会出现多米诺骨牌效应，导致资金流失，区域金融危机将更加严重。如何防范区域金融风险将成为区域金融合作面临的主要问题。在 "一带一路" 高质量发展论坛上，周延礼（2022）表示，环境、社会、主权债务风险将是 "一带一路" 面临的主要风险，金融合作应充分发挥 G20 的协调机制，建立共建 "一带一路" 国家银行和保险机构间的常态化合作。

4. "一带一路" 金融合作路径

王子先（2000）通过总结欧元区域货币一体化的实践经验，提出东亚金融合作应从以下几方面发挥功能：第一，建立亚洲货币基金与融资机制；第二，制定信息披露共同标准与规则；第三，建立区域市场预警分析系统；第四，发挥最后贷款人的作用，对陷入危机的成员提供紧急援助。翁东玲（2008）认为东亚金融合作应该加强对话、协调与监督机制，进一步扩大亚洲债券基金与 CMI 规模，建立并完善亚洲清算系统，最后通过创建"亚元"实现货币统一。刘军梅和郑民（2011）总结区域金融合作的国际经验认为，上海合作组织（SCO）金融合作的突破方向在于增强成员国的危机意识，强调区域金融合作的共赢性。只有破除各国过度戒备和惯性防范的心理，才有可能拓展未来各方的合作空间。李俊久、蔡琬琳（2020）利用 2005～2018 年东盟十国数据，应用货币锚模型，考察了"一带一路"倡议提出以来，相较于美元、欧元、英镑及日元四大国际货币，人民币在东盟国家的区域影响力。研究结果表明，人民币在东盟地区的地位逐步提升，具有主导区域货币合作的潜力。何界生（2020）表示，后疫情时代，应将"一带一路"金融合作重点放在加强产业安全合作，参与国际金融治理，提升绿色金融水平、推动金融人才交流等方面。蔡琦（2022）从打造特色化金融产品、提供综合性金融服务、促进金融基础设施建设、完善区域金融交易市场、提升跨境金融风险管理水平几方面提出促进金融合作的措施。张靖佳、史睿（2022）建议亚太金融合作应改善金融营商环境，支持普惠金融发展，促进亚太资源流通，注重金融科技建设合作。

2019 年新冠疫情暴发，2022 年俄乌冲突，金融合作面临大国博弈、债务危机、地缘冲突、民族保护主义抬头，各类金融风险加大，金融合作困难重重的局面。后疫情时代，全球治理与国际金融合作的目标与路径将朝着推动经济复苏、维护金融系统稳定、应对全球气候变化、碳中和、数字货币与绿色金融等领域发展。

## 2.2　金融合作相关研究

金融合作属于跨境次区域合作。目前，学术界尚未建立一个系统的、完善的跨境次区域金融合作的理论框架。国外对金融合作的研究主要集中在货币金融合作及金融一体化相关研究上，国内对金融合作的研究主要集中在对金融合作的动因、模式、效应等问题的探讨。

### 2.2.1 金融合作动因

国外关于金融合作动因的研究主要聚焦于对金融危机的防范，缓解流动性短缺与保障区域金融安全等方面。金融危机在给各国经济发展带来了冲击与风险的同时也加速了金融合作与区域金融一体化进程。2008 年，金融危机以来，美元主导的货币体系暴露出了其缺陷，表现出了流动性短缺的困境，基于此，美联储陆续与各国央行签署货币互换协议，以保障美元流动性及美元地位（Rose & Engel，2002）。欧洲货币合作模式与欧元的发行为国际金融合作提供了典范，其合作效应表现为降低了汇兑风险，促进了贸易与投资的发展，对保障区域金融稳定性具有重大意义（Vlrich Volz，2010）。亚洲国家在经历过金融危机的洗礼后，他们的央行应该开始考虑储备资产的多样化问题。亚洲国家应该联合起来，加强金融合作，建立起亚洲自己的储备体系（Kim et al.，2007）。出于对全球金融治理现状和模式的不满，东盟 +3 财长寻求就资本流动、金融稳定、流动性提供、债券市场等改革相关问题的政策对话，以加强政策措施与区域合作，从而促进了东亚金融市场的一体化程度（Eichengreen & Park，2004）。日本财务大臣提议成立亚洲货币基金组织，并将其作为一个 1000 亿美元的紧急流动性基金，该基金没有国际货币基金组织（IMF）项目资助的严格限制条件，能够迅速发放贷款，以缓解成员方的货币危机（Blustein，2003；Lipscy，2003；Grimes，2011），有助于有效分配亚洲大量储蓄以资助生产性投资（William N. Kring & William W. Grimes，2021）。

国内关于金融合作动因研究观点主要包括：为了应对经济全球化挑战，共同克服频繁爆发的金融危机，有助于推动区域内各国贸易和经济发展（王子先，2000；胡颖，2005；陈启清，2008；李新功，2009；罗传钰，2011）。我国对外金融合作的动机可以分为：危机驱动型、政府主导型、资源驱动型、优势互补型四种。我国与东亚国家金融合作属于以应对金融危机，保障金融稳定的危机驱动型合作模式。中亚国家能源丰富，能够解决我国能源短缺的问题，因此与我国形成了资源驱动型合作。拉丁美洲地区资源丰富，在资源方面与我国形成了极强的互补性，因此我国与拉丁美洲（以下简称"拉美"）国家的金融合作属于优势互补型合作（李宝庆和孙尚伟，2015）。黄益平提出（2020）把数字金融的合作和发展作为中国与共建"一带一路"国家合作的重要内容与方向。韩萌（2022）则通过研究绿色金融合作的阻力，提出完善激励协调机制，拓宽绿色金融的供给渠道，实现"双碳"目标，提升绿色金融合作水平。季志业、桑百川和翟崑等（2022）分析了后疫情时代，地缘政治风险、主权债务风险、投资风险、补贴收紧等一系列风险高涨对融资体系造成巨大冲击，该研究认为国际金融合作将面临着前所未有的困难，在这种情况下，改善民生、提升医疗卫生服务水平、复苏经济、守住金融风险底线将成为这一阶段的主要目标。

随着各国经济发展和"一带一路"倡议的提出实施，区域金融合作动因与效应从单一化向多元化转变，由应对金融危机、解决流动性短缺发展到促进贸易发展、技术扩散与服务区域经济增长以及增强区域国家的金融话语权等方面。

### 2.2.2 金融合作模式

在不同的历史背景下，国际金融合作具有不同的合作目标、合作模式与合作内容。根据 IMF 网站资料分析，第二次世界大战以后，国际金融合作主要经历了三个阶段。

第一阶段：布雷顿森林体系时期。1945 年至 20 世纪 70 年代初期，金融合作主要由欧美等西方国家主导，以 IMF 和世界银行（WBG）为主要资金来源，以国际收支平衡和战后重建为目标，布雷顿森林体系为以美国主导的西方国家战后重建提供了充足的资金来源和金融保障。

第二阶段：欧洲货币一体化时期。1971～2008 年次贷危机爆发前，这一时期，国际格局发生重大变化，美国的经济实力被削弱，布雷顿森林体系瓦解。东亚、拉美等发展中国家快速崛起。这一阶段，国际金融合作主要体现在 1988 年巴塞尔委员会通过了《巴塞尔协议》，首次建立了一套国际通用的以加权方式衡量银行表内和表外风险的资本充足率标准，来有效遏制相关的国际债务风险。此后，《巴塞尔协议》经历了多次修改，标志着金融合作拓展到了对银行业的监管领域。

1993 年欧盟宣布成立，使用共同货币——欧元。欧盟国家金融合作采用的是欧洲货币一体化多边制衡模式，在一定程度上是对美元霸权地位的挑战（余永定和何帆等，2002）。欧洲货币合作模式中，各成员方都有权力和机会参与到区域金融合作中，通过政府之间的谈判、制度的安排，能够有效约束彼此的行为，从而保证各国货币合作利益的相对均衡。通过宏观经济政策协调，这一阶段欧盟国家的金融合作由"单一平行"货币向"统一"货币演进（李富有和于静，2004）。

第三阶段：2008 年金融危机至今。2008 年金融危机爆发对整个世界经济造成了巨大的影响。旧有的金融合作框架仍然没有改变，国际货币基金组织与世界银行所发挥的作用与地位受到批判与质疑，新兴经济体崛起对金融合作提出了新的诉求。在此背景下，出现了债券基金引领的东南亚合作模式与银行间多边合作的金砖国家合作模式以及中亚保险贷款模式（卢爱珍，2018）。具体表现为以下几方面：

第一，东亚债券基金引领模式。亚洲债券基金引领模式主要是为了应对金融危机而设立的，旨在降低成员方金融体系的脆弱性，提高储备资产规模。亚洲债券基金已分别于 2003 年、2005 年成功实施两期，在提高市场流动性、培育市场自我发展动力方面起到关键作用。

第二，金砖国家银行多边合作模式。我国与金砖国家银行间多边合作模式主要内容包括开展本币结算、互换合作以及资本市场合作，能够有效促进成员国之间贸易与投资便利化程度。

第三，中亚保险贷款模式。我国与中亚国家的金融合作通过上海合作组织的框架，通过金融合作分委会与多边金融磋商对话，形成了以中国出口信用保险公司、中国工商银行与乌兹别克斯坦农业银行签订的长期贷款协议提供贷款承保的"保险贷款"模式，以及设立专项合作基金直接参与投资的模式。共建"一带一路"国家众多，我国对外金融合作的模式将根据区域特点与合作目标选择不同的合作模式，由单一模式逐步向多模式演进。

### 2.2.3 金融合作效应

目前，学术界关于区域金融合作及其效应的研究还处于探索起步阶段。国内外学者通常使用金融一体化指标来代替金融市场的合作程度。金融合作效应主要表现为消费风险分担效应、福利收益效应以及经济增长效应等效应。

#### 1. 消费风险分担效应

消费风险分担理论是除最优货币区理论之外，金融合作的另一相关理论，指区域金融合作与金融一体化程度越高，资本市场越开放，区域内国家在国际资本市场上进行借贷与投资的风险分散程度越高，使其消费受产出波动的影响越小。国内外相关研究对金融一体化的风险分担效果得出了不同的结论。

国外学者阿斯德鲁巴利和约沙（Asdrubali & Yosha，1996）开创性地应用消费风险分担模型来度量金融市场合作与金融一体化程度对于平滑消费，降低消费波动，促进经济稳定的作用。其运用 GDP 冲击方差分解法，测算美国 50 个州间的消费风险分担情况与渠道，发现美国收入冲击达到了 75% 的平滑消费，其中，资本市场发挥作用最大，占比 39%，其次是借贷市场（23%），而财政制度占比最小（13%）。随后鲍利等（Balli et al.，2007）使用类似方法发现欧盟等国家仅有 30% ~40% 的产出冲击得到了平滑，其中，国际资本市场和国际财政平滑的作用也比美国要小。金与李（Kim & Lee，2006）通过应用证券、银行债券等跨境资产规模、双边金融资产持有量以及消费风险分担模型三种方法度量了东亚地区金融一体化程度，得出东亚地区投资组合多样化程度低，金融市场管制松散，货币和汇率制度不稳定等原因造成了东亚金融市场一体化程度低于欧洲市场一体化程度。科科伦（Corcoran，2008）研究 1987～2004 年，经济合作与发展组织（OECD）（以下简称"经合组织"）国家金融资产和负债对消费风险分担的影响。研究得出，融入国际股票与债券市场是 OECD 国家风险分担水平提升的主要决定因素。阿迪斯和霍夫曼（Artis & Hoffmann，2012）建议一个国家在面临暂时性冲击时，可以通过跨期资产交易来平滑消费，但当面临持续性冲击时，只能依靠多样化的国际股权投资组合来分担消费风险。

国内学者周程（2015）借鉴国外相关研究成果，研究东亚 9 个国家和地区 1970～2010 年股权资产市场和债权资产市场对消费风险分担的作用。研究结果表明，东亚地区消费风险分担程度在不断提升。这是由于随着区域金融合作的深入，东亚各国消费者能够投资更多国际债券与国际金融资产，从而运用国际市场渠道来平滑产出冲击所带来的收入风险和消费风险。苏春子（2018）选取 1981～2014 年东亚 9 个经济体数据，采用固定效应模型及跨期消费法，实证检验东亚金融一体化程度对消费风险分担的影响。研究结果表明，近年来，尤其是东亚经济危机后，金融一体化的发展显著促进了东亚地区的消费风险分担水平，且高收入国家的 80% 以上的消费风险被分担，而低收入国家的消费风险分担水平仅有不到 40%。陈小凡、邹宏元和陈丽（2019）则采用 ASY 方差分解模型，选取东亚 9 国 1990～2017 年面板数据，对东亚金融一体化风险分担水平以及实现渠道进行分析后得出，东亚金融一体化并未持续改善东亚风险分担水平。

2. 福利收益效应

范·温库普（Van Wincoop，1994）从无风险利率、风险厌恶率、风险调整后的增长率以及关于随机过程的假定四个方面来分析金融市场合作的福利收益。作者通过消费数据对 20 个经合组织国家消费风险分担所能够带来的福利收益分析发现，一些经合组织国家通过分散个人特定风险与国家风险能够带来较大的福利收益，而福利收益与降低消费可变性和消费流的国际定价有关。范·温库普（1999）进一步将金融市场合作所能带来的福利收益划分为可分离偏好和不可分离偏好两个部分进行了研究。研究发现，在潜在的假设前提下，金融市场合作所带来的福利收益是相当可观的，不可分离偏好条件下的福利收益要略高于可分离偏好条件下福利收益。郑海青（2008）应用范·温库普（1994）的方法对 1970～2004 年东亚 13 个经济体实现完全风险分担后的福利收益状况进行了度量和分析。研究得出，东亚消费风险分担的水平依然很低，但金融合作中借贷市场的作用大于区域金融市场，且东亚风险分担所能带来的福利收益要高于经合组织国家和欧盟国家。喻旭兰和王耀宗（2014）尝试应用卡莱姆利—奥兹坎（Kalemli-Ozcan，2001）的福利收益框架，以 1970～2009 年期间中国与日本、中国与东盟国家金融市场合作为研究对象，实证检验中国与东亚国家金融市场的合作能否带来福利收益的提升。研究结果表明，中国与东亚国家金融市场的合作程度还不高，但 2007 年全球金融危机后，金融市场合作水平明显提升，且金融市场合作对东亚地区福利收益水平的提升具有显著效果。其影响机制为，金融市场的深度合作通过风险分散，平滑跨期消费和投资，减少经济波动等增进了东亚地区消费者和投资者福利收益水平。黄凌云和黄秀霞（2014）应用 2002 年的 GTAP 模型，Version 6 数据库 113 个国家和地区，57 个产业部门的相关资料，实证模拟"金砖五国"实行本币结算的金融合作对五国及全球进出口、经济增长和福利水平等影响。其中，将本币结算转化为用人民币汇率变化以及人民币升值幅度表示。研究结果显示，金砖国家的本币结算制度的制定有助于避免美元汇率波动，有助于金融国家间的贸易收支平衡及经济稳定，并能够极大提升世界总体福利水平，但国家间利益分配存在显著差异。叶芳（2018）基于区域公共产品视角，构建了成本分担与收益分享制度下的金砖国家博弈模型分析得出，金砖国家金融合作所获得的个体利益主要包括彼此间贸易、投资、资本市场合作收益及金融稳定安排所带来的收益，集体利益包括金砖五国整体在国际事务中的话语权的提升及金砖各国的共同发展。金砖国家金融合作机制有利于金砖国家及其他发展中国家的利益，有利于维护金融稳定。在部分国家金融合作个体利益或集团边际收益大于或等于其合作成本情况下，愿意率先加入合作，而另外一些国家或集团在权衡成本和收益之后，不愿意负担或没有能力负担合作成本，便选择搭便车，且后来可能调整战略，主动参与到金融合作中，从而使得参与合作的国家不断增加。

3. 经济增长效应

有关金融合作的经济增长效应的研究。拉赫曼·沙哈里（Rahman Sha-hari, 2017）的研究表明，10 +3（东盟与中日韩）金融合作能够有效提升东亚地区金融一体化水平并带动东亚地区经济的快速增长。郑小松、贾佳俊（2017）应用 GTAP 模型，以货币结算中的汇率变动作为冲击变量，分析金融合作初期人民币汇率变动对世界主要国家的影响，并分析了共建"一带一路"国家与美国、日本、澳大利亚等其他国家金融合作的贸易效应、经济增长效应以及福利效应。结果表明，如果本币结算成为区域金融合作的主要模式，人民币升值可以增加中亚、欧洲国家和北非国家的GDP，并优化国际贸易结构。杜婕和乔琳等（2022）构建金融合作综合指标，应用熵值法测算 2013 ~ 2020 年中国与东盟国家金融综合指数，并在此基础上，采用固定效应模型，实证分析中国—东盟金融合作对双方经济增长的影响。基准回归结果表明，金融合作对经济增长具有显著正向影响，而分样本回归结果显示，金融合作对经济增长的影响具有异质性，只有当金融合作水平较高时，金融合作才能促进经济增长，反之则抑制经济增长。这是由于与中国金融合作的一些国家，其金融发展水平较低，制约了与中国的金融合作，因此难以推动经济增长。

部分学者将研究样本扩大到"一带一路"区域，构建金融合作综合指标，研究中国与共建"一带一路"国家金融合作对合作国经济增长的作用效果（李红权和唐纯等，2018；申韬和周吴越，2021）。其中，申韬和陆斯琪（2022）以 2000 ~ 2020 年共建"一带一路"61 个国家为样本，应用多期双重差分法，构建金融合作综合指标，得出中国与共建国家金融合作通过国际贸易与对外直接投资的中介效应作用于经济增长，且金融发展水平越低，金融合作越紧密，对东道国的经济增长促进作用越大的结论。

目前，有关金融合作的经济增长效应的研究成果逐渐增多，但由于数据的可得性，研究样本大多集中在中国与东盟国家的金融合作上，对于中国与共建"一带一路"国家的实证研究并不多见。同时金融合作的产业结构升级效应的研究成果还较少，有待从理论与实证层面进一步深化与拓展。

# 2.3  产业协同发展相关研究

协同理论最早可以追溯到赫尔曼·哈肯（Hermann Haken，1976）的协同论，其包含协同效应、伺服原理与自组织原理三个部分。此后该理论被广泛应用到其他领域和学科的研究当中。截至目前，产业协同研究并不多，学术界还没有给出对于产业协同发展完整的、公认的理论体系与研究框架。区域产业协同发展理论的主要关注点和研究方向是区域内产业分工布局、产业协同动力机制、产业协同状况及产业协同集聚效应。

## 2.3.1  产业协同发展动因

大量的理论与实证研究均表明区域产业协同发展动力机制与影响因素主要来自区域比较优势、产业分工、产业关联、技术跃迁与产业结构调整，以及协同系统的自组织运动。

1. 产业分工机制

维埃纳·戈埃尔（Veena Goel，2011）通过对印度旁遮普邦地区进行实地调查收集数据，分析了制糖产业链的协同机制问题。作者认为，甘蔗供应链上下游合作伙伴间相互依赖、相互协调和有效合理分工在保障甘蔗及时供应、农户获得收益、市场合理定价等方面起到了重要作用，而市场的良性运行也促进了甘蔗供应链的有序协调发展。李琳和刘莹（2014）应用了哈肯模型，对 1992~2011 年中国 29 个省区市经济协同发展的序参量进行识别检验，结果表明：区域比较优势、区域经济联系与区域产业分工是控制区域经济系统演化的三个序参量，且三个驱动因素互相关联、互相促进、产生协同效应，实现整个经济系统从低级到高级的协同演变。孙久文和姚鹏（2015）以新经济地理学理论为依据，将中国区域一体化划分为初级、中级和高级三个具有不同分工特征的阶段。区域一体化初级阶段，本地市场效应与价格效应大于拥挤效应，随着相对专业化指数的提高，区域一体化不断推进，产业集聚形成核心—边缘结构，但尚未形成地区专业化分工。区域一体化中级阶段的特征表现为，集聚产业过多，导致劳动力成本提高、环境污染等拥挤效应，迫使核心区将劳动密集型、资源密集型产业逐步向周边区域转移，自身开始发展技术密集型、知识密集型产业，此时地区间专业化分工已经较为明显。区域一体化发展到高级阶段，区域内贸易成本为零，完全实现自由贸易时，单个产业聚集程度都很高，此时各地区间实现了完全专业化分工。王燕和孙超（2019）从不同产业协同的视角，选取 2003～2016 年我国省级面板数据，采用动态 GMM 模型，验证了高新技术产业与生产性服务业的协同集聚对产业结构优化的影响，研究结果表明，产业协同集聚通过产业分工、产业链延伸等中介效应，促进产业结构高级化；通过要素耦合与产业共生效应，促进产业结构合理化。

2. 产业关联机制

维纳布尔斯（Venables，1996）构建垂直关联模型，分析不同产业之间基于成本及需求关联而发生的协同集聚。作者研究得出，垂直分工与联系要求产业投入—产出的紧密衔接，需要加深上下游产业定位决策的相互依赖。上游产业的集聚扩展了中间投入品的数量和种类，而下游产业的集聚则可以以较低的运输成本获得专业化的中间投入品，因此，产业间集聚的动力来源于成本和需求的联系及集聚所带来的收益。弗朗索瓦和沃尔茨（Francois & Woerz，2007）利用经合组织 1994～2004 年货物和服务贸易的混合小组数据，考察服务业对外开放程度与制造业出口规模之间的相互关联。研究发现服务业开放程度的提升能够对机械、机动车辆、化学品和电气设备等技术密集型制造行业竞争力产生积极影响。地理距离与运输成本等是影响生产性服务业与制造业之间产业关联的主要因素。徐立行和高伟楷（2007）借鉴系统动力学的思想，选取 1997 年中国制造业 124 个产品部门流量表，采用 DEA 模型投入产出分析法，实证研究产业创新对产业协同的影响，发现各产业系统之间互为投入与产出，相互关联、互相推动，形成一个完整的工业系统，实现了工业技术集成上的重大创新。李海东、王帅和刘阳（2014）结合 TOPSIS 思想、灰色关联理论和距离协同模型，引入理想规划值，应用相对距离比来衡量皖江城市带的协同发展程度。该方法应用各个子系统间的灰色协同度来确定子系统间的拉动因子，进而得出理想协同度。实证结果表明，皖江城市带的整体协同发展程度较低，但呈上升趋势。其经济系统通过产业关联机制，对其子系统有显著拉动作用。刘伟和张辉（2017）在《"一带一路"：产业与空间协同发展》一书中，通过梳理共建"一带一路"国家的三次产业占比，认为各国产业结构现状以及各国的工业化程度是中国与共建国家的产业协同发展的影响因素，中国与共建国家的产业发展具有彼此互补与相互拉动作用，可以实现区域产业链上产业的协同发展。陈凤兰和陈爱贞（2021）认为产业关联是影响产业协同发展的重要因素，其利用 2000~2017 年区域全面经济伙伴关系协定（RCEP）国家投入产出表（亚洲开发银行编制）测算了 RCEP 产业链关联。研究得出 RCEP 区域内已经形成了优势互补、内外联动的区域产业链，且中国处于"领头雁"的地位，中国高新技术产业是关联效应最强的主导产业。

3. 技术创新机制

徐华（2010）研究国民经济增长过程中的产业协同发展机制，得出产业技术跃迁、产业关联拉动、产业链分化与产业链衍生是三次产业协同发展的四种机制，三次产业能否实现协同发展取决于以上四种机制能否在产业发展的各个阶段充分发挥作用。尤利娅·韦尔塔科娃等（Yulia Vertakova et al.，2016）通过研究俄罗斯制造业的集聚及创新发展对 GDP 的影响，得出一个国家社会和经济发展的前景在很大程度上取决于产业集群式发展，最有效的集聚过程是在创新发达的产业中进行的，而国家有效的产业集聚政策提升了产业竞争力和创新能力。俄罗斯最有效的产业集聚过程将出现在食品工业、机械工程、电气和光学设备制造以及化学工业中。陈建军、刘月和邹苗苗（2016）从技术外部性与技术创新视角，进一步研究发现，产业协同集聚通过产业分工与技术外部性产生创新效应，从而提高城市生产效率，是实现产业发展动力转换的重要途径。郑玉雯和薛伟贤（2019）基于哈肯模型，对"丝绸之路经济带"共建国家协同的驱动因素进行研究，得出共建国家协同发展存在区域比较优势、要素流动与价值链分割三个驱动因素，从单一驱动到多重驱动逐步递进，且共建国家的协同程度从低层次协同向高层次协同演进，主要得益于国际市场的开发、技术差距的缩小以及技术溢出水平的提升。

**4. 其他动力机制**

此外，还有不同学者从不同角度阐述了区域产业协同发展的动力机制。维纳布尔斯（Venables，1996）提出产业在不同区域集聚分工的动力主要来源于不同区域运输成本的差异和企业收益的不同，以及上下游产业中企业的区位选择问题，通常集聚的力量在运输成本的中间水平上最大，当区域间运输成本从高水平降到中等水平的时候将导致产业的集聚，同时导致经济结构和收入水平的分化；而将运输成本从中等水平降到较低水平时可能导致产业的分散经营，继而导致经济结构和收入的趋同。金永奎和勒罗伊·怀特等（Byoung-Kyoo Kim & Leroy White，2012）分析了技术、政治和经济等因素在促进光伏产业协同发展中的作用。他们认为技术、政治和经济等部门的协同合作是促进光伏产业发展的主要驱动力量。魏丽华（2018）基于协同学理论，构建京津冀产业协同发展机制与路径，得出自组织运动是协同理论的最根本特征，也是产业组织运行的核心机制。京津冀产业协同发展的内部动力机制来自京津冀产业系统的自组织运动过程。付保宗、盛朝迅和徐建伟等（2019）认为，构建实体经济、现代金融、科技创新与人力资源"四位一体"的高效协同机制是加快建设协同发展的产业体系的根本动力。杨道玲、任可和秦强（2022）通过对京津冀、长三角和珠三角三地城市群产业协同驱动因素进行研究分析后得出，中国城市群产业协同驱动力量包括：政府导向的行政驱动、市场导向的主体互动及多重力量驱动下的网络协同。

### 2.3.2 产业协同发展类型

区域产业协同的主要内容包括同一产业的协同、不同产业之间的协同、三次产业协同，以及区域产业间的协同，除此之外还包括产业系统与外部政治系统、生态系统、社会系统的有效协同。

1. 关于同一产业协同的研究

豪威斯（Howes R.，2000）分析了英国建筑业供应链协同机制在促进该行业协同发展中的作用。他提出，在建筑行业中，许多不同的专业公司通过复杂的合同关系沿着一个非常分散的供应链联系在一起。在竞争激烈的环境中，有效的供应链协同治理机制是促进建筑行业协同发展的关键。陶长琪、陈文华和林龙辉（2007）选取 2001～2006 年我国 129 家 IT 行业上市公司数据，采用复合系统协调度模型，以企业绩效与企业融合作为信息系统子系统，研究我国信息产业组织演变协同度，结果表明，我国信息产业企业绩效与企业融合两个子系统的协同程度呈逐年递增的趋势，而两个子系统的有序度呈先减后增的趋势。由此可得，我国信息产业总体上呈协调发展状态，但也有不协调的阶段，此时，政府应从补贴、税收、技术等方面进行支持。雷纳格雷卡（Rainer Greca，2008）通过对汽车产业在不同地区不同发展机会的考察，认为汽车涉及研发、零部件、材料等多个部门和相关产业，因此相关产业部门、政府机构、研发机构、培训机构等多种合作形式的市场协同在汽车产业区域发展和重组过程中发挥着重要作用。于江（2008）应用产业集聚理论与协同理论，论证了我国高新技术产业集群式协同创新模式，得出高新技术企业的协同包括其人力资源、资金等内部资源的协同，以及企业采购、销售、管理、技术与生产等外部资源的协同，能否协同使用集聚区内企业间的资源是高新技术产业集群成功的关键。支燕和白雪洁（2011）以我国 1992～2007 年投入产出表为依据，研究中国汽车产业的协同演进特征及协同度提升策略。其研究发现，我国汽车行业存在与下游产业联动微弱与协同不均衡的现象。陈曦、朱建华和李国平（2018）研究发现，我国制造业产业间协同集聚的区域差异主要受到制度、政策、信息传输能力、经济发展水平、制造业劳动力供给和交通设施水平等因素影响。王友丽和南宁豫（2020）通过研究粤港澳大湾区高科技产业协同发展得出，该区域具有区位优势明显、科技实力突出、政府政策支持力度大等产业发展优势，但同时存在体制机制障碍、金融支持不足、人才结构失调、成果转化率低、创新竞争力不强等障碍，因此需要通过优化产业供应链生态、加强基础建设和信息共享、提升现代信息技术应用等几个方面，实现产业链与供应链协同发展。

2. 关于三次产业协同的研究

王云平和王昌林（2008）考察三次产业协同对经济增长的驱动作用。其研究表明，三次产业之间只有实现良性互动，彼此形成合理有效的供需关系的基础，才能发挥其协同效应，带动整个社会经济增长。生产要素价格扭曲、体制不完善、产业发展模式的路径依赖等因素则会抑制三次产业协同效应的发挥。田敏、刘宁和杨明（2011）考察三次产业协同对经济增长方式转变的带动作用。其研究表明，三次产业协同对经济结构调整的作用，突出表现为不同资源禀赋的地区，根据自身的基础条件和所处的经济发展阶段，优先发展其特色产业及与区域圈层产业布局相匹配的产业，进一步带动其他产业的发展，最终实现地区经济的长期均衡发展。魏丽华（2017）应用实证的方法，研判京津冀三次产业协同发展程度及存在困境。根据京津冀三次产业分工指数、产业区域配置系数、区位商的测算结果，对比分析发现，京津冀三地存在各自比较优势突出的主导产业。其中，北京的主导产业为汽车制造与电子设备制造业以及文体娱乐用品制造业，天津的橡胶和塑料制品业，河北的黑色金属采选业、非金属矿物制品、煤炭开采、纺织加工业。同时，三地存在程度不一的产业同构现象，且天津和河北两地的产业同构现象更为突出。刘怡、周凌云和耿纯（2017）采用区域熵和灰色关联度作为"京津冀"区域产业协同的度量方法，结果显示三地产业存在要素单向流动、技术市场规模悬殊、产业结构差异大、发展不平衡、不协同的现象，同时各地同一产业内部的行业之间也存在不协同的现象。具体来说，京津冀第一产业整体发展程度低于全国水平，其中河北省具有相对优势；第二产业中制造业与建筑业发展状况相当，且呈上升趋势，其中，河北省的采矿业表现出明显竞争优势；第三产业方面，京津冀三地的发展状况差异较大。张妍（2020）选取兰州新区 2014～2017 年三次产业的产值数据，采用静态与动态集聚指数，比较测算了兰州新区三次产业的集聚水平和协同发展程度，进而对新区产业集群效应的根源进行识别。结果表明，新区产业集聚表现为第二产业过度发展，与第三产业形成了不平衡、不协同的状况，究其根源，很大程度上是由于地方政府对工业化的过度偏好导致的，是为实现工业增长而实施的特殊政策的产物，而不是具备了产业协同效应的有效产业集聚。

3. 关于不同产业或系统协同的研究

钟润阳等（2018）通过贝叶斯网络检验，分析影响大都市经济与物流协同发展的关键因素，检验结果表明物流基础设施水平、物流产业开发水平、链内技术开发水平是影响大都市经济与物流协同发展的关键因素。大都市经济与物流的协同发展还严重依赖于二者各自的发展水平，同时两个因果链又会对企业绩效产生较大影响。葛鹏飞和韩永楠等（2020）基于复杂系统理论，采用中国 2004～2017 年 283 个地级市样本数据，应用耦合协调度模型与 Dagum 基尼系数以及 Moran 指数，计算考察了我国经济发展系统与创新系统耦合协调度、地区差异性及空间效应。研究结果显示，中国总体经济发展系统与创新系统的耦合协调度在逐年增长，但也仅由低度耦合过渡到中度耦合水平，且随着城市规模的扩大而升高。其区域异质性表现为：华东、华北与华南地区为高度耦合或准高度耦合，华中与西南地区为中度耦合，西北与东北地区则为低度耦合协调。邬彩霞（2021）研究低碳经济发展的协同效应，其选取 2005～2019 年中国低碳发展与经济社会发展相关数据，设计评估指标体系，构建复合系统协同度模型，实证检验低碳发展与社会发展的协同程度。研究发现，中国所采取的节能减排等低碳发展措施与生态文明建设对实现低碳发展与经济社会的协同发展起到了显著促进作用。余永定和杨博涵（2021）选取 1980～2020 年中国就业人口与三次产业占比数据，考察中国城市化率与产业升级的协同程度。研究表明，产业升级与城市化率是相互关联的，过去三十年间，我国产业升级速度明显低于城市化率增速，但目前中国基本实现了产业升级和城市化的协同发展。

### 2.3.3　产业协同集聚效应

关于产业协同集聚效应的研究，有学者认为产业协同集聚能够基于投入产出关联，推动知识与技术溢出，产生区域创新效应，通过规模经济与劳动分工提升全要素生产率，从而驱动经济增长。

#### 1. 创新效应

马歇尔（Marshall，1890）提出了产业集聚及经济外部性的概念、根源及所能产生的溢出效应。他从微观企业的视角，论述了产业集聚通过促进集聚区内供应商与消费者的互动，基础设施等资源的共享，劳动力资源的充足供应，产生规模经济、范围经济及技术溢出效应，带动集聚区生产效率的提升，从而促进集聚区内企业技术创新。徐妍（2013）认为，技术创新主要由高技术产业集聚推动，高技术产业集聚是技术创新的有效载体，对地区技术创新具有显著推动作用。刘军和王佳玮等（2016）采用2001～2014年中国省级面板数据，利用空间经济学理论与空间计量模型，从理论与实证双重角度分析了产业聚集对地区协同创新效率的影响。研究表明，产业聚集能够显著促进不同地区协同创新效率的提升，不仅呈现出东部地区创新效率高于西部地区的区域异质性，而且存在显著的空间溢出效应，即邻近地区协同创新效率的提升能够带动本地区的协同创新效率提升。纪祥裕和顾乃华（2020）应用2003～2017年中国地级及以上城市的面板数据，构建空间杜宾模型，实证检验生产性服务业与制造业协同集聚对城市创新效率的影响。检验结果表明，服务业与制造业协同集聚通过优化创新资源配置与提升市场规模对城市创新效率具有显著促进效应。

#### 2. 全要素生产率提升

斯韦考期卡斯（Sveikauskas，1997）等在研究城市规模、制造业集聚对城市生产效率的作用时发现，城市规模越大，制造业集聚程度越高，城市生产率越高，这是因为一个更大的城市允许更多的专业化和深化的劳动分工，从而带来城市生产率的提高。埃里森和格莱泽（Ellison & Glaeser，1997）使用 1972～1997 年人口普查局纵向研究数据库数据，度量美国制造业的集聚程度并分析其集聚机制。研究得出集聚拉近了供应商与最终消费者的距离，因此能够节省运输成本；汇聚劳动力，促进技术外溢，提高劳动生产率。藤田和蒂斯（Fujita & Thisse，2011）认为产业集聚依赖于各种形式的报酬递增和不同类型的流动成本之间权衡的经济机制，产业集聚能够促进生产要素积累，同时生产要素积累又会加快产业集聚过程。陈建军、刘月和邹苗苗（2016）研究发现，产业协同集聚对城市生产率的促进作用具有空间溢出效应，即产业协同集聚能够促进本地区及周边地区城市生产效率的提升，且其空间外溢效应随距离增加而逐渐减弱。李雪松和龚晓倩（2021）研究中国产业链与创新链的协同程度。文章选取中国 31 个省区市 2006～2019 年的面板数据，采用复合系统协同度模型 Malmquist 指数法，将产业链与创新链的纵向协同与横向协同作为序参量，测度了全国的产业链与创新链协同度以及对全要素生产率的影响。研究发现，当前全国产业链与创新链的协同度持续上升，但增幅放缓，且存在东部地区协同程度高于西部地区的趋势。双链协同度对全要素生产率的积极影响通过技术进步的中介效应实现。此外，市场化程度、环境管制力度与产业结构均对全要素生产率产生正向影响。王静田和张宝懿等（2021）将长江三角洲城市群 27 个中心城市作为研究样本，实证检验制造业与服务业协同集聚对城市全要素生产率的影响及其行业异质性。检验结果发现，总体来说，制造业与生产性服务业协同集聚能够对城市全要素生产率产生正向促进作用。从具体行业来说，科研技术、信息传输、计算机服务业、金融业等行业与制造业的协同集聚对城市全要素生产率具有一定促进作用，而房地产业、交通仓储邮电业等行业与制造业的协同集聚对城市全要素生产率的促进作用并不显著。

### 3. 经济增长效应

帕克斯（Pakes，1980）研究发现创新产业集聚，可以通过整合要素、汇集人才、引进专业技术设备等，实现降低创新成本，提高创新效率，推动技术创新，进而为经济增长提供新动力。西科恩（Ciccone A.，2002）利用欧洲地区法国、德国、意大利、西班牙和英国 5 个国家的数据，考察了欧洲国家生产制造业与服务业协同集聚的经济增长效应，证实了这些欧洲国家产业协同集聚效应高于美国，是经济增长的重要推动力量。胡艳和朱文霞（2015）选取 2005～2012 年中国 252 个城市的面板数据，利用固定效应模型及差分 GMM 模型，考察生产性服务业与制造业及其他类型服务业的协同集聚对经济增长及工业利润率的影响。作者实证研究发现：现阶段生产性服务业与制造业的协同集聚能够提高企业利润率，且对经济增长具有显著促进作用，但生产性服务业与其他服务业还没有实现有效协同，对经济增长的促进作用还没有完全表现出来。郭卫军和黄繁华（2020）进一步基于系统 GMM 动态面板数据，考察了 2003～2016 年期间中国 30 个省份的高新技术产业与生产性服务业协同集聚对提升经济增长质量的作用。研究结果表明：高新技术产业与生产性服务业的协同集聚通过技术进步及产业协同的外部性机制促进经济增长质量的提升，人力资本水平的提升会增强该作用，而政府干预程度的增强则会抑制该作用。金浩和刘肖（2021）基于 2009～2018 年中国省级面板数据，利用中介效应模型，实证检验产业协同集聚对经济增长的影响。检验结果显示，产业协同集聚对经济增长具有直接促进作用，并通过技术创新发挥部分中介效应，即产业协同集聚促进经济增长的模式由传统模式向创新驱动模式转变。

## 2.4 金融发展对产业协同发展的影响相关研究

目前，国内外研究金融合作对产业协同发展直接影响的文献较为罕见，大多隐含在金融发展对产业结构升级及对经济增长的影响中，故本节以金融发展理论为核心，从金融发展对产业增长、产业结构升级、区域经济协同发展三方面综述金融发展对产业协同发展的影响，以此作为金融合作促进产业协同发展的依据，并在此基础上推理演绎出本书的理论逻辑。

### 2.4.1 金融发展对产业增长的影响研究

自金融发展理论（Goldsmith，1969）提出以来，国内外对于"金融与经济增长"之间关系的研究就层出不穷，并将研究视角延伸至金融与产业发展之间的关系。著名学者如拉詹和津盖尔斯（Rajan & Zingales，1998）、贝克和莱文（Beck & Levine，2002）等开创性地将金融发展、金融结构与产业发展联系起来，探索金融结构对产业增长的影响。此后，越来越多的学者探索金融发展对产业增长的作用效果以及不同资金来源对产业增长的异质性影响。

#### 1. 金融结构对产业增长的影响

部分学者研究金融结构对产业增长的影响。金融发展的过程就是金融结构转变的过程。银行导向型与金融市场导向型金融结构在发挥配置资金、动员储蓄、信息披露、企业并购、技术进步和分散风险等功能方面各有优势，部分学者倾向于银行导向型金融结构（Rajan & Zingales，1998；Aghion，2005），而另一部分学者则强调金融市场的积极作用，因而支持市场导向型的金融结构（Allen & Gale，2000；Levine，2005）。菲斯曼和洛夫（Fisman & Love，2003）研究表明，金融发展对经济增长具有较强的关联性，金融发展程度更高的国家能够更有效地将资本配置给更具发展前景的投资项目，而金融发展程度较低的国家，其贸易信贷融资依赖程度较高的行业表现出较高的增长率。西蒙（Simon X. B. Zhao，2003）则认为，股票市场和债券融资业务的繁荣，能够让制造业企业在良好的金融市场环境中获得更多融资，从而拥有更多产业资本，实现制造业增长与升级。宾和桑等（Binh & Sang et al.，2005）考察了金融结构（即市场型和银行型）与不同特征产业增长之间的实证关系。作者以 26 个金融发达，但金融体系结构不同的经济合作与发展组织（OECD）国家为样本，按技术特征而非融资特征对 26 个行业进行分类，发现在市场型金融体系国家，高研发（R&D）强度、高经营风险和高资本强度的行业的发展速度要快于银行型金融体系的国家。韩丹（2008）采用中国 1994～2006 年 14 个工业部门的行业面板数据，并在 RZ 模型的基础上，定量分析我国资本市场股权融资对各个行业增加值的贡献。实证结果显示，由于我国股票市场缺乏有效的市场主导产业选择机制，抑制了股票市场对具有良好发展前景的产业的融资。因此，导致股票市场对产业增长并不存在显著的影响。杨子荣和张鹏杨（2018）采用面板门限模型，以中国 2001～2008 年的省级面板数据为样本，实证检验不同产业结构条件下，金融结构与产业增长之间的关系。作者从金融结构规模、金融结构活力、金融结构效率三个维度设计指标体系度量金融结构，将产业结构划分为低技术密集型与高技术密集型两种。研究表明，金融结构对产业增长具有异质性影响，只有金融结构与产业结构相适应时，才能够促进产业增长，反之则会阻碍产业增长。具体表现为：银行主导型金融结构更有利于低技术密集型及低风险型产业增长，市场导向型金融结构更有利于高技术密集型及高风险型产业增长。因此，金融结构应与产业技术结构、融资需求与风险特性相适应。

2. 金融发展对产业增长的作用效果

拉詹和津盖尔斯（1998）采用跨国面板数据，考察了一国金融发展水平以及产业外部融资依赖度对产业增长的影响。其研究发现，金融发展水平较高的国家，外部融资依赖程度较高的产业增长更快，反之金融发展程度低，外部融资依赖程度低的产业相对增长较慢。贝克和莱文（2002）通过考察银行等金融机构在内的金融市场对产业增长的作用，同样得出金融支持对外部融资程度高和研发投入较高的产业增长的促进作用更显著。曾国平和王燕飞（2007）运用协整分析和 Granger 因果检验，研究 1952～2005 年，中国金融发展与产业增长的关系得出，金融发展对第一产业增长的影响显著，而对第二、第三产业增长的影响不显著。具体来说，经济货币化有利于推动第三产业产值增长，金融系统资源配置效率的提升则有利于第二产业产值增长。王翔和李凌（2013）则进一步研究金融发展、产业结构与产业增长三者的关系，其使用中国2003～2009年29个省份21个制造业的面板数据，实证检验金融发展受到产业结构空间差异的影响，进一步对东部、中部、西部地区不同产业增长所造成的异质性影响进行考察。研究结果表明，就全国层面来说，制造业专业化程度与制造业多样性对产业增长具有正向促进作用。就区域层面来说，东部地区金融发展对产业增长具有"U"型影响，这是由于金融发展通过资源再配置功能，帮助东部地区过度集聚的拥挤产业向外转移；西部地区金融发展有助于缓解其产业外部融资约束，更好地承接产业转移；中部地区多样性的产业结构，需要获得更多的金融支持，才能实现其产业增长。骆平原和王业斌（2017）基于中国26个省区市20个产业数据，实证分析了银行业市场结构对产业增长的影响。研究发现银行业集中度过高不利于整体产业的增长。有效降低银行业集中度，加强银行业之间相互竞争，提高四大国有商业银行之外的其他中小银行的市场占有份额，不仅有利于产业增长，而且对新企业形成乃至创新创业都具有十分积极的作用。

3. 不同融资来源对产业增长的影响

还有部分学者分别从不同的金融资本来源研究金融发展对三次产业增长的异质性影响。国晓丽（2011）选取1978～2009年北京中资金融机构贷款余额与北京市三次产业产值数据，实证检验银行信贷对三次产业增长的影响。研究结果显示，银行信贷水平的提高对三次产业增长均具有促进作用，且对第三产业的促进作用大于第二产业，对第二产业的作用大于第一产业，这就意味着银行信贷水平的提升有利于产业结构的升级。胡金焱和张博（2013）考察了2005～2011年，中国民间金融对三次产业增长的异质性影响，研究证实中国民间金融对第一产业和第三产业均无明显作用，而对以工业和制造业为代表的第二产业发展则具有显著的推动作用。这是由于民间金融主要服务于民营中小企业，而第一产业并非民间金融主要服务对象，第三产业巨大的融资需求，民间金融又无法满足。金融资源的投向以市场价值最大化为导向，造成了金融发展对不同产业增长的异质性影响。

还有学者关注外资流入对中国省区市产业增长的影响。文东伟（2013）利用 1999～2008 年中国 30 个省区市 26 个工业行业的产业增长数据，实证检验得出外资流入和对外开放能够显著促进了中国省区市产业增长，且东部地区的产业增长高于中西部地区，这是由于东部地区距离国际市场更近，对外开放程度更高，故拥有更多的外商资本和更高的资本配置效率。此外，地区产业增长还受到地理区位、资源禀赋、人力资本水平、市场规模、市场化程度等因素的影响。金融机构与金融资源大多倾向于投向边际生产率与利润率相对较高的工业、制造业与服务业，而不愿对第一产业予以支持，因此会造成金融发展对第二、第三产业增长促进作用相较第一产业更显著的事实（黄红光和白彩全等，2018）。金融发展对经济差距的影响主要通过作用于第二、第三产业来实现，第一产业尚未发挥有效的传导作用（陈明华和刘玉鑫等，2020）。

### 2.4.2 金融发展对产业结构升级的影响研究

国内外有关金融发展对经济增长与产业结构升级的影响研究由来已久，成果丰富，但关于金融合作影响产业结构协同升级的文献寥寥无几。国内外学者主要从金融功能角度论证金融发展对产业结构升级的不同影响，并对影响路径、影响效果、空间外溢效应等进行分析。

1. 金融发展对产业结构升级的作用效果

国内外大量研究关注金融结构对产业结构的影响，并得出了三种不同的观点。第一种观点认为银行主导型金融结构更能促进产业结构升级（Aghion & Howitt，1992）；第二种观点则认为金融市场主导型金融结构更有利于产业结构调整（张一林和龚强等，2016）；第三种观点认为只有金融结构与产业结构相适应时，才能促进产业结构升级（曾繁清和叶德珠，2017；张志强，2019）。林毅夫（2009）认为最优金融结构是存在的，是银行与股票等金融市场的有机结合，只有当金融结构与产业结构相匹配时，金融结构才能对产业结构产生积极促进作用。其中，银行主导型的金融体系对发展成熟型企业具有积极影响（易信等，2018），而市场主导型的金融体系对于创新型产业发展更有利（邵汉华等，2018）。王文倩和张羽（2022）基于不同特征的技术进步视角，选取中国 1995～2020 年的省级面板数据，考察金融结构、产业结构升级与经济增长三者的关系。研究结果表明，银行主导型与金融市场主导型金融结构均能够通过技术进步促进产业结构升级，但银行主导型金融结构有利于促进低风险特征技术进步的产业结构升级，而金融市场主导型金融结构则更有利于高风险特征技术进步推动的产业结构升级。

还有部分学者探讨金融发展与技术创新、产业结构升级及经济增长之间的互动关系。熊彼特（Schumpeter，1912）所提出的新熊彼特增长模型认为，金融发展不仅能够为技术创新提供资金支持，还能有效管理技术创新成果转化中所产生的风险，因此金融发展对技术创新具有巨大的推动作用。佩尔德尔（Peneder，2003）和格伦茨（Greunz，2004）进一步提出技术创新对需求结构的影响倒逼企业提高劳动生产率，从而使得投入要素从低生产率部门流向高生产率部门，进而影响产业结构。江春和苏志伟（2013）认为经济的稳定、良好的制度、合理的收入分配状况、支持创新活动等是金融发展有效促进产业结构与经济增长需要具备的前提条件。易信（2015）利用包含金融中介部门的多部门熊彼特内生增长模型，通过数值模拟定量分析了金融发展对产业结构转型与经济增长的影响，其研究发现，金融发展通过技术创新的"水平效应"与"结构效应"达到加速产业结构转型与促进经济增长的目标。毛盛志和张一林（2020）在内生增长理论框架下，考察了金融深化与金融发展、产业升级以及经济增长的三者的动态演变关系。研究结果表明，产业升级对一国金融发展水平的要求存在最低值，低于这一临界值的情况下，该国产业难以实现升级；高于临界值的情况下，随着一国金融的快速发展，产业迅速升级；在达到中等收入水平时，产业升级速度逐步放缓。因此，中等收入国家要实现经济增长方式的转变，需要促进金融深化，并推动金融发展与制度完善，为实现产业的创新驱动，提供有效的金融支持，否则很可能长期陷入"中等收入陷阱"。

此外，还有学者研究金融开放对产业结构升级的影响。切尔代罗和科马罗米（Cerdeiro & Komaromi，2019）认为金融开放包括股票市场开放与资本账户开放，金融开放有助于提升金融市场透明度、减少交易成本、扩大投资规模、促进资本积累、增加就业人数、提升技术水平与劳动生产率，因此具有潜在的长期经济增长效应，但同时也会加剧国内经济波动的风险。纳格哈维和穆巴里克（Naghavi & Mubarik，2021）的研究发现，金融开放对经济增长的促进作用存在门槛效应，即只有当金融发展达到一定水平，且制度环境良好的情况下，扩大金融开放才能促进一国股票市场的发展，从而促进其经济增长。国内外学者均得出金融开放对经济增长与产业结构变动存在非线性影响。鲍星（2020）基于 34 个中等收入国家 2000～2017 年样本数据，采用中介效应模型，通过实际的资本流动衡量金融开放，分析了金融开放程度对产业结构调整的影响，研究发现，金融开放通过技术创新的中介效应作用于产业结构，金融开放与产业结构之间呈倒 "U" 型关系，即金融开放在最佳阈值之内促进产业结构调整。陈世金、王爱萍和胡海峰（2021）选取 1996～2017 年 75 个国家的面板数据实证检验金融开放对发达国家与发展中国家的产业结构变动的影响及传导途径，研究结果显示，发展中国家金融开放对产业结构的影响主要通过货币市场和信贷市场进行传导，而发达国家主要依赖资本市场进行传导。

2. 金融发展促进产业结构升级的路径

金融发展促进产业结构升级的首要路径就是优化资本配置。沃格勒（Wurgler，2000）开创性地应用 65 个国家制造业产业和投资数据，实证检验了不同经济体金融市场通过优化资源配置对产业结构升级的影响，他认为一国资本从回报率较低的产业部门撤出，投入到回报率较高的产业部门，就意味着资本的优化配置，该观点得到了学术界的普遍认可。其研究结果表明金融市场发达的国家的资本配置效率明显优于发展中国家，且股票市场的信息完善程度和股东权益法律保护程度能有效提升资本配置效率。瑞和赫尔曼（Rin & Hellmann，2001）认为银行等金融中介通过降低企业外源融资成本、协调资本配置，将更多资本配置到新兴产业的发展上，进而降低创立新产业的难度，促进新兴产业的发展与产业结构的转型升级。

金融发展促进产业升级的另一核心机制通过金融体系为产业部门降低融资成本，加大融资支持，降低融资风险来实现。格申克龙（Gerschenkron，1962）、帕特里克（Patrick，1966）研究欠发达国家的金融发展与经济增长。他们的研究得出，在以价格机制配置资源的市场经济中，随着时间的推移，经济发展过程中的一个明显特点是，金融机构的数量和种类增多，货币和所有金融资产总额相对于国内生产总值和有形财富的比例大幅上升。拉詹等（Rajan et al.，1998）的研究则从金融发展降低企业外源融资成本，进而降低创立新企业的难度，促进新兴产业快速发展的角度，论证了金融发展对推动产业结构升级的积极作用。我国学者张宗新（2002）从金融发展提高产业劳动生产率的路径，再次证明金融发展能够通过为企业提供融资渠道，缓解融资约束，促进产业结构优化升级。

金融发展促进产业升级的最核心机制为技术创新。科明和南达（Comin & Nanda，2014）从技术扩散与技术进步促进劳动生产率提升的角度，论证了金融发展对产业结构升级的作用。金融市场与金融工具的发展可以加速技术的转移与扩散，刺激区域技术突破和变革，从而提高劳动生产率，促进产业结构的优化。李爱真和苏治等（2022）采用中国277个地级市面板数据，基于动态系统 GMM 模型及面板门槛模型，实证检验了金融发展、技术创新与产业升级三者之间的关系。结果表明：金融规模的扩大与金融深化能够显著促进技术创新，而金融效率对技术创新产生抑制作用。金融发展通过技术创新的中介效应推动产业升级，且只有当金融发展达到一定水平时，技术创新才能促进产业升级。

3. 金融发展促进产业结构升级的空间效应

少部分学者关注金融发展影响产业结构升级的空间溢出效应。朱玉杰和倪骁然（2014）以我国2000~2011年270个地级市数据为样本，运用空间杜宾模型，从金融相关比、金融集聚、金融效率、金融规模存量个四个维度实证考察金融发展对产业升级的影响。研究发现，金融相关比、金融规模存量均具有显著的本地效应与空间外溢效应，在金融相关比提升与金融规模存量增长在促进本地区的产业升级的同时，还能够促进邻近地区的产业升级；而金融集聚与金融效率的提升未能一致地促进产业升级。沈浩鹏（2018）论证了京津冀金融发展通过空间溢出效应促进产业结构升级的机理，他认为高梯度区域的金融发展在促进自身经济的发展与产业结构的升级的同时，也可以逐渐带动相邻区域的金融发展以及产业结构升级，进而实现高梯度与低梯度区域经济的协同发展。金融发展所产生的跨区域经济协同效应，主要通过金融要素的跨区域流动来实现。金融要素流动不仅带动了区域间的经济合作与经济增长，而且促进了技术、知识、人才、管理、经营等创新要素的空间溢出，从而提升了区域整体生产效率与区域经济发展。龙海明和姜辉等（2020）选取 2008~2017 年我国 31 个省份数据作为研究样本，采用熵值法，以金融相关比、金融结构和金融效率作为指标，构建金融发展综合指数，并从产业结构高级化和高效化两个维度度量产业结构升级，运用三种空间计量模型，实证检验金融发展影响产业结构优化的空间效应。检验结果表明，金融发展水平与产业结构优化均存在明显的空间自相关性，即高值与高值相邻，低值与低值靠近的空间分布状态，但金融发展水平对产业结构升级的本地效应为正，空间溢出效应为负，这是由于地区间金融发展水平的差异引起资本、人才等研发要素从金融发展水平落后地区流向发达地区，使得地区之间产生创新能力差异，对产业结构升级产生抑制作用。

## 2.4.3　金融发展对区域经济协同发展的影响研究

金融发展对经济增长的影响，已有研究已经做了大量分析与论证，且大部分研究肯定了金融发展对经济增长的作用，得出金融发展对经济增长的影响具有异质性的结论。本书中的基础理论部分也有所涉及，故在此不再赘述。目前针对区域金融合作和区域产业协同发展两者的关系，已有研究鲜有涉及。本节在金融发展与经济增长的关系这一经典论题的基础上，主要综述区域金融发展水平提升对缩小区域经济发展差距，实现区域经济协同发展的作用，以及区域内各地区金融部门协调合作，通过要素流动与空间溢出效应，实现区域经济增长的机制与路径。

1. 金融在支持区域经济协同发展中的作用

大量研究表明区域协同发展离不开金融部门的支持和带动，实现区域内各地区经济的平衡与协调发展，需要区域内金融部门的全面均衡发展。易会满（2004）分析了我国长江三角洲地区金融整体协调联动对于该地区经济一体化发展的重要意义。摩根等（Morgan et al.，2012）认为地区之间金融联通程度的提升可以缩小地区经济差距，促进经济协调发展。因此，加强金融基础设施建设是促进金融发展和区域一体化的关键。薛畅、何青和张策（2022）基于中国的银行业机构网点数据，研究了地区间银行业联通程度，以及对中国区域协同发展的影响。研究发现，银行业尤其是国有大型商业银行跨地联通度的提升有利于缩小地区间经济增长的差距，促进区域经济的协同发展，其中国有大型商业银行发挥了主要作用。杨津（2016）论证了京津冀金融业的发展差异对区域经济增长的影响得出，银行、证券、股票、保险等金融部门或金融行业的集聚能够为企业引进风险投资、股票市场融资、发行企业债券等多样化的外部资金来源。同时，金融服务的风险管理功能保障了区域经济增长的安全，降低了经济交易中的风险，减少了交易损失，从而推动了区域经济的增长与协同发展。刘亮（2017）则通过分析长江经济带金融协同促进产业协同发展的理论机理及现状后得出，金融通过跨区域资本投入、跨区域资源配置、跨区域产业创新发展效应促进区域产业协同创新。具体表现为，通过资本市场对接，金融机构设立分支机构，金融产业链上的金融服务外包，参与政府主导的产业投资基金等方式，进行金融资本与产业的跨区域对接，实现区域产业协同发展。马子玉（2022）采用长江三角洲区域 2001~2019 年 39 个城市样本数据，考察金融发展对区域经济一体化的促进作用。文章中金融发展用长江三角洲各城市年末金融机构各项贷款余额表示，区域经济一体化使用价格法测算的市场分割指数表示，市场分割指数越小说明该区域内市场的整合度越高。其检验结果表明，金融系统深化有利于改善市场分割状况，有效缩小区域经济差距，推动经济一体化进程。崔海洋和袁倩莹（2022）应用中国2011～2017年31个省份数据，从区域和城乡协调发展角度，探究了数字金融发展对包容性增长的作用机制及路径。其中，数字金融采用北京大学数字普惠金融指数表示，包容性增长采用居民人均可支配收入进行度量。研究发现，我国数字金融的发展有利于缩小东部和中西部的收入差距，显著促进居民总体收入水平的提高，且对中西部的作用大于东部。就传导机制而言，数字金融发展通过促进产业结构升级，提升第三产业占比，促进我国经济包容性增长，且在经济和教育水平较低的地区的作用效果更强。

2. 金融一体化促进区域经济协同发展的机制与路径

国外学者较早地关注金融一体化对区域经济增长的影响，奥斯特费尔德（Obstfeld，1994）研究认为欧盟金融一体化对经济增长具有显著的正向促进作用，金融危机不利于金融一体化进程，并且对区域经济发展具有负面冲击。一方面，金融一体化能够促进资本流动，提高资本配置效率，有助于促进经济增长（Badinger，2005）。另一方面，金融一体化通过竞争激励效应，有助于完善本国金融体系，提升金融市场流动性，进而促进经济增长（Klein & Olivei，2008）。邦飞刹（Bonfiglioli，2008）指出，金融一体化能够降低金融交易费用、畅通资本流动、加快资本积累，提升区域经济效率，因此金融一体化是经济增长的核心动力。金融一体化水平越高，经济周期波动越少，生产效率越高，经济增长速度就越快（De Nicolò & Juvenal，2014）。但部分学者研究发现金融一体化对经济增长的促进作用，受经济发展水平、金融发展水平、人力资本水平的影响，存在一定的门槛效应（Fetai，2015）。我国学者王军和付莎（2020）应用社会网络分析法，构建金融一体化指标，对我国12个重点城市群金融一体化和区域经济协调发展程度进行测度，进而实证考察金融一体化带来的区域经济协调发展效应。研究发现，金融一体化的确有助于缩小地区收入差距，且该效应主要通过加快区域内生产要素流动和优化产业结构来实现。

由上述文献梳理得出：金融结构优化、金融功能深化、金融发展水平提升及金融一体化与协同发展能够促进要素空间流动，降低交易成本、减少信息不对称、扩大投资规模、促进资本积累、提升技术水平与劳动生产率，因此具有潜在的长期产业增长效应、产业结构升级与区域协同效应。

## 2.5　文献述评

综合国内外相关文献来看，关于"一带一路"经贸合作已取得了丰硕的成果，但同时也面临着世界局势动荡、经济下行、产业链条缩短、经贸合作意愿降低等风险与挑战，需要共建"一带一路"国家凝聚集体力量、携手共同推进区域经济协同发展。目前，国际金融合作与产业协同发展的研究还没有形成特有的理论框架体系，还没有系统地研究产业协同发展现状及问题，没有针对跨境金融合作对产业协同发展作用机制和路径的研究。基于此，无论从理论还是实证层面，金融合作对产业协同发展影响的研究都还有待进一步深化和完善。

（1）"一带一路"金融合作方面的实证研究有待进一步深化。现有研究基本上基于最优货币区理论，采用狭义的货币金融合作概念（Eichengreen，1999；万志宏和戴金平，2005；喻旭兰，2007；李勇和袁晓玲，2017）。关于"一带一路"的金融合作的相关文献都偏向于理论和政策研究，进行实证研究的不多，且采用综合指标度量金融合作的较少（李红权和唐纯等，2018；申韬和周吴越，2021；申韬和陆斯琪，2022）。我国与共建"一带一路"国家或地区间的金融合作是跨区域、跨国际的多模式、多层次的广泛合作，有必要从广义金融合作内涵出发，选择量化指标体系，多维度、多视角度量金融合作水平、分析合作现状与合作效应，从而为深化金融合作，发挥金融合作支撑"一带一路"经济发展提供理论依据。

（2）"一带一路"产业协同发展针对性研究较少。自提出"一带一路"建设、京津冀协同发展、长江经济带三大区域协调发展战略以来,当前国内代表性的相关研究主要关注京津冀、长江三角洲、粤港澳大湾区等区域产业协同发展(安虎森,2008;刘怡、周凌云和耿纯,2017;魏丽华,2018;陈广汉和任晓丽,2021),其成果主要集中在:产业分工合作、产业集聚、区域价值链提升以及区域产业结构转型升级等方面。现有关于"一带一路"区域产业协同的研究成果严重不足,对于"一带一路"产业协同发展的特殊性研究问题尚未解决。为持续推进"一带一路"建设、实现中国与共建"一带一路"区域协同发展,有必要对"一带一路"区域优势产业及中国与共建"一带一路"国家产业发展协同度进行测算,对中国与"一带一路"产业分工合作现状进行分析,为未来发挥产业优势互补与产业对接,实现产业协同发展做好铺垫。

(3)金融合作对产业协同发展影响效应的研究匮乏。两者关系的研究更多隐含于金融体系、金融发展、金融一体化等与产业结构升级或经济增长关系的研究中(Rajan & Zingales,1998;Beck & Levine,2002;林毅夫,2009;罗超平和张梓瑜等,2016;易信,2018;毛盛志和张一林,2020)。直接研究金融合作与区域产业协同关系文献相对较少,而在"一带一路"金融合作支撑区域经济协同发展中,从理论与实证双重角度,系统研究中国与共建"一带一路"国家之间金融合作与产业协同发展的关系,金融合作对产业协同发展的影响机制与作用路径,金融合作支持产业协同发展现状及问题,提出深化金融合作、提升产业协同发展水平的策略建议显得尤为重要,有助于有效发挥金融合作对产业协同发展的支持作用,提升区域金融对实体经济的支撑能力。

基于上述研究现状,首先,本书从广义的金融合作出发,选择货币互换、金融机构、金融市场、金融监管等多维度设计金融合作指标体系,多视角评价金融合作水平与合作成果。其次,采用区域熵与灰色关联度测算中国与共建"一带一路"国家优势产业与产业协同程度,根据"一带一路"产业结构与所处工业化阶段分析中国与共建"一带一路"国家产业协同现状与潜力,将产业协同发展问题拓展到了国际层面。最后,通过将金融发展与经济增长的关系研究推理演绎后，将金融合作与产业协同两个变量联系起来，系统性地研究中国与共建"一带一路"国家金融合作助推产业协同发展的影响机理、现状及问题，提出金融合作助力产业协同增长与产业结构协同升级的可行性路径与保障措施以及风险监控体系的对策建议，从而弥补了现有研究的不足，拓展了金融发展与经济增长理论，丰富了"一带一路"实证与产业协同案例研究。

# 第3章

# 金融合作对产业协同发展的
# 影响理论框架

本章首先对金融合作与产业协同发展两个核心概念进行内涵与外延的界定。其次，梳理金融合作与产业协同的相关基础理论，并通过数理模型，推导分析"一带一路"倡议实施前后我国经济增长率和产业结构升级速度的比较静态变化，从理论与逻辑上论证"一带一路"框架下中国与共建国家通过金融合作促进经济协同增长与产业结构协同升级的一般机制与逻辑框架。最后，从金融结构与功能观及金融合作动机出发，推导与归纳演绎金融合作促进产业协同发展的直接效应、中介效应及空间溢出效应，为下文定性定量分析搭建理论框架。

## 3.1 相关概念界定

### 3.1.1 金融合作

金融合作有狭义与广义之分。狭义的金融合作来源于蒙代尔（Mundell, 1963）最优货币区理论，指区域内货币合作与金融政策的协调，固定汇率，使用统一货币。东亚危机后，由中日韩及东盟组成的 10 + 3 财长会议，在 2000 年 5 月通过的"清迈倡议（CMI）"就属于建立东亚区域内双边货币互换网络，而开启的东亚货币金融合作，旨在解决区域内国际收支与短期流动性困难。10＋3 财长会议又于 2003 年成立了亚洲债券基金，旨在发展亚洲地区债券市场，促进亚洲投资，标志着亚洲金融合作进入了涉及政策对话、债券市场培育等金融体系建设、金融监管合作、信息沟通等多层面广义金融合作（中川利香，2007）。广义金融合作指的是货币互换、金融机构合作、金融市场合作、金融监管合作、互联网金融合作等多层面的金融合作（樊勇明和钱亚平，2014）。

国际货币基金组织（IMF）将金融一体化定义为国家或地区之间形成的金融活动相互影响、彼此联动的发展趋势。其呼吁的金融合作主要指的是各国在货币、金融稳定及监管政策等方面的合作，为缓解全球经济风险。中国人民银行行长周小川出席国际货币与金融委员会第十九届部长级会议时指出，自 2008 年金融危机爆发以来，世界经济遭受沉重打击，经历了严重衰退，当前国际社会最紧迫的任务之一就是加强全球国家间金融合作，以维护金融市场稳定，实现经济复苏增长。发达国家应履行大国责任，加强与发展中国家宏观经济政策协调沟通，切实履行对发展中国家的援助、减债等承诺，最大程度降低金融危机对发展中国家造成的危害[①]。陈四清（2016）指出亚洲金融合作包括：创建多边金融开发机构和对话平台、建立货币互换机制和区域外汇储备库、发展亚洲债券市场、实施政策协调监督等内容。

国内学者从不同角度提出了对金融合作的不同理解。戴金平和万志宏（2005）认为国际货币金融合作是两个或多个具有独立主权的国家，为了维持汇率和金融市场稳定发展而进行的货币政策、财政政策协调，以及共同干预市场等机制化或非机制化合作。从合作的层次来说，亚洲货币金融合作可以分为四个层次：第一层次是协调国家间经济政策，建立区域内国际分工体系；第二层次是区域性防范和化解金融危机的机制，建立东亚紧

---

① 中国人民银行网站。

急救援安排；第三层次是实现联动汇率机制，维护东亚地区汇率稳定；第四层次则是使用单一货币，降低区域内交易成本，促进要素自由流动（余永定和何帆，2002）。喻旭兰（2007）则认为东亚金融合作可以大致应分为政策对话、区域性最后贷款人机制、汇率政策合作和共同货币区四个层次。李晓（2008）则将四个层次总结为保持汇率稳定、区域金融（债券）市场建设、短期融资机制与储备合作（最后"贷款人"）。从合作内容来看，刘方和丁文丽（2020）的研究将金融合作视为货币合作、金融基础设施合作、金融机构合作、金融市场合作与金融监管合作五大方面。从合作的范围来说，何建军、毛文莉和潘红玉等学者（2022）将金融合作分为国内金融合作、区域金融合作（如欧盟、亚太地区）、国际金融合作。由此可得，国际金融合作的内涵由货币政策协调对话、应对危机转变为政策沟通、金融部门、金融市场、金融监管、金融基础设施等多层面、多领域的合作。

本书认为金融合作是指两个或多个主权国家之间以及区域金融组织与主权国家之间在金融领域进行的金融政策与金融行为的协调与合作，其目标是多元的，包括实现资金融通，促进贸易与投资发展，以及维护区域金融稳定、防范金融风险、打击金融犯罪等。本书的金融合作是广义的、国际层面的金融合作，主要强调"一带一路"国际次区域内，国家间为获得资金融通和抵御金融风险而进行的货币互换、金融机构合作、金融市场开放以及保障金融市场安全而进行的金融监管等方面的合作。

## 3.1.2 产业协同发展

"协同"一词来源于希腊语，意为"协调合作"。经济学中的"协同"的思想可以追溯到亚当·斯密（Adam Smith，1776）的分工理论，斯密主张劳动分工能够提高效率，进而创造和增长财富。参与分工与交换的个体在追求自身利益过程中会受到"看不见的手"的推动，又会不自觉地增加社会的整体利益。这一思想一定程度上反映出了协同思想，即社会活动中的个体在市场机制的作用下，在追逐自身利益最大化的同时会带来整体利益的改进，从而个人利益与社会利益得到了共同实现。马克思（Marx，1867）撰写的著作《资本论》中所提出的新生产力理论的协同思想是借助分工与协作两种生产方式相互依赖、相互促进、相辅相成，在耦合统一过程中既提高了个人生产效率，又创造了集体利益，该思想是经济学中协同思想的基本雏形。

经由经济学两大流派的奠基，20世纪70年代，德国物理学教授赫尔曼·哈肯（Hermann Haken，1971）正式提出了"协同"的概念。1976年，他发表了《协同学导论》等著作，系统论述了"协同理论"。该理论主要研究一个远离平衡态的开放系统在与外界有物质或能量交换的情况下，如何通过自身内部子系统或各要素之间的自组织运动，形成时间、空间和功能上的有序结构，从而实现整个系统效率提升的过程。迈克尔·波特（Michael Porter，1983）是第一个将协同概念引入经济学领域的学者，他通过回顾产业组织与公司战略的发展过程，指出产业在自身发展的过程中存在协同效应。克里斯蒂安·安东内利（Crisian Antomelli，1998）对欧洲经济发展中的高新技术产业和知识密集型产业发展进行分析，他指出知识密集型产业能够带动高新技术产业发展，从而引导两种产业的协同发展，同时，高新技术产业和知识密集型产业与其他产业同样存在协同发展效应。

国内关于产业协同的研究还处于起步阶段，大多基于区域经济协调发展、区域经济一体化与共生理论。协调发展能够反映不同系统间的发展与协同水平，这一概念借鉴了物理学中的容量耦合系数模型，既有发展之意，也强调系统间协调。发展体现在系统"数量扩大"过程，即从低级到高级、从简单到复杂；协调则体现在"质量提升"过程，即系统之间及系统内部各要素之间的相互促进、和谐发展（张虎和韩爱华，2019）。安虎森（2008）认为区域一体化的关键在于贸易的自由化、要素的流动与资源配置效率的提升，而要素的自由流动带来产业的集聚，而适度的产业集聚能够通过技术溢出效应带来经济增长率的提升，而过度的产业集聚则通过拥挤效应导致经济增长率的下降。胡晓鹏（2008）从共生理论的视角提出，产业是在分工日益细化的前提下，同类以及不同类产业之间，或有着经济联系的要素之间因某种机制所形成的相互融合、互动协调发展，共同演进的过程。安虎森（2015）指出"十三五"规划期间，中国实施"四大板块"和"三个支撑带"的区域经济协同发展战略组合，形成了东、中、西部地区以及"一带一路"优势互补、相互促进、共同发展的空间新格局。需要实现我国东部和中西部的协同发展，同时构建"一带一路"产业分工和产业转移的新模式，鼓励中国企业走出去与对外直接投资，加强与共建"一带一路"国家经济发展战略的无缝对接。

部分学者应用协同理论，从区域经济学角度对产业协同给出了不同的解释。徐力行和高伟楷（2007）采用系统论的观点，认为产业系统是国民经济的子系统，是一个开放系统中各产业或产业集群的相互配合、相互关联、相互带动，使产业结构从不合理到合理，从无序到有序的演变过程。国民经济各产业之间时刻处于动态发展变化过程中。因此，产业协同不是一个静态概念，而是产业系统自组织联动的动态变化过程，需要以动态的分析方法，来探究产业结构在运动中的变化过程（魏丽华，2018）。唐柳和俞乔等（2014）同样采用系统论中的协同理论，论证了经济方式转变的协同学原理，即国民经济系统中，各子系统存在相互影响、相互作用的关系。产业是一个开放系统，在社会、经济、资源、科技等环境的内外力量的共同影响下，产业集聚关联形成区域产业链网络，产业链网络中各产业相互分工合作，互相促进，从而实现区域内产业一加一大于二的协同效应。孙久文、卢怡贤和易淑昶（2020）从产业分工的角度，采用了保罗·克鲁格曼（P. Krugman，1991）的区域分工指数，测度了京津冀三地产业分工指数与产业结构情况，并分析其对京津冀协同发展的作用，得出产业一体化是京津冀协同的关键内容与基础保障，地区间行业内与行业间的分工是协同的前提，是地区间优势互补与互利共赢的体现。杨道玲、任可和秦强（2022）从城市群协同的角度，认为产业协同指的是城市群内不同地域、不同城市、不同产业、同一产业之间，利用各自区域资源优势，形成了生产技术与销售管理等方面相互分工协作，形成产业链与价值链，形成产业关联，通过相互拉动牵引，实现共同推进、获得协同效益的过程。

　　本书认为的产业发展是指单个产业的产生、成长和进化的过程，也包括整个国民经济的发展与演化过程，产业发展的内涵包括产业量的增长过程与产业质的提升过程，即：产值的增长过程与产业结构的优化过程。产业协同发展是指区域内中国与共建国家各经济体、各地区间三次产业协同共生、互利共赢，在区域内形成产业分工合理、协作高效的统一体，共同推进产业增长与产业结构转型升级，推动区域产业实现从无序到有序、从低端到高端的动态演变发展的过程。产业"协同"发展与"协调"发展相比，区域协调发展强调的是区域经济差距的缩小，而区域协同发展更侧重应用"协同"学理论，将区域作为整体，制定一致的发展目标与明确的总体规划，以实现区域价值链的整体提升。

　　本书的研究将"一带一路"视作一个区域整体，主体对象强调的是中国，协同发展强调中国与共建各个国家的"共同发展"。产业协同发展特指中国与共建"一带一路"其他国家之间的三次产业"共同发展"，中国与共建其他国家第一、第二、第三产业共同增长，以及产业结构共同优化升级，而没有包括三次产业之间的协同发展。为了方便表达，本书采用产业协同增长与产业结构协同升级来表示。

## 3.2　金融合作相关基础理论

　　长期以来，经济增长中的金融发展和产业升级是相对独立的学科。当经济增长理论不断发展过程中，二者因为共同目标而联系起来，纳入经济增长的理论体系中。因此为了更好研究金融合作与产业协同发展，本书以金融发展理论为基础，通过论述金融发展与经济增长相互关系作为研究背景，并依据货币一体化理论（最优货币区理论）、国际经济政策协调博弈理论、金融交易成本理论与金融风险规避等理论，作为金融合作促进金融发展与区域经济增长的理论基础。本节在厘清相关理论的基础上，推理演绎出本书的理论逻辑。

### 3.2.1 金融发展与经济增长理论

金融发展与经济增长关系的研究源远流长，由来已久。该理论最早是由格利和肖（Curley John G. & Shaw Edward S.，1955）提出的，他们发表了《经济发展中的金融方面》和《金融中介机构与储蓄－投资》两篇文章，就此拉开了金融发展理论的序幕。他们提出金融中介能够促进居民储蓄转化为生产投资，是使社会资本集聚起来用于补充生产资金短缺的最根本手段。因此，金融是国民经济的支柱，是现代经济发展的重要条件。一个国家或地区经济越发达，金融所能发挥的作用越强。此后，关于金融发展理论的研究不断深入，并出现了一些代表性观点。1966 年帕特里克（Hugh Patrick）在《欠发达国家的金融发展和经济增长》一文中，提出了"需求带动"与"供给引导"的金融发展理论。其核心观点为，金融发展与经济增长在不同阶段有着不同的关系，在经济发展初期，供给引导型的金融发展应占主导地位，即金融应优先于经济发展，从而带动经济发展；当经济发展进入成熟阶段时，需求带动的金融发展应占主导地位，即金融发展应为经济发展服务，应以满足经济需求发展。这些观点被认为是最早提出的金融发展与经济增长因果关系的研究。

1. 金融结构理论

雷蒙德·哥德史密斯（R. W. Goldsmith，1969）则将金融结构引入金融发展研究。他认为金融结构由金融机构、金融工具、金融市场等基本要素构成。金融发展的实质是金融结构的不断优化、不断完善的过程，同时金融结构又反过来作用于金融发展，对金融发展起着推动作用。地区金融发展水平与发展趋势是由各种类型的金融机构与金融工具的分布、性质、相对规模、相互关系和相互配合决定的。哥德史密斯提出了金融结构理论的核心指标——金融相关比率（FIR），其根据金融相关比率将金融结构划分为银行主导型与市场主导型两类。其中，银行主导型金融结构以银行贷款等直接融资为主，金融相关比率较低，而市场主导型金融结构以股票等金融市场融资为主，其金融相关比率较高。一般认为美国、德国等发达国家是市场主导型金融结构的代表，而发展中国家大多为银行主导型金融结构。关于金融发展与经济增长的关系，哥德史密斯首次将理论与实证相结合，通过实证得出金融发展与经济增长是同步进行的这一结论。他指出金融发展促进经济增长的内在逻辑表现为，金融活动使资金从储蓄转化为投资，促进了资金的优化配置，实现了投资规模扩大，进而促进经济增长，且金融发展与经济增长是同周期性的。然而，该结论过于绝对，没有考虑到金融与经济增长直接可能存在的相互抑制的情况。

2. 金融深化理论

1973 年美国经济学家罗纳德·麦金农（Mckinnon）和肖在对金融结构理论全面深化的基础上，提出了金融抑制与金融深化理论。金融抑制论表明发展中国家由于金融市场不完善，大多存在金融抑制现象。他们的货币管理当局往往通过信贷配给、利率、外汇、市场准入管制等手段对金融市场进行了过度干涉和控制，导致发展中国家金融发展严重扭曲，经济发展滞后的现象。金融深化理论是在金融抑制论的基础上提出的，该理论认为发展中国家金融发展的关键在于消除金融抑制，走向金融深化，实现金融自由化。因此，发展中国家货币管理当局应减少对金融市场的过度压制，放松对利率和汇率的管制，让市场调节机制发挥主导作用，以实现社会资源的有效配置，形成金融发展促进经济增长，经济增长激励金融发展的良性互动。

3. 内生金融发展理论

20 世纪以来，由于金融深化模型的部分缺陷和政策主张的激进，内生金融增长理论开始应用于金融发展理论。学者们开始对金融中介与金融市场的内生形成机理及金融发展如何通过影响资本、技术、人力资本进而促进经济增长进行研究，将其关系转向内生视角阐述。内生金融论强调政府在流动性提供方面应该可以且能够发挥重要作用。金和莱文（King & Levine, 1993）在内生增长理论的基础上，应用内生增长 AK 模型，运用 1960～1989 年 80 个国家 30 年的数据得出，金融发展正是通过影响一个国家的储蓄率和资本配置效率而影响其经济增长。莱文（1997）认为金融市场的发展是经济增长的内生因素，二者之间的互动与关联通过金融市场的功能实现。金融市场和金融中介具有克服信息不对称，降低交易成本的功能，这一功能的有效发挥能够带动经济增长；反过来经济增长又对金融发展提出新的需求，从而反向激励了金融市场功能的进一步提升。金融发展通过资本积累与技术创新两个渠道促进经济增长，然而这种促进作用存在一定门槛效应，即金融发展对技术创新的促进作用，只有当金融发展水平达到一定程度的时候才能实现，否则金融发展对技术创新起到抑制作用。此后，相关的研究便层出不穷，且得出了不同的观点。

### 4. 金融功能理论

金融服务论与金融功能论的提出使得金融体系与经济增长问题有机结合起来，使得理论建议与政策主张更加符合现实意义。金和莱文（1993）吸取内生增长理论的核心，构建模型分析得出金融体系的规模和功能能够促进资本的积累与形成，提升全要素生产率，激励经济增长。博迪和莫顿（Bodie & Merton，1995），出版了《全球金融体系功能观点》一书，从金融功能的角度探讨金融作用了经济增长的六大具体机制为：信用创造、提供融资、管理风险、支付结算、解决信息不对称与激励问题。此后，中外大量学者以上述理论为基础，探讨金融发展、金融创新、金融开放、金融一体化对经济增长与产业结构升级的影响。

随着时间的推移，不同国家金融机构的形式与金融工具的内容可能会发生较大变动，但金融的基本功能不会有较大变化，金融发展就是金融结构的改善与金融功能的不断深化。当金融机构积极参与合作竞争、持续开放创新时，金融体系会不断发展完善，金融功能将日益扩展提升，服务实体经济的效率与能力将日益增强。

金融合作作为加强区域金融联通，实现区域金融一体化发展的有效路径，需要充分发挥其金融结构与金融功能属性，且能够使区域金融体系力量联合起来，对实体经济发挥更有效的支持作用。在金融合作早期，金融合作更多为跨境支付结算提供便利化服务而存在。随着互联网金融与数字金融的发展，金融合作开始由支付体系逐渐衍生出跨境投资、信贷、保险、监管等更多金融功能，由此发展成一种综合完整的金融合作模式。"一带一路"区域金融合作将为区域产业增长与产业链升级提供更好的金融支持。本书以此作为研究中国与共建"一带一路"国家金融合作产业协同发展效应的基本理论。

### 3.2.2 最优货币区理论

金融合作最早来源于"最优货币区（OCA）"理论、货币联盟的成本收益等理论。20世纪60年代，"最优货币区"理论由美国著名经济学家罗伯特·蒙代尔（Mundell，1963）提出，其对形成最优货币区的条件、如何创造最优货币区、最优货币区是否可以实行单一货币等问题作了详细阐释，为后来欧元区的诞生奠定了理论基础，为此，蒙代尔本人也获得了"最优货币区理论之父"和"欧元之父"之称。蒙代尔提出在一个高度金融合作的区域内，设立单一货币与固定汇率，在区域外使用浮动汇率，应考虑各成员国因共同使用单一货币所享有的巨大经济利益，以及在面对金融危机等外来冲击时，因使用单一货币，而丧失独立货币政策权所带来的损失。蒙代尔提出生产要素高度自由流动是确定最优货币区的一个重要标准。此后，越来越多的经济学家进一步研究组成"最优货币区"应该具备的单一标准问题，其中包括：经济的高度开放性（Ronald Mckinnon，1963），产品多样化（Peter Kenen，1969），政策一体化（Edward Tower，1970），国际金融高度一体化（J. C. Ingram，1973），通货膨胀率相似性（G. Harberler，1970；J. M. Flemming，1976）等。20世纪70年代后，保罗·克鲁格曼（Paul R. Krugman）提出GG－LL模型，对组成最优货币区的成本收益进行分析，收益指的是因建立共同货币区而获得的贸易成本与汇率风险等的降低，成本指的是因此而放弃的独立货币政策权，该研究为区域货币合作与区域金融合作理论奠定了基础。欧元的成立标志着欧盟国家实现了货币一体化进程，为亚洲货币一体化与金融一体化提供了前车之鉴。

贝奥米（Bayoumi）和艾肯格林（Eichengreen，1998）在一般均衡模型的基础上，创建了最优货币区指数理论，即综合 OCA 指数，解决了单一指标的片面性与局限性问题，用来研究欧元区哪些国家和经济体加入货币同盟的综合成本越低，越适合组成货币区。此后，涌现出了大量相关实证研究，采用最优货币区指数理论（OCA 指数）预测国家间金融合作潜力，目标是确定哪些伙伴具有货币和金融兼容性，从而在成本方面展现出金融合作最佳潜力。国内学者万志宏和戴金平（2005）构建亚太地区 OCA 指数实证得出，亚太地区经济整体差异较大，还不具备整体推行货币合作的条件。

作为货币金融合作的理论来源，最优货币区理论为区域货币合作与金融合作的实现提供了理论指导，在区域一体化程度不断加深，国家和地区间经济高度依赖的情况下，区域内国家之间货币合作会给双方带来潜在的共同利益：提供外汇互助网络，降低外汇储备需求，促进外汇流动性，降低汇率波动及货币危机发生的可能性。中国与共建"一带一路"国家货币互换有利于降低汇兑、储备与支付等金融交易成本，促进贸易与投资合作，有利于降低各国对美元的过度依赖，提升人民币的国际地位。

### 3.2.3 金融交易成本理论

1973 年罗纳德·哈里·科斯（Ronald H. Coase）提出交易成本理论，他将交易成本定义为交易双方为获取市场信息、制定契约等需要付出的成本。经过不断发展演化，交易成本理论被广泛应用于经济、管理、政治、金融等多个学科领域。威廉姆森（Williamson，1975）认为交易双方之间信息不对称、交易活动的复杂性及交易市场的不确定性是导致产生交易成本的主要原因。他进一步将交易成本划分为六大成本，包括：信息成本、议价成本、决策成本、搜寻成本、监督成本以及违约成本。塔夫拉斯（Tavlas，1997）认为在国际交易中，出口商都趋向于使用本国货币进行计价和结算，因为使用本国货币可以避免汇率波动的风险，并且能够降低交易成本。科恩（Cohen，2012）也认为货币国际化后，企业在国际交易中采用本币进行计价和结算，从而可以显著降低汇率风险与交易成本。塔夫拉斯（1998）的进一步研究发现，随着一种货币国际化进程，该货币在国际交易中将被广泛使用，则发行该货币的金融部门的收益将会大幅增加，对金融部门参与国际交易活动产生激励作用。麦考利和怀特（Mccauley & White，1997）论证了欧洲货币一体化通过降低交易成本对促进金融市场效率的作用，发现货币一体化过程中，促使国内外银行形成竞争，金融交易成本下降，资产流动性增强，金融市场效率得以提升。邦飞利（Bonfiglioli，2008）则将货币一体化扩展到金融一体化，论证金融一体化通过降低交易费用所产生的经济增长效应。其研究发现金融一体化通过降低交易费用，加快资本流动与资本积累，提升区域经济效率等功能，从而成为促进经济增长的核心动力。李建军、李明洲等（2022）认为"一带一路"倡议下的金融合作降低了区域内金融交易成本，提升了共建国家资金融通效率，促进了金融资源更有效配置，从而能够更好地促进共建国家的经济增长。

在单一国家金融模式中，由于获客成本和信息成本的居高不下，导致跨国金融资本与金融服务较难获得。金融合作通过区域内金融合作协议的签订，金融机构合作与金融市场的联通，降低了跨国融资门槛与交易成本，提升了金融效率，为实现企业的跨境投融资及跨国经营提供了便利条件。金融合作既能够降低企业使用资金成本，也能够获得跨境金融服务，从而降低生产运营成本，提升企业活力，企业将更多资金、人才、时间投入技术研发中，加速产业的增长与升级。

### 3.2.4 金融风险规避理论

还有部分学者关注国际金融合作对于金融风险规避的影响。陈和杰马耶勒（Chan & Gemayel，2004）研究发现，影响跨国公司投资决策的两个主要风险包括货币危机与金融风险。当今世界经济政治动荡，不确定性因素陡增，政府债务过重与金融市场波动所引发的系统性金融风险加大，因此对发展中国家以及新兴经济体金融结构转型的需求日益凸显。莱恩和米莱西－费雷蒂（Lane & Milesi-Ferretti，2002）分析跨国金融资产交易风险时发现，由于存在贸易与信息摩擦，汇率及交易风险，为了降低与规避风险，应首先考虑与本国经济、外交更为密切的国家或地区进行资产交易。阿根亚等（Aghion et al.，2010）提出的金融缓冲器理论认为降低信息不对称、提高风险管理水平，有助于缓和经济波动。发达国家市场主导型的金融体系结构更能够为跨国企业提供外部融资支持，帮助企业抵御汇率波动带来的短期流动性风险，从而保障企业投资行为的安全性（Broda & Romails，2010）。当前，经济下行、美元主导的世界经济体制下，国际金融合作可以通过使用金融工具与金融市场来防范汇兑、融资与债务风险（Barry Eichengreen，2020）。

金融合作的动机与目标之一就是规避与分散金融风险。区域内国家与地区间金融合作通过金融市场开放、建立市场化风险处置机制、完善金融监管框架及扩大信息共享范围，不仅有利于降低筛选和监控成本，还能够约束借款人的行为，降低企业投资与信贷风险，为产业发展提供更加安全与稳定的金融环境，从而促进区域整体产业的增长与升级。

### 3.2.5　国际金融政策协调理论

关于金融合作的研究成果大多是在基于国际经济相互依赖与相互协调的理论上展开的。理查德·库伯（Richard Copper，1968）所提出的国际经济相互依存理论认为，一国经济发展与国际经济发展具有紧密联系，一国经济与他国经济相互依赖，为了达成一定的经济目标，一国必须与他国之间在政策上相互协调，达成共识。这种政策的协调程度与经济的相互依赖程度有直接正向相关关系。而博弈论是说明国际经济政策具有可协调性的理论，其研究结果表明，国家间经济发展与政策是相互影响、相互依存的，存在较大溢出效应时，国际合作行为导致帕累托最优结果。哈里·约翰逊（Harry Johnson，1952）最早将博弈论引入国际经济政策协调领域，并对国际贸易冲突进行了探索性博弈分析。此后，查理德·库伯（Rrichard Cooper，1968）应用博弈论模型对欧共体各成员国之间的经济政策协调问题进行策略性分析。日本经济学家哈马达（Hamada，1979）将博弈定义为政府福利函数的最大化，并对货币政策领域进行了动态博弈分析，并提出一国加入共同货币区的条件取决于其政府的政策协调能力。坎佐尼里和汉德森（Canzoneri & Henderson，1991）采用一次博弈与重复博弈等方法，系统地阐述了国际战略合作中国际经济政策的协调问题，并得出结论：各国政府政策制定者的信誉度越高，国家之间政策协调性就越强，达成国际战略合作的可能性就越大。此后，大量学者采用不同方法对国际经济政策协调进行收益分析，结果表明，国家间信息交流与政策协调有利于增进了解、树立信誉、达成共识，因此国际经济政策协调具有潜在收益。

目前，"一带一路"金融协调合作机制主要围绕政府间政策对话、经济评估、基础设施建设、金融市场合作、金融监管等方面进行，协调博弈的目标首先是让金融合作为区域内贸易自由化与投资便利化服务，其次是防范金融风险，维护区域金融市场稳定（罗传钰，2011）。共建"一带一路"各国经济文化各异、价值观不同、利益追求不同、经济运行机制差异巨大。因此，金融政策协调博弈具有较大的难度与挑战性，在建立规则性协调机制以及发布权威性法律合作文件方面还有漫长的道路。本书将国际经济政策协调博弈理论作为中国与共建"一带一路"国家签订货币互换、金融机构合作、金融监管合作等各项金融合作协议与制定合作政策的理论基础。

# 3.3 产业协同发展相关基础理论

产业协同的理论研究，首先是以要素禀赋、比较优势及新贸易理论为基础形成的产业分工理论；其次是产业分工引发产业转移与产业结构演进理论；再次是基于区域生产网络的产业关联理论，以产业关联带动为驱动力量，促进区域产业协同增长与协同升级；最后是基于协同学，将区域空间视为复杂系统，各国或各地区的产业视为子系统，区域生产系统与生产网络中的产业分工协作，总体功能大于部分功能之和，合力推进产业系统从低级到高级演进。通过以上理论，构建产业分工→产业转移→产业升级→产业关联→产业协同发展的理论逻辑，为产业协同发展机制提供了核心理论基础。

### 3.3.1 产业发展理论

**1. 产业分工理论**

随着人类社会发展，分工的思想也不断发展，其作为基本的经济学、社会学原则，在生产组织中扮演重要角色。传统的劳动空间分工理论是关于地理分工的劳动经济学理论，以亚当·斯密、大卫·李嘉图、赫克歇尔 – 俄林、保罗·克罗格曼所提出的比较优势论、要素禀赋论、新贸易理论、产品内贸易理论为代表。20 世纪 60 年代以来，随着全球信息科技变革、生产空间组织、劳动力组织形态的多样化，产生了新的劳动空间分工理论来补充传统分工理论的不足。

第一，比较优势理论。大卫·李嘉图（David Ricardo）的比较优势理论提出，由于交通因素等的限制，资本、劳动等生产要素很难在国家间实现自由流通或转移，各国可结合自身的比较优势，参与国际分工并进行贸易活动，实现商品的互换。而赫克歇尔 – 俄林（Heckscher-Ohlin）的要素禀赋理论认为，国家之间由于具有不同的自然资源禀赋或生产某种产品的比较优势，在自由贸易条件下，一国就会主要密集生产并出口本国具有比较优势的产品，并进口本国稀缺以及成本较高、不具有比较优势的其他产品，通过进出口贸易，实现降低成本、互通有无的目的。随着产业分工与贸易往来的深入，世界范围内形成了不同国家之间根据各自不同的资源禀赋与比较优势进行专业化生产的国际分工格局，该理论被认为是产业间分工的理论来源。

第二，新贸易理论。20 世纪 80 年代以来，以保罗·克罗格曼（Paul R. Krugman）为代表的新贸易理论引入规模报酬递增、垄断竞争与产品差异，认为即使两国生产某产品的生产技术或劳动生产率相同，两国依然会进行贸易，并且会因贸易而受益。具体表现为：贸易后的市场扩大，产品种类增加，激发消费者对于多样化产品的需求和不同的消费偏好，称为"需求效应"；贸易后导致产品竞争加剧，促使企业降低成本，提高产品质量与产品竞争力，称为"竞争效应"；因为竞争的存在，导致部分企业被淘汰而退出市场，而生存下来的企业则扩大生产规模，进行专业化生产，称为"规模效应"。由于以上三种效应，国际贸易产生的动机除了比较优势与要素禀赋差异之外，还可能是由于产品差异或不同的需求偏好。

第三，产业内分工理论。20世纪90年代以来，随着经济全球化发展，全球产业链和生产网络的形成，越来越多的企业将一些产品的生产环节外包给专业化的厂商或转移到国外，而专注于自己擅长的部分。由此，产业组织呈现出全球化布局的趋势，在这种形势下，产品内分工得到快速发展。阿恩特（Arndt，1997）首先提出"产品内国际分工"的概念。亨德森（Henderson，1987）将企业行为理论应用到产品内分工理论体系中，更加符合当前全球化跨国公司主导的国际形势，他指出管理和协调成本是影响国际产品内分工的关键因素，而国际市场的垄断性影响分工的利益分配。赫梅尔斯和石井（Hummels & Ishii，2001）提出垂直专业化分工这一概念，此后越来越多的学者对这一分工方式进行理论与实证方面的探讨，他们认为，国际化垂直分工必须具备以下基本条件：生产过程必须跨境，且至少包含两个国家，而每个国家从事一个以上专业化生产阶段。这就意味着在国际化生产过程中，每个国家只负责商品生产的特定环节，至少一个国家需要使用进口投入品，并将最终产品进行出口。这种由产品内国际垂直分工带来的贸易，被称为"垂直专业化分工贸易"。至此，"垂直专业化分工""产品内分工"的概念逐渐被广泛接受。卢峰（2004）认为产品内分工是生产过程中，将同一产品的不同工序或零部件分配到不同国家进行，每个国家专业化生产某一特定环节，从而可以节约资源，提升效率，带来产出增加与社会福利水平的提升。参与产品内分工的国家可以根据各自要素禀赋差异被划分为资本密集型、劳动密集型以及技术密集型。三类不同资源密集型国家专注于生产并出口自身资源优势产品，进口资源劣势产品，国际专业分工格局由此形成。区域产业分工模式有垂直型分工，水平型分工，以及混合型分工、产业间分工、产业内分工、产品内分工。国际垂直分工主要取决于国家的比较优势与中间品的价格。发展中国家同样可以利用自己的比较优势，参与到国际产业分工网络中（田文，2005）。

第四，国家竞争优势理论。当代国际分工理论以国家竞争优势理论为代表，该理论由迈克尔·波特（Michael Porter，1990）在其出版的《国家竞争优势》一书中提出。该理论基于比较优势理论，对10个国际上最重要的贸易国家的上百种产业的历史进行研究后，提出了一整套解释一个国家、地区产业或企业如何获得竞争优势的理论，又称为钻石理论。该理论认为一国特定产业是否具有竞争优势取决于该国生产条件、市场需求、相关支持产业、一国机遇和政府作用等因素的组合与动态作用过程，它们一起构成了"钻石模型"。其中，生产要素包括：自然资源、人力资源、基础设施、资本和技术等；国内需求是某一产业是否具有国际竞争力的一个重要影响因素，因为国内消费者对于该产品的需求层次高，则能促进该产业的规模化生产，并能迫使厂商提高产品的质量、性能及服务等，从而使该产业获得国际竞争力；相关支持产业因素是指一个产业的发展要和相关产业或行业保持联系、进行信息交流合作，从而获得供应商与相关产业的支持；一国的机遇和政府的作用是指一国的重要发明、技术突破以及政府政策调节等创造竞争优势。以上因素共同作用，形成一国的国际竞争优势。

通过上述理论可知，一国的要素禀赋、比较优势、技术或市场优势以及需求偏好等，这些综合因素构成了一国产品的国际竞争力，也就成为国际贸易发展的动因。产业分工能够降低要素的成本，形成规模效应，促进产业国际竞争力的提高。"一带一路"框架下相关国家，通过产业分工合作，有利于要素流动和合理配置，有利于形成合理的区域产业布局，能够促进技术创新良性循环，为产业协同机制的形成提供了必备的条件。

2. 产业转移理论

产业转移理论根据国际产业转移的方向和模式，主要按照"雁行模式"转移、从边际产业转移和按照产品生命周期规律转移三种。

其一，按照"雁行模式"转移。"雁行模式"的提法起源于日本经济学家赤松要（Akamatsu，1962）的"雁行产业发展形态论"。在这一理论模式中，赤松要认为，日本的产业发展实际上经历了进口、进口替代、出口、重新进口四个阶段，因为这四个阶段呈倒"V"型，与依次飞翔的大雁形态类似而得名。此后，该理论成为国际产业分工与产业转移的理论来源之一。雁形模式将工业化发展过程中的产业发展划分为四个阶段：在第一阶段，一些发展中国家，由于经济发展水平低，技术、生产设备相对落后，生产某些商品的成本较高，不得不通过国际贸易向发达国家进口这些商品；在第二阶段，该国在贸易过程中通过技术引进与技术模仿，掌握并具备了生产该商品的技术水平，并且在贸易过程中该商品的市场占有率不断扩大，具备了一定的竞争优势。随之，该商品的进口逐步由本国生产取代，即生产逐渐由国外向国内转移；第三阶段，随着生产规模的扩大，该国该商品的生产工艺和技术日渐成熟，国际竞争力不断提升，此时，该国由最初该商品的进口国转变为出口国；第四阶段，该国将继续进口本国不具有比较优势的产品，并再次通过"雁行模式"获取比较优势，从而实现经济发展和产业结构升级的目的。至此，该种产品生产的"雁行模式"已经完成。

"雁行模型"用来解释产业如何通过国际垂直分工，在发达国家与发展中国家进行跨境转移，以及如何推动发展中国家逐步由工业化向重工业化，再向高加工化迈进的。在此过程中，"雁行模式"对发达国家产生严重依赖，且存在路径锁定。"雁行模式"可以划分为企业内、行业内、行业间与区域间四种模式，强调的是动态的转移过程，凸显了产业转移过程中对发展中国家的产业结构升级的促进效应，但是该理论认为产业转移的顺序和层次是固定的，在一定程度上否定了发展中国家或地区的跨越式发展，而且也没有涉及发达国家的产业发展路径。

其二，从边际产业转移。日本学者小岛清（Kojima，1978）在"雁行模型"的基础上进一步提出边际产业扩张理论，这一理论主要阐述了外商直接投资在推进产业转移过程中的作用。国际产业转移通常在具有明显产业结构梯度或显著利益差距的国家之间进行，包括顺梯度产业转移与逆梯度产业转移。顺梯度产业转移是指由于资源短缺、生产成本差异和市场拉力等原因，导致资本和产业从相对发达的国家和地区转移到相对落后的国家和地区。而逆梯度转移的方向正好相反，指的是资本或产业从相对落后的母国投向相对发达的东道国。国际产业转移的方向和模式为：从劳动密集型到资本密集型再到技术密集型的产业梯度转移。

其三，按照产品生命周期规律转移。此后，1966 年美国哈佛大学雷蒙德·弗农（Raymond Vernon）教授首次提出考虑国际贸易和产业转移的产品生命周期理论，根据该理论，每个产业的市场生命就像人的生命一样，要经历产生—成长—成熟—衰退四个阶段。第一阶段是新产品引入阶段。这一阶段由技术水平高、市场规模大的发达国家，通过技术创新，研发出国际市场尚未出现的新型产品，并借助技术垄断，将该商品出口到发展中国家，从而获取高额垄断利润。第二阶段是产品的成长和成熟阶段，这一阶段该产品的技术水平逐渐成熟，实现了规模化生产，在国内市场逐渐走向饱和，行业竞争力降低，寻求以产品输出的方式向国外转移。第三阶段是标准化生产阶段，在该阶段该产品技术垄断优势逐渐消失，产品开始标准化生产。同时，发展中国家通过进口，对该产品的生产技术进行模仿和复制，逐步获得了生产该产品的比较优势。此外，由于具有较大的劳动力成本优势，发展中国家反过来从该产品的进口国转变为出口国。这一阶段，发达国家不得不通过对外直接投资的方式，将该产业转移至发展中国家，进行跨国经营，从而利用发展中国家廉价的劳动力资源，来降低生产成本，获取超额收益。第四阶段是产品的淘汰阶段。由于新技术和新产品的出现，该产品丧失原本的竞争优势，因此退出市场。

以上理论揭示了比较优势、对外贸易、产业分工、产业转移的相互关系与规律，产业转移的步骤与过程及其产业结构升级效应。本书借鉴以上理论来解释金融合作对于对外贸易及对外直接投资的推动作用，以及对外贸易和投资所引致的产业转移对产业结构升级的积极效果以及作用过程。

3. 产业结构演进理论

随着社会分工不断深化，市场的不断扩张，不同产业部门表现出来在经济总量中的占比以及对经济增长的贡献程度等方面的差异。这种包括各产业的占比、各产业之间的相互关系在内的结构特征被称为产业结构。英国经济学家威廉·配第（Petty W.，1690）首次在其著作《政治算数》中对产业结构的概念进行了界定并指出国家或地区收入差异的根源主要来自产业结构的差异，一般来说，第三产业收入高于第二产业和第一产业的收入。科林·克拉克（Clark C.，1940）对配第的理论进行了分析和验证，并提出了配第—克拉克定理，该理论指出，随着国民收入的提高，劳动力依次从第一产业向第二产业、最后向第三产业转移的规律。

美国经济学家霍利斯·钱纳里（Chenery H. B.，1969）的工业化阶段理论将经济发展过程划分为具有不同产业结构特征的六个阶段。第一阶段为传统不发达阶段，以农业为主；第二阶段为工业化初期阶段，以劳动密集型产业为主；第三阶段为工业化中期阶段，此阶段以重工业为主，资本密集型产业不断壮大；第四阶段为工业化后期阶段，此阶段第三产业高速发展；第五阶段为后工业化阶段，此阶段以技术密集型产业为主；第六阶段为现代化阶段，此阶段以知识密集型产业为主导。可以看出，产业结构的演变趋势表现为产业结构由低级向高级，从简单向复杂的演变。周振华（1990）针对产业结构理论进行了系统的论述，对产业结构优化进行了定义，将其定义成产业结构高度化以及产业结构合理化两个方面。评价产业结构合理化时，主流的理论是资源配置说，该理论认为需要对要素资源在产业之间进行合理协调和配置，以便用最少的资源消耗，获取最佳收益（干春晖和郑若谷，2011）。产业结构高级化的理论内涵突出表现为劳动生产率的提升以及产业比例关系的改变，如产业结构完成劳动密集型到资本密集型的转变，之后再到知识技术密集型的升级（袁航和朱承亮，2018）。

以上理论从各个角度分析了产业结构演进的过程，可以看出，产业结构升级主要表现在产业由低价值产品向高价值产品转变，制造技术从简单到复杂循序发展的过程。产业结构的变化是与经济发展过程相对应的，随着经济的不断发展，产业结构逐步向高级化与合理化演进，主要体现在各产业产值的占比与劳动力占比的变化。本书将借鉴上述理论及方法对产业结构升级进行定性与定量描述。

### 3.3.2 产业关联理论

#### 1. 区域价值链理论

所谓产业链是伴随技术进步、社会分工和产业分工的发展形成的。产业链的概念来源于迈克尔·波特（Michael Porter, 1985）的价值链理论，该理论强调单个企业在生产过程中，其生产活动被分为了研发、设计、生产、销售等连续的环节，而产品生产的每个环节都会产生增值效应。产业链的本质是价值链。之后，杰雷菲和科尔泽涅维奇（Gereffi & Korzeniewicz, 1994）将价值链的概念拓展到产业层面与国际层面，并首次提出全球价值链的概念，主要强调如何提升产品在全球生产体系中的竞争优势与国际地位。迪肯·马尔姆贝格（Dicken & Malmberg, 2002）从经济地理学的空间维度，提出了全球生产网络的概念、产生和发展。他们认为全球生产网络是建立在跨国公司的基础上，突破地理空间限制的全球性经济结构。生产网络上存在着大量的上下游企业，上游企业负责技术的研发，下游企业负责市场拓展，下游企业向上游企业提供原料，上游企业向下游企业提供产品和服务，产业的发展体现为产业链向上下游拓展延伸。

#### 2. 产业关联理论

区域产业链或生产系统中，各产业上下游各部门之间往往存在着直接或间接的联系，当一个部门的技术等领域发生变动，会对其他部门产生或多或少的影响，这种影响即产业关联效应。产业关联的本质是区域内产业链上各个产业部门之间基于一定的技术所产生的联系，是不同产业间或同一产业内的企业之间的供需关系，包括产业的价值关联、供需关联、企业关联和空间关联。产业关联理论的创始人是美籍俄国经济学家里昂惕夫（Leontief, 1973），其发明了投入产出表这一工具，对产业间联系进行定量研究。投入产出模型以价值平衡表的形式反映生产过程中各产业的投入产出情况，成为测度产业间联系最常用的方法。产品生产过程中的中间品是连接不同产业的纽带，在投入产出关联中推动产业间合作，在产业间建立生产要素、产品、价格、就业等联系。产业关联效应可以分为前向关联、后向关联与旁侧关联三种关联效应。前向关联指的是一个产业的生产和技术等方面的变动所引起的它的供给部门的变动。例如，汽车行业的发展要求其零件供应部门加大投资、加快技术进步、提高产品质量等变化。后向关联指的是一个产业生产技术等方面的变动能够带动其向后关联部门的变动，或导致新技术、新兴产业部门的出现。旁侧关联指的是一个产业的变化会引起周围相关行业的变化，例如，劳动力素质以及管理水平的提升会带动周边地区经济的整体发展。

由此可知，产业链关联是区域内国家之间经济联系的动力来源，区域合作与经济一体化发展的驱动机制来源于区域内产业网络系统的关联与自组织联动，有赖于区域内成员国利用技术和市场优势，通过区域沟通协调机制或政策与制度安排，加强经济合作，形成紧密合理的产业分工合作体系，从而提升区域生产效率，实现共同发展。本书将应用以上理论，论述产业协同的根本机制。

### 3.3.3 产业协同理论

协同学理论来源于物理学中激光的研究，是由德国物理学教授赫尔曼·哈肯（Hermann Haken，1971）正式提出并进行系统论述的。其在《协同学引论》中将协同效应阐述为：是协同作用而产生的结果，是在复杂开放系统中大量子系统相互作用而产生的整体效应或集体效应。协同学理论认为，在复杂系统内有两种运动趋向：一种是子系统自发产生的无序运动，会导致系统整体走向无序和瓦解；另一种是关联运动，是存在于子系统之间的正向相互作用，是系统自发走向有序的重要因素。最终系统的走向是需要通过其子系统的发展形态而确定。在某种条件下，系统在没有外部能量流、信息流和物质流注入的条件下，其系统内各子系统间会按照某种规则自动形成一定的结构或功能，具有内在性和自生性特点。当外界条件发展变化的情况下，系统会主动适应这种变化，引发子系统之间新的协同，形成新的时间、空间或功能有序结构，被称为是系统的自组织过程。

由以上理论可知，如果"一带一路"区域协同发展是一个系统，"一带一路"产业协同发展则是"一带一路"区域协同发展的子系统。"一带一路"产业系统的存在、运动、发展和演化总是遵循着从无序到有序，从低级到高级的发展规律。其演化动力来自各序参量之间的竞争和协同。如果"一带一路"产业系统或其子系统各要素之间不能进行有效配合，产生合力，"一带一路"区域作为一个系统的整体功能就不能有效发挥；反之，如果产业系统的各子系统或要素之间能够有效配合，各自发挥优势功能，形成合力，便会产生协同效应，实现产业整体功能大于部分之和。

## 3.4　金融合作促进产业协同发展的理论分析

随着世界经济金融格局的变化和中国经济金融地位的提升，目前，作为世界第二大经济体的中国，继续坚定不移地推进"一带一路"建设与高质量发展，既是我国加强区域经济合作、提升全球价值链地位的重大举措，同时，也是我国对内转变经济增长方式、促进产业结构转型的重要策略。

本书以"一带一路"背景下中国与共建"一带一路"国家金融合作促进产业协同发展为例，论证区域内国家间金融合作促进合作国之间产业协同发展的理论逻辑与机制。首先，借鉴巨建东等（Jiandong Ju et al.，2009）和曾倩（2019）的市场均衡优化理论模型，将里昂惕夫生产函数中的资本替换为本书的金融合作，经济增长替换为本书的产业增长，然后推导产品市场和要素市场初期的最优解，再通过构建哈密顿函数估计我国产业增长率与产业结构升级速度。其次，"一带一路"冲击通过国际贸易、对外直接投资、技术创新的中介效及溢出效应改变了生产函数中的全要素生产率和资本折旧率，引致我国产业增长率和产业结构升级速度的变化。即：通过"一带一路"实施前后我国产业增长率和产业结构升级速度的比较静态分析，论证我国与共建"一带一路"国家金融合作促进产业增长和产业结构升级效应的存在性，探索深化中国与共建"一带一路"国家金融合作促进产业协同发展的理论模型与理论解释。

### 3.4.1  金融合作促进产业协同发展理论模型

假设一国具有资本（k）和劳动力（l）两种生产要素，其里昂惕夫生产函数形式如下：

$$F_n(k, l) = \min\left\{\frac{k}{a_n}, l\right\} \tag{3.1}$$

式（3.1）中，$c_n > 0$，$a_n$ 为产品的 n 的要素密集度。

假设该国共有 n 个产业，每个产业生产一种商品，中间品产量为 $\{c_1, c_2\cdots\cdots c_n\}$，则最终产品消费 C 形式如下：

$$C = \sum_{n=0}^{\infty} \lambda_n c_n \tag{3.2}$$

式（3.2）中，$\lambda_n$ 为边际生产率，一般而言，产品资本密集度与其生产技术效率成正比。因此，随着 n 的增加，$\lambda_n$ 也递增。由此，进一步假设 $\lambda_n = \lambda^n$，$a_n = a^n$。据此，可将效用最优化及其约束条件的公式分别设定为如下形式：

$$U = \frac{c^{1-\sigma} - 1}{1 - \sigma} \tag{3.3}$$

$$C = w \times L + r \times E \tag{3.4}$$

式（3.4）中，$\sigma \in (0, 1)$，w 是劳动力要素的价格，r 为资本（金融）要素的价格。

进一步地，用 $V_n$ 和 $V_{n'}$ 表示产品 n 和 n′ 的价格，达到均衡时两种商品的边际转化率等于其价格比率，具体公式如式（3.5）所示：

$$MRT_{n',n} = \lambda = \frac{V_{n'}}{V_n} = \frac{w + \alpha^{n'} r}{w + \alpha^n r} \tag{3.5}$$

即：

$$\frac{r}{w} = \frac{\lambda - 1}{a^n (a - \lambda)} \tag{3.6}$$

资本与劳动力要素市场均衡时，

$$c_n \alpha^n = c_{n'} \alpha^{n'} = E \tag{3.7}$$

$$c_n + c_{n'} = L \tag{3.8}$$

于是，我们可以得出各市场均衡时的最优解：

$$c_n = \frac{L\, a^{n'} - E}{a^{n'} - a^n} \tag{3.9}$$

$$C = \frac{\lambda^{n'} - \lambda^n}{\alpha^{\alpha-1} - \alpha^n} E + \frac{\lambda^n (\alpha - \lambda)}{\alpha - 1} L \tag{3.10}$$

$$E_{n,n'} = \left[ C - \frac{\lambda^n (\alpha - \lambda)}{\alpha - 1} L \right] \frac{\alpha^{\alpha-1} - \alpha^n}{\lambda^{n'} - \lambda^n} \tag{3.11}$$

（本书理论模型中资本经改进后可作为金融合作的代理变量。）

### 3.4.2 金融合作促进产业协同发展比较静态分析

假设该国存在不能相互替代的两种产品：生产资本品和消费品，且它们采用的技术不同。每投入 1 单位资本可生产资本品 A 单位，则：

$$X_t = AK_t - E_t \tag{3.12}$$

$$K_t = X_t - \delta K_t = (A - \delta) K_t - E_t \tag{3.13}$$

其中，$X_t$、$K_t$ 分别为 t 的投资和 t 的可用资本，$E_t$ 为 t 期用于消费品生产的资本，$\delta$ 是资本的折旧率。里昂惕夫生产函数可设定为如下形式：

$$F(E,\ L) = \left\{ \begin{array}{l} \dfrac{(\lambda - 1)E}{\alpha} + L,\ 0 \leqslant E \leqslant \alpha L \\[3mm] \dfrac{\lambda^{n'} - \lambda^n}{\alpha^{\alpha+1} - \alpha^n} E + \dfrac{\lambda(\alpha^n - \lambda)}{\alpha - 1} L,\ \alpha^n L \leqslant E \leqslant \alpha^{n'} L,\ n \geqslant 1 \end{array} \right\}$$

$$\tag{3.14}$$

本书的最优化问题及其约束条件为：

$$\max_{C(t)} \int_0^{t_0} \frac{C(t)^{1-\sigma} - 1}{1 - \sigma} e^{-\rho t} dt + \sum_{n=0}^{\infty} \int_{t_n}^{t_n'} \frac{C(t)^{1-\sigma} - 1}{1 - \sigma} e^{-\rho t} dt \tag{3.15}$$

$$\text{s. t. K} = \begin{cases} (A-\delta)K, & 0 \leqslant t \leqslant t_0 \\ (A-\delta)K - E_{0,1}(C), & t_0 \leqslant t \leqslant t_1 \\ (A-\delta)K - E_{n,n'}(C), & t_n \leqslant t \leqslant t_{n'} \end{cases} \tag{3.16}$$

产业增长率模型：

通过构建哈密顿方程，可以得出产业增长率为：

$$g_c \equiv \frac{\dot{c}_t}{c_t} = \frac{A-\delta-\rho}{\sigma} \tag{3.17}$$

（本书理论模型中经济增长经改进后可作为产业增长的代理变量。）

产业结构升级的速度模型：

随着对外开放的逐步扩大，进出口贸易与对外直接投资也逐渐增加，进一步引致生产要素禀赋和资本积累变化，该国的产业结构逐步从生产率较低的第 n 类产业为主转变为生产率较高的第 n' 类产业为主。该国产业结构升级的速度可以用式（3.18）表示。

$$t_{n'} - t_n = \frac{\log\frac{\lambda^{n'}L}{c_{t_0}} + \frac{A-\delta-\rho}{\sigma}t_0}{g_c} - \frac{\log\frac{\lambda^n L}{c_{t_0}} + \frac{A-\delta-\rho}{\sigma}t_0}{g_c} = \frac{\sigma\log\lambda}{A-\delta-\rho}$$

$$\tag{3.18}$$

### 3.4.3 "一带一路"金融合作促进产业协同发展数理分析

随着"一带一路"倡议的不断推进，我国国际贸易与对外直接投资规模逐步扩大，国际分工合作更为广泛和深入，迈入了以对外开放谋求产业结构调整的新阶段。首先，在与共建"一带一路"国家金融合作过程中，金融要素的区域流动与共享会促进所承载的创新要素（资本、知识、技术、人才、信息）的空间溢出。其次，与共建"一带一路"国家的金融合作，能够推动区域金融体系发展，为技术创新活动提供更好的金融支持，技术创新活动能够进一步产生空间外溢。最后，金融合作通过促进国际贸易、对外直接投资活动，获取技术溢出及逆向技术溢出效应，拉动我国的技术创新，促进我国产业发展。

以上几方面的技术创新将上文中的全要素生产率从 A 提升为 A + A′；此外，我国通过与共建国家之间对外直接投资、向外转移边际产业和过剩产能，提高落后产业的产值，将上文中的折旧率 δ 降低为 δ − δ′。因此，中国与共建 "一带一路" 国家金融合作及共建 "一带一路" 国家之间相互进行金融合作之后，可以建立普遍适用的理论模型，此种情景下，我国产业增长率公式（3.17），可以变为：

$$\Delta g_c \equiv \frac{\dot{c}_t}{c_t} = \frac{A + A' - \delta + \delta' - \rho}{\sigma} \quad\quad (3.19)$$

关于我国的产业结构升级速度，对比公式（3.18），改变为：

$$t_{n'} - t_n = \frac{\log \dfrac{\lambda^{n'}L}{c_{t_0}} + \dfrac{A + A' - \delta + \delta' - \rho}{\sigma} t_0}{g_c} - \frac{\log \dfrac{\lambda^{n}L}{c_{t_0}} + \dfrac{A + A' - \delta + \delta' - \rho}{\sigma} t_0}{g_c}$$

$$= \frac{\sigma \log \lambda}{A + A' - \delta + \delta' - \rho} \quad\quad (3.20)$$

在本书理论模型中，资本变量经改进后可作为金融合作的间接变量与代理变量，经济增长变量经改进后作为产业增长的代理变量，由此可知，我国产业增长率与产业结构升级速度在与 "一带一路" 金融合作实施后与实施前的比值如式（3.21）与式（3.22），

$$\Delta g_c - g_c = (A + A' - \delta + \delta' - \rho) - (A - \delta - \rho) = A' + \delta' > 0 \quad (3.21)$$

$$\Delta t' - \Delta t = (A + A' - \delta + \delta' - \rho) - (A - \delta - \rho) = A' + \delta' > 0 \quad (3.22)$$

即：$\Delta g_c > g_c$，$\Delta t' > \Delta t$，

式（3.22）中，$\Delta g_c$ 与 $\Delta t'$ 为 "一带一路" 金融合作实施后我国产业增长率与产业结构升级速度，$g_c$ 与 $\Delta t$ 为实施之前的产业增长率与产业结构升级速度。

通过与共建 "一带一路" 国家加强金融合作前后的比较静态分析可知，我国与共建 "一带一路" 国家金融合作过程中，可以通过金融发展与技术创新的溢出效应，国际贸易、对外直接投资、技术创新的中介效应促进自身产业增长与产业结构的优化升级。同理，共建 "一带一路" 国家之间的金融合作同样可以促进共建国家产业增长与产业结构的优化升级。此

外，"一带一路"区域生产网络中，金融合作通过促进产业分工、产业转移、产业关联等空间协同效应亦能够实现产业协同发展。综上所述，共建"一带一路"国家金融合作具有产业增长与产业结构优化的协同发展效应。

## 3.5  金融合作促进产业协同发展的直接效应

根据金融结构理论，金融体系包括货币、金融机构、金融市场、金融监管等要素，基于各金融要素的功能，以及金融发展与经济增长的关系理论。金融合作在支持产业协同发展方面的直接作用机制，主要体现在：金融合作通过货币互换、金融机构互设、金融市场开放、金融监管合作等全方位、多模式合作体系的建立，促进区域内货币、资本、信息、技术、人才等要素的流动与合作，推动国家间金融体系的互通有无及互联互通，从而实现区域整体金融水平的提升和金融功能属性的更大发挥。

### 3.5.1  货币互换

金融是货币的发行、流通与回笼的过程，货币是金融的外在表现形式，货币政策对经济活动具有传导效应。根据凯恩斯的货币需求理论（流动性偏好理论），人们普遍渴望能够持有货币资本，对货币的需求主要来自交易性动机、投机性动机与预防性动机。交易性动机是指人们在交易活动中需要货币来充当商品交换的媒介；投机性动机是指人们希望利用手中持有的货币进行投资而获利；预防性动机是指人们将货币资产以现金的形式保存起来，以应付紧急情况或意外性支出。因此，各国持有预防性外汇储备是一种减少汇率冲击，避免货币危机，保持金融稳定的有效手段。然而各国由于持有外汇储备的不足，各国中央银行需要通过签订货币互换协议来搭建货币互助网络，补充和提高外汇流动性。

货币在发展的过程中，具有了价值尺度、流通手段、储藏手段、支付手段和世界货币等职能。除了为国家或地区间的对外直接投资、商品交易等国际合作提供计价、流通、支付、结算等功能外，且在某种程度上具有减少对美元依赖的功能。中国与共建 "一带一路" 国家货币互换合作的稳步推进，可以促进中国与共建国家产业贸易和投资，防范货币危机的发生，有助于加快支付结算的过程，有助于降低汇率波动风险与信用风险。例如，中国从俄罗斯进口天然气，按照往常的贸易方式，中国进口商品需要将人民币换成美元，再支付给俄罗斯的出口企业，而由于近年来美元强势地位，人民币兑美元持续贬值，导致即使天然气价格不上涨，使用人民币兑换美元的成本加大，意味着天然气价格的上涨，必然对天然气进口业务造成冲击，而且冲击是双向的。由于中国与俄罗斯签订了本币互换协议，俄罗斯企业在与中国进行贸易的时候，就可以直接收取人民币，然后交给俄罗斯银行，再由俄罗斯银行按照协议汇率与中国进行货币互换，从而加快了结算过程，降低了交易成本与交易风险。

### 3.5.2 金融机构互设

金融机构具有资金流动、配置资源、管理风险、提供信息等职能，通过直接融资和间接融资方式为经济社会提供多种金融产品与金融服务。作为金融服务的供给主体，金融机构对产业资本的形成过程发挥了两方面的作用：其一，在金融市场上通过存款、保险、基金、股票、债券等形式将社会闲散货币资金聚集起来，并为资金供给方提供资本收益；其二，通过将吸收来的货币资金包装为不同类型的金融产品，并将这些金融产品出售给资金需求方，帮助其更好地从事社会生产活动，从而实现了将闲散的大规模社会资金转化为支持实体经济发展的产业资本的目的。

金融合作有助于带动金融机构发展。通常金融发展水平落后的国家或地区，其金融结构较为单一，是银行主导型金融结构，所能提供的融资产品少，期限短，费用高，因此远远不能满足企业发展的外部融资需求。相反，一些金融发展水平较高的国家或地区，金融机构形式多样，金融产品更加丰富，其资本市场主导型的金融结构，融资成本相对较低，融资效率与融资便利化程度较高，能够为跨国公司提供更好的融资支持、货币兑换以及国际结算服务。通过金融机构互设海外分支机构或办事处以及金融机构之间通过加强业务与人员往来，金融发展水平较高的国家或地区，其金融发展理念以及管理经验与技术会通过溢出效应与模仿示范效应渗透到金融发展水平较低的国家或地区，刺激落后地区革新发展理念，提升产品、管理、服务与信息技术水平，推动其金融机构发展。

此外，金融合作有助于促进金融工具创新。金融工具是储蓄资源从储蓄者转向投资者的重要载体，金融合作可以促进国家和地区间金融工具的交流与合作，整合金融资源，根据各自不同的经济环境，因地制宜地演化、发展、创新、衍生出新的金融工具。发达国家市场主导型的金融结构依托于互联网与信息技术的发展，其金融工具不断创新升级，为投资者提供更加便捷、安全的投资工具。

### 3.5.3 资本市场开放

金融资本的来源可以是金融机构直接融资，也可以是股票、债券等资本市场间接融资。股票、债券等资本市场在信息披露与分散风险方面具有绝对优势，资本市场开放一方面鼓励国内券商与投资者进入境外股票和债券市场，另一方面允许境外证券、保险、期货、信用评级机构等金融机构与金融行业进入中国设立全资控股公司，并吸引境外投资者到国内来投资，从而加快了资本市场的交易频率，加速了金融资本的流动，扩大了企业的融资来源。资本市场融资产品具有市场透明度高、融资成本低、融资金额大的特点，资本市场融资可以通过金融产品组合对冲风险，实现降低融资成本与融资风险的目的。

金融合作可以促进金融市场开放。金融发达地区市场主导型的金融结构，其市场透明程度更高、存在道德风险的程度较低。金融市场能够通过价格信号、信息披露将更有效的"多元审查"信息传递给投资者，而跨国公司会更趋向于选择低成本的金融市场的融资模式。金融发展水平低的国家，其银行主导型的金融结构，金融工具往往较为单一，不能满足投资者多样化的融资需求，通过金融市场开放，发展中国家与发达国家的投资者均可以到对方国家金融市场上进行投资，跨国公司也可以通过海外资本市场进行融资，以拓展其融资渠道，缓解其融资约束。金融市场开放在为境外投融资双方提供安全、便利的交易场所的同时，有利于引导资金流向流动性差、收益高的创新型产业，进而为产业发展提供长期性的产业资本支持。此外，积极鼓励跨境贸易投资人民币结算，建立货币离岸市场，发行人民币计价资产，鼓励境外投资者持有人民币资产均需要开放金融市场，且开放金融市场能够引进境外资本，让本国资本走出去，深度参与全球化金融体系，获取更多盈利机会。

### 3.5.4 金融监管合作

金融监管体制是指一个国家金融监管的职责权力以及与之匹配的组织制度。当今世界各国由于发展历史、政治经济状况及法律法规不同，监管体制存在差异。大体上，各国金融监管体制可以划分为集中监管和分业监管两类，集中监管体制是指金融监管职责由中央银行一个机构来承担，分业监管体制是指监管职责由多个不同的金融监管机构共同承担，各司其职。中国的金融监管体制属于分业监管体制，中国人民银行（央行）对整体金融机构和金融市场进行宏观监测、监督和管理，中国证券监督管理委员会（以下简称"证监会"）主要负责监管中国证券行业，国家金融监督管理总局则主要负责监管银行和保险机构。金融监管的职责要是依照法律法规统一监督管理各类金融机构，维护各类金融机构的合法、稳健运行，防范化解金融风险，打击金融犯罪，保护金融消费者合法权益，维护整体金融体系稳定。

金融体系的核心功能之一就是风险规避与风险管理。当今世界，国际经济政治局势动荡，金融杠杆率居高不下，金融市场充满不确定性与潜在的金融风险，因此，避免系统性金融风险是金融政策的首要目标。国家间通过中央银行、国家金融监督管理总局、证监会等金融监管机构合作与征信信息共享机制，加强彼此之间的交流沟通，降低信息不对称问题，提高风险管理水平，为跨国企业提供稳定、绿色的金融市场环境，促进金融市场健康发展。此外，通过建立坚固的金融安全防护网络，监测金融市场变化情况，对危机与风险做出预警，从而降低产业跨境投融资风险，为产业发展提供良好的外部金融环境。

总之，中国与共建国家金融合作的深化，有助于促进金融机构发展，加快金融工具创新，提升金融服务质量，降低区域金融风险，进而促进区域整体金融发展水平与金融效率的提升。根据金融发展与经济增长互相促进理论，区域金融发展水平与金融效率的提升可以更好地为实体经济服务，促进区域的产业发展。然而，金融发展对产业发展的促进作用存在一定的门槛效应，即该促进作用只有当合作国的金融发展水平达到一定程度的时候才能得以实现，部分国家由于金融发展水平低，金融机构、金融工具与金融市场不发达，融资方式单一，且存在严重的信贷配给与金融抑制现象。在此情况下，国际金融合作并不能促进其产业发展，但其仍然需要进行国际金融合作，以帮助其国内金融机构与海外金融机构优势互补，同时帮助其国内企业拓展海外融资渠道与金融支持，获得较低成本的金融市场融资，最终实现区域产业发展。

综上所述，金融合作通过货币互换、金融结构互设、金融市场开放、金融监管合作等合作机制、政策与制度协调，推动金融要素流动，金融资源共享，通过金融发展的区域溢出效应实现产业协同发展，其理论框架如图 3-1 所示，基于上述分析，提出假设 1。

假设 1：金融合作能够促进产业协同发展，且存在门槛效应。

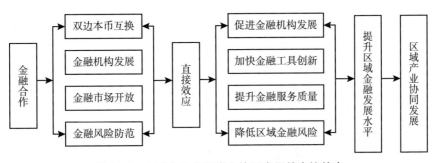

**图 3-1　金融合作促进产业协同发展的直接效应**

# 3.6 金融合作促进产业协同发展的空间效应

基于金融合作的直接效应和中介效应，进一步得出金融合作的空间效应表现为：一方面，金融合作通过金融发展与技术创新的空间溢出效应，提升区域整体的金融发展与技术创新水平，促进区域的产业协同发展。另一方面，金融合作通过促进国际贸易、对外直接投资的发展，优化了产业的国际分工布局，加快了产业国际转移升级，加强产业关联带动等空间协同效应，最终实现区域内产业协同发展。具体过程如下。

## 3.6.1 空间溢出

### 1. 金融发展的空间溢出效应

金融发展的空间溢出效应表现为，在金融合作的过程中，金融发展水平较高的地区（高梯度地区）或区域金融中心先进的金融资本、管理理念、管理经验、金融科技、人力资本、信息技术等金融要素逐渐渗透到相邻区域或金融发展水平相对较低的地区（低梯度地区），并对金融发展欠发达地区形成空间溢出与竞争激励效应，带动欠发达地区进行引进、学习、模仿、创新，从而实现其自身金融体系的成长与金融效率提升。其一，资本溢出。金融合作通过跨境资本流动、资本市场开放，帮助跨境投资者获取收益，缓解跨国企业资金短缺问题，从而促进跨国企业的发展。其二，信息溢出。金融合作通过监管合作网络的建立，监管信息与征信信息的共享，能够降低企业跨国经营的风险，同时能够加强金融机构与企业之间的信息溢出，降低了金融机构获取信息的成本，有利于金融机构收集各类投资、征信信息及风险评级信息，从而降低监督管理成本，降低跨境交易中违约的可能性。其三，人力资本溢出。金融合作通过人才的海外派遣与交流，实现先进的技术、知识及管理经验的区域溢出，从而促进区域内产业的协同发展。

**2. 技术创新的空间溢出效应**

金融合作、技术创新的溢出效应包括以下两方面，其一，创新要素溢出。金融合作在促进金融资源的跨境流动、转移与共享的过程中，携带创新要素（资本、技术、人才、信息等）的转移与共享，创新要素从高梯度产业地区流向低梯度产业地区，产生顺梯度创新溢出，同时对母国产生逆向技术溢出。其二，对外贸易、对外直接投资、技术创新溢出。由上文金融合作影响产业协同发展的中介效应分析该部分内容可知，金融合作有助于其进行对外贸易、对外直接投资及技术研发与创新活动，而对外贸易、对外直接投资及技术创新不仅会带动本地区的产业发展，而且会随着区域合作的过程，继续产生空间外溢效应，带动周围地区产业的快速发展。

## 3.6.2　空间协同

金融合作的空间协同效应表现为：金融合作促进对外贸易与投资的发展，优化产业分工布局，促进产业转移升级，增强产业关联效应，从而实现了区域整体产业发展大于部分之和的协同效应，其理论逻辑具体表现为以下几点：

（1）优化产业分工布局。比较优势理论认为，区域内各地区由于资源、人口禀赋、资本丰裕程度、技术和信息水平的差距，形成了不同的区域比较优势，并逐步形成劳动密集型、资本密集型、技术密集型、知识密集型产业分工。一国只有发挥好产业上的比较优势，才能够创造出产业上的国际竞争优势与生产的规模化效应。根据协同论，只有将产业链上的各个环节放在最具有比较优势的区域，运用最为匹配的生产要素，促进产业分工布局合理，才能使区域交易成本小于地区内部交易成本之和，区域生产效率大于地区内部生产效率之和，从而创造出了更大的区域总体产业价值。20 世纪 80 年代，国际分工格局的形成，促使国家间的比较优势由过去的最终产品向产业链的各个环节转移，各国根据自身资源禀赋与比较优势，进行专业化与规模化生产，不仅推动了全球产业链重构，而且重塑了国际贸易形态，推动了全球贸易增长。发达国家由于掌握着产品的关键技术，往往占据了产业链的高端生产环节，将位于产业链低端的生产环节转移至资源相对丰富，劳动力成本相对较低的发展中国家。技术水平相对较低的发展中国家，若想发展产业，则需要依赖于进口发达国家资本密集型产品、技术密集型产品和中间投入品，以提升效率，实现技术模仿和促进相关产业发展的目标。然而，进口发达国家资本密集型产品、技术密集型产品和中间投入品需要大量的资本，要求企业具有一定的资本或较强的融资能力。只有那些外部融资能力更强的企业，才有可能支付高额的费用而进口发达国家资本密集型产品和中间投入品（陈爱贞和陈凤兰，2022）。金融合作能够为发展中国家资本密集型产品与中间投入品进口提供货币工具、融资支持，并提供支付结算服务。金融合作同样能够为发达国家的优势与主导产业走出去提供金融支持，银行等金融机构通过扩大对制造业中长期贷款与信用贷款规模，推进先进科技产业、先进制造业集群发展。同时，完善与优化该类产业外贸金融服务，强化产业发展的金融保障，支持核心产业技术攻关和创新发展，鼓励和支持科技产业、先进制造业"走出去"，从而提升与强化竞争优势，巩固其在国际分工中的主导地位。

（2）促进产业转移升级。产业的规模化生产与国际分工深化势必引发产业的国际性转移，将转出国与转入国的要素和产品市场进行了有效的对接与融合，从而使要素与产品市场实现空间扩展。产业转移对转入区域的影响包括：促进要素流动与投入，加快了贸易转移与技术扩散，创造就业机会，促进了当地产业结构升级（原小能，2004）。产业转移带动了区域内资金的大规模流动，这对区域内国家资本管制与外汇管制，区域金融产品的丰富性与金融服务的便利化，构建跨区域支付清算网络，推动建立区域内统一信用信息披露制度与加强风险防控均提出了新的要求。其一，金融合作通过发挥国家开发银行、进出口银行等政策性金融机构作用，对境外投资新能源、新兴产业、技术创新等重点项目给予低息贷款支持。其二，通过扩大资本市场开放，降低中国企业海外对外直接投资与金融市场投资门槛限制，同时放宽海外投资者到中国投资限制，并鼓励银行金融机构为"走出去"与"引进来"产业转移给予信贷资金支持。其三，金融合作中，金融机构互设海外分支机构、办事处及海外网点，能够为企业的跨境转移提供更加便利化的金融服务并降低风险。其四，中国与共建"一带一路"国家征信合作，有助于推动建立统一的企业信用信息披露制度，推动区域内企业信用评级报告共认制度，为产业转移中企业及金融机构提供更加有效的信息服务。

（3）加强产业关联效应。随着区域产业转移规模的扩大和深化，不同地区的产业链逐渐进行对接，实现不同关联产业链的彼此交织与互动，推动了区域产业链网络的形成。区域产业链网络中的要素、产品、人才、技术、设施、服务等均存在着相互关联，同一产业之间存在着产业投入产出关联，不同产业之间均存在供求关联与技术关联。相互关联的要素与产业在区域市场的协同动力系统中进行整合与联动，不仅能够通过强化成员间的产业互补与分工合作，促进产业协同水平的提高，而且还能通过路径依赖与锁定效应强化产业协同组织的稳定性。根据产业关联理论，区域内产业具有空间关联效应，第一产业梯度国家的产业升级会拉动第二产业梯度国家的产业相应升级，第二产业梯度国家的产业升级也势必带动第三产业梯度国家的相应升级，进而实现区域整体产业链的协同优化与升级。例如，与东盟国家的产业关联上，中国处于越南、菲律宾等第一产业梯度国家的上游，同时又处于新加坡等第三产业国家的下游。中国与这些国家的金融合作通过促进贸易、投资、技术合作及产业转移，有利于增强彼此的产业关联，实现产业的协同发展与升级。其理论框架如图3-2所示，且基于上述分析，提出假设2。

假设2：金融合作对产业协同发展的影响存在空间效应。

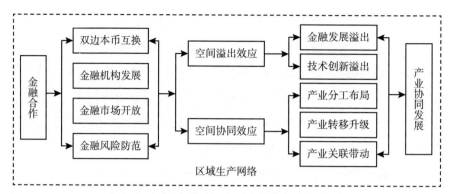

**图 3 – 2　金融合作促进产业协同发展的空间效应**

# 3.7　金融合作促进产业协同发展的中介效应

区域金融合作通过加大区域内货币互换规模，加强金融机构的联通，扩大金融市场的开放，防范金融风险的发生，从而降低了区域内国家和地区合作壁垒，促进了区域金融发展，提升了区域金融体系效率与金融一体化程度。一方面，为基础设施建设、进出口贸易、对外直接投资等提供融资来源，并降低金融风险，为产业发展与产业结构升级增补动力；另一方面，通过国际贸易、对外直接投资、技术创新等活动所产生的改善要素禀赋、需求拉动、就业创造、竞争示范、技术溢出等效应带动区域生产网络的整合与联动，从而实现区域产业的协同发展。本节具体论述金融合作促进产业协同发展的三个实现路径，并将其分解为：金融合作→进出口贸易/资本流动/技术创新→产业协同发展。

## 3.7.1　资本流动

### 1. 金融合作对资本流动的影响

国际产业资本流动主要集中在对外直接投资（FDI）与外商直接投资（OFDI）两个方面。金融对资本流动的影响表现为：金融为企业对外直接投资提供了融资支持与风险管理，因此可以促进企业"走出去"进行跨国经营与海外并购（刘莉亚和何彦林等，2015）。"一带一路"对外直接投资主要有能源、交通、电子、互联网等基础设施投资和企业海外并购与绿地投资几种形式。大型基础设施建设周期长，资金缺口大，资金回收慢，必然存在较大投资风险与挑战。企业对外直接投资则面临东道国政治、经济、法律、制度等不同营商环境的差异以及能否获得投资回报的风险。金融合作通过区域多边金融合作平台建立与政策性金融支持，为对外直接投资企业降低投资门槛与壁垒，提供更多元融资渠道、金融产品与金融服务，并通过建立国家风险、信用风险评级数据及金融监管数据共享、信用保险制度，减小对外直接投资风险，确保跨境投资的安全性。具体表现为：

第一，区域金融机构及金融组织多边合作平台的建立。中国与共建"一带一路"国家的金融合作，主要由中国主导的亚投行、亚洲国家开发银行、丝路基金、中哈产能合作基金等区域政策性金融机构与四大国有银行、商业银行、国有企业发挥引领作用，以政策性与开发性金融为主的合作模式，为区域内能源、交通等基础设施建设、产能合作、疫情防控、环境保护、农业发展等提供免息或低息贷款，促进区域重点领域的发展并帮助解决民生问题。

第二，资本市场的开放与金融产品的创新。金融工具是资本从储蓄者转向投资者的重要载体。金融合作通过扩大资本市场开放，鼓励企业境外资本市场投融资，为企业获取更低成本与更低风险的资金来源。此外，金融合作促使地区间金融工具进行交流与合作，根据区域实际情况，整合区域金融资源，提供更多创新性的金融工具与投资产品组合，从而为企业跨境投资提供更多资金支持。

第三，金融监管机制的完善与风险防范能力的提高。金融合作通过信息沟通与共享，使信息更加透明化，降低了对外直接投资中代理成本、道德风险和寻租行为的发生。通过金融监管合作对跨国投资项目东道主国家政治风险、经济风险、金融风险、社会风险、投资风险、主权违约风险等综合风险的评估与预警，通过建立风险防范与危机救助机制，为对外直接投资提供投资风险保障。此外，中国信用保险（中信保）的投资保险制度对中国企业海外投资进行承保，能够降低中国企业海外投资风险。中国与共建国家征信合作，有助于推动建立统一的企业信用信息披露制度，推动区域内企业信用评级报告共认制度，为企业及金融机构提供更加有效的信息服务。

2. 资本流动对产业协同发展的影响

弗农（Vernon，1966）研究发现美国等发达国家向发展中国家投资，导致发展中国家的劳动密集型产业向国外转移，而本国资本和技术密集型产业得到进一步发展，从而间接证明了对外直接投资产业转移的产业结构升级效应的存在。金融合作通过资本流动对产业协同发展的作用机制表现为以下几点。

（1）促进要素流动。生产要素通常包括土地、资本、劳动、信息和技术，是生产经营活动中使用的各类资源的统称。生产要素的市场供给与需求决定了生产要素的价格，生产要素报酬差异决定了生产要素跨行业及跨地区流动的方向。生产要素的流向总是以追求利润最大化为目标，由报酬率低的产业或地区流向报酬率高的产业或地区，且经济一体化程度越高，要素流动越频繁（曾倩，2019）。金融合作通过促进资本、劳动、技术、信息等生产要素的流动，生产要素的价格差异，促使其趋向于从劳动密集、生产率较低的产业流向资本密集型、生产率较高的产业，从低附加值、低技术含量的产业转移到高附加值、高技术含量的产业。干春晖和郑若谷（2009）指出，生产要素在产业间流动与转移能够促进产业结构的调整与变化。生产要素的国际性转移，促使一国比较劣势产业规模缩减，为具备比较优势潜力的新兴产业腾出资源，促进新兴产业的发展与产业结构升级。

（2）转移边际产业。生产要素的国际性集聚式转移会引发整个产业或产业链的国际性转移，对外直接投资母国通过转移边际产业或过剩产能，可以腾出资源支持新型产业的发展，从而实现资源的优化配置，推动本国的产业结构升级。近年来，随着我国经济增长速度放缓，资源环境问题凸显，生育率降低、人口老龄化加速等社会问题相继出现，导致我国资源密集型产业与低端生产加工的劳动密集型产业难以为继，而共建"一带一路"的东南亚、南亚与拉丁美洲国家自然资源丰富，劳动力富余，原材料加工成本低廉，为我国纺织、加工、装配、采矿等传统产业转移提供了方向。因此，我国劳动密集型与资源密集型产业开始逐步向东南亚、南亚国家和地区转移，为我国腾出空间发展新兴产业，以促进我国国内产业结构的优化与升级。然而，产业的过度转移，也会给本国造成产业空心化，就业人员丧失就业岗位，东道国产业发展壮大与母国形成竞争加剧的局面。

（3）带动就业效应。跨境双向直接投资、产业转移、境外产业园的设立与发展壮大，均需要大量的人力资本支持，对外直接投资企业需要从母国国内派遣部分管理人员与技术骨干到海外分公司任职，另外还需要在东道国当地招聘大量人员及劳动力，并对相关人员进行培训，使其能够满足岗位要求。因此，对外直接投资与产业转移能够解决当地劳动力就业问题。此外，对外直接投资的入驻，能够拉动当地消费需求，能够带动当地相关产业的发展，从而产生收入效应与福利效应。例如，近年来，我国将大量鞋类、纺织服装等传统制造业转移到劳动力富余且成本较低的越南、马来西亚、印度尼西亚等东南亚地区，在当地投资设厂。随着外商投资的增加，国际订单的增多，这些国家的产业竞争力不断增强，出口规模不断扩大，从而带动了当地的就业，且推动了当地相关产业发展。

（4）技术溢出效应。对外直接投资过程中，通过产业转移将先进的管理经验、知识、技术、人才，以及信息等带到了东道国，在东道国产生产业溢出效应，东道国将相关技术进行学习、模仿与创新，继而应用在本国的产业上，从而促进本国产业的发展。而跨国公司在东道国的子公司继而通过内部传递、产业竞争、产业关联、人才流动等渠道将新的技术创新反向溢出传递到母国，提升母国企业的技术水平与研发能力，进而促进母国产业发展。技术创新通过技术溢出与逆向技术溢出在区域产业链或生产网络中上下游与前后向关联产业间进行传递，从而推动区域整体产业发展。其理论框架如图 3-3 所示，基于上述分析，提出假设3。

假设3：金融合作通过对外直接投资渠道促进产业协同发展。

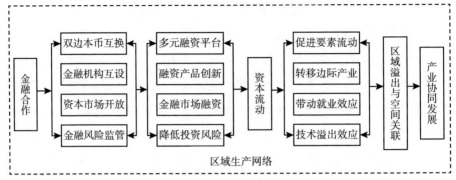

图 3 - 3　金融合作促进产业协同发展的资本流动路径

### 3.7.2　国际贸易

1. 金融合作对国际贸易的影响

关于金融对进出口贸易的影响研究，国外学者从金融提供融资渠道、分散风险、克服信息不对称等角度进行了论证。克莱泽和巴德汉（Kletzer & Bardhan，1987）以及鲍德温（Baldwin，1989）是第一批强调金融市场对国际贸易重要性的学者，他们强调了金融机构和金融市场在为企业提供外部融资方面的作用。提出信贷融资是企业主要的外部融资方式，可以有效缓解企业由于贸易成本过大造成的融资约束，从而促进进出口贸易增长。鲍德温（1989）从金融市场风险分散功能的视角，阐述了金融市场越发达和产品多样化程度越高的国家在风险品行业的生产上更具比较优势。贝克（Beck，2002）基于克莱泽和巴德汉（1987）的理论模型，从金融信息不对称的角度，建立了金融市场信息不对称模型，采用 65 个国家的数据对金融发展和国际贸易之间的联系做了研究，发现那些金融业发达的经济体在规模报酬递增的制造业中具有比较优势。金祥义、张文菲和施炳展（2022）则应用贸易引力模型，选用于 CEPII 的 BACI 数据库，采用双重差分法，实证检验了金融发展对国际贸易的积极影响作用，得出金融能够通过有效缓解融资约束，改善出口贸易的集约边际和扩展边际，显著促进中国出口贸易发展的结论。以上研究表明，金融能够为对外贸易缓解融资约束、提供外部融资支持、解决信息不对称、分散风险，从而促进国际贸易的增长。

金融合作可以通过货币互换、金融机构合作、金融产品创新、金融服务的提升，为进出口贸易降低融资成本，提供更丰富的融资产品，更优质的国际汇兑、支付、结算、信用调查等服务，并降低贸易融资风险来促进国际贸易的发展。具体表现为以下几点：

第一，提供贸易融资产品及资金支持。通过金融机构互设，开办银行卡服务，保证持卡人的支付与存取服务，并开展商业票据、进出口信用证、银行保函等业务，以较低的融资成本为进出口企业提供买方/卖方押汇、进出口保理、打包贷款、票据贴现等国际贸易融资产品，从而为进出口企业进入国际市场降低融资成本，缓解融资约束，提供资金支持。

第二，提供支付与结算服务。金融机构除提供贸易融资产品外，还提供相关的金融服务。金融合作中我国中央银行与共建国家央行签订货币互换协议，加大货币互换规模，加快推行本币结算，设立跨境清算银行与跨境支付系统，鼓励在贸易结算中使用人民币支付，实现了实时直接结算，加快资金周转，降低结算成本、汇率风险及信用风险，不仅促进了贸易便利化，而且提升了人民币的国际地位，

第三，提供信用担保及保险服务。金融机构具有信用创造功能，以其银行信用为进出口企业提供担保，以及提供更加安全的融资产品，降低了国际贸易信用风险与融资风险。中国信用保险等金融机构通过资信调查，对贸易往来客户的经营状况和资信状况进行调查并做出风险评估，并通过授信或信用额度的控制与管理、控制和规避贸易风险，从而为外贸企业识别海外诈骗团伙与虚假合同提供帮助。此外，通过严厉打击地下钱庄和反洗钱活动的发生，为对外贸易提供稳定健康的金融环境。

2. 国际贸易对产业协同发展的影响

国际贸易对经济增长及产业结构升级产生影响。玛兹穆德（Mazumdar，1996）结合索罗模型与资本积累理论，分析了进出口贸易的经济增长与产业结构升级效应，其研究表明，进出口贸易在促进经济增长的同时，

贸易结构变动可以带动产业结构变动，贸易结构与产业结构的变动具有趋同效应。邓平平（2018）认为对外贸易类型由资源禀赋与比较优势决定，而产业结构由要素禀赋决定，贸易又受制于产业需求与供给，因此国际贸易与产业结构相互影响、相互制约。周茂、陆毅和符大海（2016）的研究表明国际贸易通过资本积累、消费需求效应、技术创新效应、制度革新效应促进产业结构升级。以上研究表明，国际贸易通过资源供应效应、知识溢出效应、消费需求效应、带动就业等效应，推动区域产业实现协同发展。具体传导机制表现为以下几点：

第一，资源供应效应。根据比较优势理论与要素禀赋理论，在开放经济条件下，一国或地区由于其要素资源禀赋的局限性，该国不得不向国外其他国家进口该国国内稀缺且亟须的生产要素、资源或产品以满足本国国内的生产生活需求。当一国要素、资源及产品出现过剩时，通过向其他国家出口该资源或商品，一方面能够减少产能过剩的压力，另一方面还能获取更多收益。关键性资源短缺，往往会制约一个国家某些产业增长与产业的结构转型。例如：欧洲国家石油、天然气等能源的短缺和价格的攀升，造成了欧洲能源危机，国内生产成本过高，欧洲大批高端制造企业进军中国市场，使中国成为人工智能、新能源汽车、半导体等产业的承接地。因此，要素资源及产品的进出口有利于国家之间实现资源的互通有无，为产业链下游产业提供充足的原材料或产品供应，从而促进下游产业的发展。随着进出口贸易规模的扩大，要素资源在国家或地区间的流动性增强，使得区域要素禀赋得到改善，从而促进区域产业增长与发展。

第二，竞争激励效应。区域内进出口贸易通过对产品、技术、服务等的进出口活动，使得贸易国之间先进知识、技术以及服务等通过溢出效应，渗透到区域内其他国家。对于出口国而言，国际市场对产品的质量要求与技术要求更高，为了适应国际市场的需要，保证产品出口质量，倒逼企业进行相关技术引进与技术开发。该类企业的管理人员也需要派往发达国家，学习国外的先进管理经验，通过"竞争激励"效应提高本国产品的竞争力，使之在国际市场立于不败之地。对于进口国而言，通过对进口产品、技术、服务等进行学习与模仿，然后对本国产品进行技术改造与创新，提高本国产品的竞争力，最终有可能赶上或者超越该产品的原进口国。

第三，就业带动效应。国际贸易的发展，在为企业带来更多收益的同时，激励企业将进一步扩大生产规模，降低边际生产成本，实现更多产业价值。而扩大产业规模的同时对劳动力的需求加大，会对出口国及进口国产生产业就业带动效应。对于出口国而言，需要更多的劳动力从事研发、生产、销售、物流等工作。而对于进口国而言，同样需要更多的劳动力提供营销、物流与售后等服务。区域内产业就业带动效应对于产业的发展同样具有积极的意义。

第四，消费需求效应。一国或地区的对外贸易的发展，可以提升该国或地区从事国际贸易企业和员工的收入，而收入增加会刺激居民增加消费。根据需求追随理论，居民消费的增加会反过来对现有产品提出更高的要求，倒逼现有产品提升质量、增加产量，激励相关产品以及产业的发展。与此同时，国际贸易会刺激消费者的个人偏好发生转移，收入增加也会导致其对更多新型产品的需求增加，进而促使新产业寻求快速发展。从这个角度来说，国际贸易的发展对于产业增长、产业结构调整具有一定积极影响。其理论框架如图3-4所示，基于上述分析，提出假设4。

假设4：金融合作通过进出口贸易渠道促进产业协同发展。

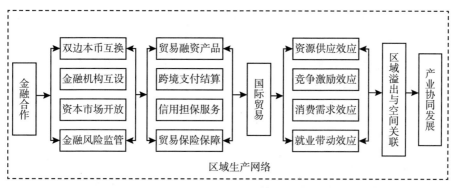

**图3-4　金融合作促进产业协同发展的国际贸易路径**

### 3.7.3　技术创新

1. 金融合作对技术创新的影响

以往研究已经充分证明，金融体系对技术创新发挥着巨大推动作用。发达的金融体系不仅有助于降低金融机构在评估创新项目时所耗费的代理成本，而且能够有效降低道德风险与投资风险，推动技术创新。创新是推动产业升级的内在驱动力，但所需的新设备、新技术和新人才是需要大量且持续的资金投入作为支撑的。区域间通过金融合作，形成区域内部市场，为区域创新提供更多资金来源、信息共享，还能降低技术创新风险，为技术创新提供公司治理等功能，进而提升区域创新能力，促进区域产业协同发展。金融合作对技术创新的影响主要表现在以下几个方面：

第一，资金投入效应。任何一个创新项目从其初创期、成长期到成熟期都需要资本、劳动、技术等大量资源的投入。所需资金仅靠企业自有资金无法满足时，还需要获取外部融资支持。金融合作通过推动金融机构发展、金融产品创新与资本市场开放，从而获取更多银行信贷与资本市场融资，为技术创新项目获取更多外部融资来源。此外，金融合作通过带动区域金融发展，将更多社会资本积聚起来，将储蓄转化为投资，并通过资金配置功能，将资金投入到具有较好发展前景的科技项目与新兴产业中去，促进产业的发展。

第二，信息平台效应。在企业进行技术创新的过程中，创新项目主体和资金持有者之间存在严重的信息不对称问题，投资者相比于创新主体而言，较难获得信息资源。通过区域金融合作平台，借助互联网与大数据，加大企业信息披露，加速信息共享，可以帮助投资者对相关创新项目信息进行有效地收集、筛选、审核、评估，寻找到最具潜力的投资项目。因此，那些具有较好发展前景的创新项目就更容易获得资金支持，从而推动区域产业技术创新能力的提升。

第三，风险管理效应。一般来说，技术创新项目具有投资成本高、风险大、周期长、资金回收慢、创新结果难以预测等特点。投资者在选择项目的时候往往都会选择那些风险相对较低且成本回收较快的项目，导致具有较高风险与收益不确定性的创新项目很难得到投资者的青睐，这在很大程度上抑制了创新意愿及创新活动。金融市场在信息披露、技术进步和分散风险等方面能够发挥积极作用。金融合作通过资本市场开放，使得投资者可以通过海外资本市场融资来获取更多融资来源，可以通过股权分散和提供金融资产组合产品，来对冲风险头寸，实现技术创新的风险缓释与分散，为较高风险和收益波动性较大的创新项目提供资金，最终促进技术创新。

第四，公司治理效应。金融合作在为技术创新提供资金支持、信息共享与降低创新风险的同时，还可以通过各种方式参与公司治理，推动技术创新。例如，金融中介机构可以向融资企业派出监事，监督创新项目的实施，通过参控股或持有债券的方式，直接或间接影响企业决策，无形中会减少企业管理中的道德风险与代理成本，促进创新企业管理与运作的规范化与透明度。成熟的金融市场能够为投资者提供相对完善的风险处置与退出机制，以此保障公司运营的安全，激励其更加努力提升公司治理与创新能力，从而推动技术创新。

### 2. 技术创新对产业协同发展的影响

技术创新是新兴产业形成与发展的根本动力。纵观世界产业发展史，就是一部新旧产业更替的历史。从三次产业革命可以看出，几乎每一个新产业的出现，都是技术创新的结果。技术创新是实现要素禀赋转换与产业结构优化升级的关键路径之一。文献综述部分对此已作了大量论述。金融合作通过区域技术合作促进区域产业的协同发展，其主要作用机理如下：

第一，提高劳动生产率。在区域合作中，由于区域间的产业结构发展程度不同，使得产业结构不合理的地区劳动效率低下，成为产业发展的障碍。技术进步与技术创新通过促进机器和设备革新，提高劳动力素质，在促进当地劳动生产率的同时，通过区域金融合作技术溢出，进而促进了区域整体生产效率的提升。技术创新在催生机械化、自动化生产的同时，缓解了对劳动力等生产要素的过分依赖，进而改变就业结构，推动产业从劳动密集型向技术密集型或资本密集型产业转变，最终促进区域整体产业转型升级。

第二，革新需求结构。需求结构与产业结构相互作用、相辅相成，需求结构的变化是联系技术创新和产业结构升级的重要媒介。根据消费者需求理论，消费者对商品的需求主要包括功能需求、心理需求、感官需求等。技术创新通过应用新技术、新工艺或新设备研发出更多、更美观、更优质、更便捷的新产品，从而能够满足人们对更丰富、更高级、更个性化的产品的消费需求。技术创新通过加速产品的更新换代，推动新兴产业的发展，引致消费者消费结构从满足功能需求到更高级的心理需求递进。与此同时，人类更高级的生产和消费需求会反过来对技术创新产生激励效应，激励厂商改进技术或进行技术研发，从供给端推动技术创新与新兴产业的形成与发展，从而促进产业结构升级。

第三，加速新旧产业更替。技术创新是决定产业兴衰与发展的关键因素，是产业发展变迁的动力系统。技术创新对产业发展的促进作用表现为，技术创新能够改造和淘汰旧产业，催生和发展新产业，从而推动产业的不断革新和发展。首先，技术创新在原有产业的基础上，通过改善生产环境、优化生产工序、提升技术水平，从而生产出更优质的新产品，实现新旧产品的更替。其次，技术创新通过引进新技术或新工艺，能够迅速扩大现有生产规模或提升现有产品质量，使新产品迅速占领市场，对旧产品形成巨大冲击，从而可能淘汰大批技术落后、生产效率低下、品质不高的旧产品。最后，新材料、新能源、新方法、新产品的应用也能够创造一个新产业，新产业迅速兴起并成长壮大起来。

第四，加强产业联动。传统产业具有规模小、生产效率低、劳动者素质差等特征，技术创新通过提升产业技术与劳动者素质，提升了生产效率，使得企业生产过程的专业化、现代化和社会化程度不断提高。产业之间的关联最重要的是技术关联，技术创新通过技术关联，增强了产业之间的联动性，使得区域产业链上的上下游产业关联更加紧密，并通过产业链条上下游前后向关联之间的牵引力与拉动力，实现产业内与产业间技术的共同进步，最终促进区域内产业的增长与产业链的协同升级。

综上所述，金融合作通过技术创新的中介效应促进产业协同发展，其理论框架如图 3 - 5 所示，基于上述分析，提出假设 5。

假设 5：金融合作通过技术创新促进产业协同发展。

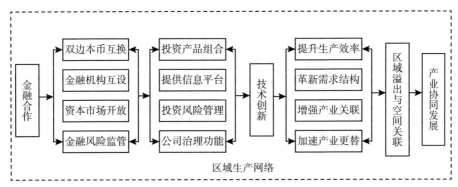

图 3 - 5　金融合作促进产业协同发展的技术创新路径

## 3.8　本章小结

本章通过对现有研究进行整理和归纳，在结合前人研究成果的基础上，对本书中金融合作与产业协同发展的概念进行了界定，对相关理论进行了简要阐述。在此基础上，以中国与共建"一带一路"国家金融合作为例，利用产品市场和要素市场初期的最优解，构建估计了一国的产业增长率，分析了进出口贸易、对外直接投资及技术创新条件下，所产生的技术创新空间溢出效应，并推算了相关国家的产业结构升级的速度，分析"一带一路"倡议实施前后我国经济增长率和产业结构升级速度的比较静态变化，从理论与逻辑上论证了"一带一路"框架下中国与共建国家通过金融合作通过直接与间接效应促进产业协同发展的客观存在性，为后文的研究奠定了理论基础。

其作用机制与作用路径具体表现为：区域内通过建立金融合作机制，

合作政策协调与制度安排，形成区域内部市场，改善信息不对称，降低金融交易成本、投融资门槛，防范金融风险，从而加速资本、劳动、技术与信息等要素和资源的流动与共享。国家间金融合作通过扩大货币互换规模、推动金融机构合作、促进金融工具创新、加大资本市场开放、保障金融市场安全等几个方面影响区域内产业，为区域内产业或跨国公司的进出口贸易、对外直接投资与技术创新活动提供货币工具、资金支持与金融服务并控制投融资风险，进而促进产业的跨国经营与海外布局。产业的跨国集聚与分工形成区域生产网络，生产网络中的产业依靠在空间上合理分工布局，产业跨境转移升级，产业链关联带动机制，从而实现共建"一带一路"各国产业稳定、高效、协同的发展。

# 第4章

# 中国与共建"一带一路"国家
# 金融合作及产业协同发展现状分析

本章从研判中国与共建"一带一路"国家金融合作及产业协同发展的现状入手,从中国与共建"一带一路"国家货币互换、金融机构互设、金融市场开放、金融监管合作四个维度阐述金融合作的现状及问题;描述共建"一带一路"国家经济发展现状,我国与共建"一带一路"国家对外贸易、对外直接投资的规模与区域分布,并采用产业结构相似度与所处的工业化阶段就我国与共建"一带一路"国家产业合作与协同发展现状及潜力进行分析与初步判断;提出当前中国与共建"一带一路"国家金融合作支持产业协同发展所存在的现实障碍,为后文理论与实证的进一步分析提供现实依据。

## 4.1 中国与共建"一带一路"国家金融合作现状

2013 年"一带一路"倡议提出至今已 10 多个年头,我国认真贯彻并推动"一带一路"建设,从"大写意"到"工笔画"的转变,"一带一路"建设已经从理念转化为行动,从愿景转化为现实,进入了一个崭新的高质量发展阶段。截至 2022 年底,中国先后与共建"一带一路"150 多个国家、32 个国际组织签订合作协议 200 多份。① 随着 "一带一路" 金融合作不断深化，在建立健全资金支持体系，实施市场化与多元化融资方式，提供高质量金融服务等方面均取得了一定成效，但依然存在着一定的困难与亟待解决的问题。

### 4.1.1 金融合作平台

从当前的资金供给来看，在充分利用以世界银行为代表的多边金融机构融资基础上，中国发起成立亚洲基础设施投资银行、金砖国家新开发银行和上海合作组织开发银行、丝路基金等新兴多边开发性金融机构。此外，财政部联合亚洲开发银行、拉美开发银行、欧洲复兴开发银行等成立多边开发融资合作中心，作为基础设施开发融资领域的多边合作平台，构成了 "一带一路" 第一重融资支撑网络。

1. 亚投行

亚洲基础设施投资银行（以下简称 "亚投行 AIIB"）于 2015 年 12 月 25 日成立，2016 年 1 月 16 日开始运营，总部设在北京，是全球首个由中国发起成立的多边开发银行。自成立以来，积极致力于促进亚洲区域政府间多边合作与区域经济一体化进程。亚投行利用其开发性金融可支配资金为区域内基础设施以及其他领域提供除私营资本、商业金融之外的融资支持，推动区域内整体经济协同发展。亚投行拥有创始成员国 57 个，其中包括 37 个区域性国家和 20 个非区域性国家。自成立以来，成员不断扩充与壮大，经过 11 次扩容后，截至 2021 年底，亚投行成员总数已达 105 个国家和地区，其中包括 51 个区域性国家（地区）和 54 个非区域性国家（地区），累计批准能源、交通、水资源、城市建设、公共卫生、农村基础设施建设、金融以及其他贷款项目 159 个，发行主权债务 105 个，非主权债务 54 个，投资批准额度累计 319.2 亿美元，实际投资支出累计 137.6 亿美元，并且呈逐年增长趋势，具体如图 4 – 1 所示。

---

① 中国已与 149 个国家签署共建 "一带一路" 合作文件 [EB/OL]. 中新网，2022 – 04 – 20.

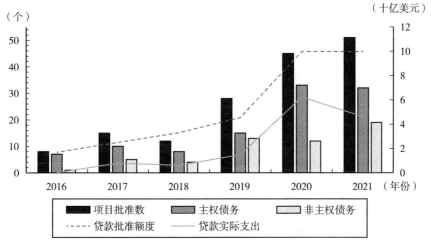

**图 4 – 1 亚投行项目批准情况**

资料来源：亚投行官方网站。

2021 年，亚投行批准了 51 个跨区域项目，其中主权项目 32 个，非主权项目 19 个，主要涉及能源、交通、金融、城市建设、公共卫生等领域。其中，能源项目 9 个，金融项目 8 个，交通项目 6 个，城市项目 6 个，水/防洪项目 2 个，教育与信息通信项目各 1 个，新冠融资项目 18 个（包括公共卫生应急项目 6 个、金融/流动性项目 6 个、经济复苏项目 6 个）。2021 年亚投行项目总投资金额 99.3 亿美元，调动私人资本总额 1.3 亿美元，其中，中国获批复星新冠疫苗项目、辽宁绿色智能公交示范项目、河南洪灾恢复和重建项目、中国进出口银行绿色转贷授信、蔚来资本 Eve One 基金二期、创新工厂颠覆基金项目共 6 项，融资金额 2655 美元。近年来，越来越多私人资本转向亚投行，参与基础设施类证券的发行，对地区创新及数字信息技术具有巨大推动作用。

2. "一带一路"专项投资基金

2007 年中非发展基金成立。此后，中国相继与东盟、中东欧、拉美及非洲等区域性金融组织协商共建了多项投融资基金，覆盖了"一带一路"大部分区域，为"一带一路"融资系统提供了新鲜血液。目前，"一带一路"拥有约26支国际性专项基金,合计投资规模超过1万亿元人民币,成为支撑"一带一路"区域融资的重要力量,将发挥其杠杆作用,引导各方资金输入"一带一路"项目建设中。其中,2014年由中国出资并主导成立的丝绸之路基金(以下简称"丝路基金")最为瞩目。丝路基金以中长期股权投资为主,同时采取直接投资、基金、债券、第三方市场投资等多种投资形式。2020年11月,丝路基金董事长谢多在金融街论坛年会上透露,自成立以来至2020年底,丝路基金已经累计签约47个项目,其中包括:中哈产能合作基金、中欧共同基金、巴基斯坦卡洛特水电站项目、阿联酋哈斯彦清洁燃煤电站等项目。累计投资金额约178亿美元,主要用于东南亚、西亚北非、中东欧、俄罗斯等国家和地区的基础设施建设、资源开发、港口航运、电力电站开发、高端制造等大型国际合作项目。2021年6月丝路基金收购沙特阿美原油管道公司,10月又收购中远海运港口鹿特丹公司。2022年2月收购沙特阿美天然气管道公司,同年9月丝路基金与ACWA Power签署乌兹别克斯坦天然气电站项目股权收购协议,并成功完成收购沙特阿拉伯石油公司天然气管道公司49%的股权。本次交易被认为是全球能源基础设施领域规模最大的交易之一,有助于推进"一带一路"倡议。在疫情冲击下,多国陷入经济衰退、债务激增,加大吸引境外股权投资成为发展中国家在不增加主权债务的情况下,推动投资增长,促进经济复苏的一个有效手段。未来的投资实践中,丝路基金将可再生能源、产业绿色低碳转型与技术创新等作为投资关注的重点领域。

## 4.1.2 双边本币互换

货币互换合作是国家或地区间金融合作的一种重要方式,国家或地区间的货币互换合作不仅可以增强资本跨区域流动性,减少因短期国际收支失衡而引发的货币危机或金融危机的风险,而且可以规避汇率风险,促进国家间贸易与投资便利化,扩大双边贸易与投资规模。从2001年开始,我国先后与泰国、日本、韩国等中央银行签订了货币互换协议,就此拉开了中国与东亚国家货币互换合作的序幕。此后,中国央行积极参与国际和区域金融合作,与周边多个国家和地区签署了双边本币互换协议,以增强应对金融风险的意识与能力。从 2010 年到 2021 年底,中国人民银行已与共建"一带一路"22 个国家的中央银行或货币当局签订了双边本币互换协议 51 份,占共建"一带一路"国家总数的 34.4%。部分国家多次与中国续签协议,货币互换规模累计达到 30522 亿元人民币,其中,新加坡、马来西亚、印度尼西亚、俄罗斯、泰国的互换规模居前五位,占中国与共建国家货币互换总规模的 84.2%。由此说明,当前中国与共建国家的双边货币互换还集中在少数国家,大部分国家还未实现互换或者互换规模较小,未来有待扩大。具体如表 4 - 1 所示。

表 4 - 1 中国与共建"一带一路"国家货币互换一览表(2010 年至 2021 年底)

| 国家 | 协议签署时间 | 到期时间 | 互换规模(亿元) | 期限(年) |
|---|---|---|---|---|
| 蒙古国 | 2011 - 05 - 16 | 2014 - 05 - 16 | 50 | 3 |
| | 2012 - 03 - 20 | 2014 - 05 - 16 | 100 | 3 |
| | 2014 - 08 - 21 | 2017 - 08 - 21 | 150 | 3 |
| | 2017 - 07 - 06 | 2020 - 07 - 06 | 150 | 3 |
| | 2020 - 07 - 31 | 2023 - 07 - 31 | 150 | 3 |
| 马来西亚 | 2012 - 02 - 08 | 2015 - 02 - 08 | 1800 | 3 |
| | 2015 - 04 - 17 | 2018 - 04 - 17 | 1800 | 3 |
| | 2018 - 08 - 20 | 2021 - 08 - 20 | 1800 | 3 |
| 新加坡 | 2010 - 07 - 23 | 2013 - 07 - 23 | 1500 | 3 |
| | 2013 - 03 - 07 | 2016 - 03 - 07 | 3000 | 3 |
| | 2016 - 03 - 07 | 2019 - 03 - 07 | 3000 | 3 |
| | 2019 - 05 - 13 | 2022 - 05 - 13 | 3000 | 3 |
| 印度尼西亚 | 2009 - 04 - 02 | 2012 - 04 - 02 | 1000 | 3 |
| | 2013 - 10 - 01 | 2016 - 10 - 01 | 1000 | 3 |
| | 2018 - 11 - 19 | 2021 - 11 - 19 | 2000 | 3 |

续表

| 国家 | 协议签署时间 | 到期时间 | 互换规模（亿元） | 期限（年） |
|---|---|---|---|---|
| 泰国 | 2011 – 12 – 23 | 2014 – 12 – 23 | 700 | 3 |
| | 2014 – 12 – 23 | 2017 – 12 – 23 | 700 | 3 |
| | 2018 – 01 – 08 | 2021 – 01 – 08 | 700 | 3 |
| | 2021 – 01 – 08 | 2026 – 01 – 08 | 700 | 5 |
| 巴基斯坦 | 2011 – 12 – 23 | 2014 – 12 – 23 | 100 | 3 |
| | 2014 – 12 – 23 | 2017 – 12 – 23 | 100 | 3 |
| | 2018 – 05 – 24 | 2021 – 05 – 24 | 200 | 3 |
| | 2020 – 07 – 31 | 2023 – 07 – 31 | 300 | 3 |
| 哈萨克斯坦 | 2011 – 06 – 13 | 2014 – 06 – 13 | 70 | 3 |
| | 2014 – 12 – 14 | 2017 – 12 – 14 | 70 | 3 |
| 白俄罗斯 | 2009 – 03 – 11 | 2012 – 03 – 11 | 200 | 3 |
| | 2015 – 05 – 10 | 2018 – 05 – 10 | 70 | 3 |
| 阿尔巴尼亚 | 2013 – 09 – 12 | 2016 – 09 – 12 | 20 | 3 |
| | 2018 – 04 – 03 | 2021 – 04 – 03 | 20 | 3 |
| 土耳其 | 2012 – 02 – 21 | 2015 – 02 – 21 | 100 | 3 |
| | 2015 – 09 – 26 | 2018 – 09 – 26 | 120 | 3 |
| | 2019 – 05 – 30 | 2022 – 05 – 30 | 120 | 3 |
| 乌克兰 | 2012 – 06 – 26 | 2015 – 06 – 26 | 150 | 3 |
| | 2015 – 05 – 15 | 2018 – 05 – 15 | 150 | 3 |
| 匈牙利 | 2013 – 09 – 09 | 2016 – 09 – 09 | 100 | 3 |
| | 2016 – 09 – 12 | 2019 – 09 – 12 | 100 | 3 |
| | 2019 – 12 – 10 | 2022 – 12 – 10 | 200 | 3 |
| | 2020 – 09 – 17 | 2023 – 09 – 17 | 400 | 3 |
| 阿联酋 | 2012 – 01 – 17 | 2015 – 01 – 17 | 350 | 3 |
| | 2015 – 12 – 14 | 2018 – 12 – 14 | 350 | 3 |
| 俄罗斯 | 2014 – 10 – 13 | 2017 – 10 – 13 | 1500 | 3 |
| | 2020 – 11 – 23 | 2023 – 11 – 23 | 1500 | 3 |
| 埃及 | 2016 – 12 – 06 | 2019 – 12 – 06 | 180 | 3 |
| | 2020 – 02 – 10 | 2023 – 02 – 10 | 180 | 3 |

| 国家 | 协议签署时间 | 到期时间 | 互换规模（亿元） | 期限（年） |
|------|------------|----------|----------------|-----------|
| 亚美尼亚 | 2015 – 03 – 25 | 2018 – 03 – 25 | 10 | 3 |
| 乌兹别克斯坦 | 2011 – 04 – 19 | 2014 – 04 – 19 | 7 | 3 |
| 塔吉克斯坦 | 2015 – 09 – 03 | 2018 – 09 – 03 | 30 | 3 |
| 卡塔尔 | 2014 – 11 – 03 | 2017 – 11 – 03 | 350 | 3 |
| 塞尔维亚 | 2016 – 06 – 17 | 2019 – 06 – 17 | 15 | 3 |
| 斯里兰卡 | 2014 – 09 – 16 | 2017 – 09 – 16 | 100 | 3 |
| 老挝 | 2020 – 05 – 20 | 2023 – 05 – 20 | 60 | 3 |

资料来源：国泰安数据库与中国人民银行年报。

为进一步支持离岸人民币业务，2021 年末，中国人民银行已在东南亚、欧洲、大洋洲等 25 个国家和地区授权建立了 27 家人民币境外清算行。根据中国人民银行公布的数据显示，截至 2021 年底，中国人民银行在新加坡、卡塔尔、俄罗斯、匈牙利、阿联酋、哈萨克斯坦、马来西亚、泰国 8 个共建国家设立了人民币清算行。此外，经人民银行授权，人民币对马来西亚林吉特、俄罗斯卢布、新加坡元、匈牙利福林、波兰兹罗提、土耳其里拉和印度尼西亚卢比等共建国家货币实现了直接交易。

2009 年跨境贸易人民币结算试点开展。2015 年人民币跨境支付系统（以下简称"CIPS"）上线运行，为境内外金融机构人民币跨境和离岸业务提供资金清算和结算服务。2021 年人民币跨境结算业务累计发生 334.16 笔，同比增长 51.6%，金额 79.6 万亿元，同比增长 75.8%。截至 2021 年末，共有 1259 家境内外机构参与人民币跨境支付系统，较 2015 年增加了约 6 倍。2021 年中国与共建"一带一路"国家的跨境收付金额为 5.42 万亿元，同比增长 19.6%，占同期人民跨境收付总额的 14.8%。[①]

2019 年新冠疫情暴发，2022 年俄乌冲突，俄罗斯遭受西方世界的金融

---

① 《2022 年人民币国际化报告》。

制裁，被踢出 Swift 全球支付系统。在此情况下，各国金融合作对于货币互换、货币直接交易以及跨境支付系统的需求陡然增加。中国应以此为契机，未来加强对人民币支付系统的全球推广，同时把金融合作的重点放在双边本币互换与货币直接交易方面，以此促进中国与各国的贸易投资合作。

### 4.1.3 金融机构互设

作为 "一带一路" 倡议的首倡国和重要参与国家，中国主动作为，引领带动，与共建各国形成合力，为 "一带一路" 建设搭建多元化融资平台贡献力量。近年来，中国与共建国家双边及多边投融资合作平台不断丰富，金融机构服务 "一带一路" 建设意识与能力不断加强。

1. 中资金融机构 "一带一路" 分支机构

自 "一带一路" 倡议提出以来，中资商业银行积极响应，加快布局。从 2015 年末，9 家中资银行在共建 24 个国家，拥有 56 家分支机构。[①] 截至 2020 年底，11 家中资银行在 29 个共建国家，设立了 80 家一级机构，机构数量增长 42%。此外，共有 15 家合资证券公司，44 家合资基金管理公司，34 家证券公司在中国香港地区、新加坡、老挝，共设立、收购、参股 35 家经营机构。[②]

国家开发银行、中国进出口银行等开发性金融机构融资方式成为 "一带一路" 主要融资来源。中国银行、中国工商银行、中国建设银行、中国交通银行、中国农业银行五大国有银行，以及招商银行、浦发银行、中信银行等股份制银行成为 "一带一路" 融资来源的重要补充。近年来，中资银行在共建国家布局不断扩大。其中，中国银行是我国在全球范围内及 "一带一路" 布局最广的中资银行，其海外分支机构共 129 个，遍布共建

---

① 2015 年银行业境外新设 56 家分支机构助推 "一带一路" 国家战略 ［EB/OL］. 中国银行业协会网站，2016 – 06 – 24.
② 2020 年末 11 家中资银行在 29 个 "一带一路" 沿线国家设立了 80 家一级分支机构 ［EB/OL］. 人民日报网站，2021 – 03 – 24.

"一带一路"25 个国家,包括新加坡、印度尼西亚、马来西亚、泰国、越南、科威特、卡塔尔、土耳其、沙特、波兰、捷克、匈牙利、俄罗斯、格鲁吉亚、哈萨克斯坦等国家。2010~2020 年,中国银行共建国家布局变化如图 4-2 所示。

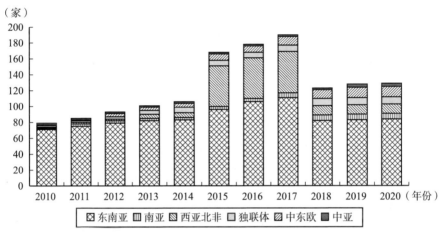

（家）

**图 4-2 中国银行在共建"一带一路"国家设立分支机构数量**

资料来源:"一带一路"产业地图网。

由图 4-2 可见,2013 年"一带一路"倡议提出以来,中国银行在共建"一带一路"国家布局开始逐步增长,2015 年以来增长幅度较大,2016年与 2017 年保持持续上升态势,2018 年机构数量下降,此后增长幅度放缓。然而,中国银行在共建国家的分布呈不均衡状态,其中,在东南亚国家的分布规模和范围最大,占比达 72.2%,其次是西亚北非占比 12.3%,中东欧占比 5%,独联体国家①占比 4.8%,南亚国家占比 3.3%,中亚国家占比仅 2.4%。中资金融机构在中东欧、独联体、南亚及中亚国家和地区的分支机构和经营网点较少,建设较缓慢,尚未实现本土化经营,金融服务能力和效率有待提升。

———————————

① 本书中独联体国家包括:俄罗斯、白俄罗斯、乌克兰、亚美尼亚、格鲁吉亚、阿塞拜疆和摩尔多瓦 7 个国家。

2011 年 12 月，中国信用保险公司（以下简称"中信保"）成立。作为我国唯一一家承办政策性出口信用保险业务的金融机构，中信保的主要职能是为中国进出口贸易企业提供出口信用保险、海外投资保险或担保服务。截至 2021 年末，中信保共设立了伦敦、巴西圣保罗、阿联酋迪拜、南非约翰内斯堡 4 个代表处，俄罗斯莫斯科、印度尼西亚雅加达、埃及开罗 3 个工作组。随着中国对外开放程度的不断扩大，中国企业走向国际市场的需求增大，对出口信用保险的保障需求也不断上升。中信保积极响应"一带一路"倡议，为中国企业走出去提供保险保障与服务，2021 年共承保我国企业向共建"一带一路"国家出口和投资 1699.6 亿美元，累计支付赔款 3.3 亿美元，① 从行动上为中国与共建国家的经贸合作保驾护航。近年来，中信保一直致力于"一带一路"国别风险研究。2021 年发布《国家风险分析报告》和《"一带一路"基础设施发展指数报告》，并应用"一带一路"债务可持续分析框架，完成 5 个国家的债务可持续性分析报告，对 108 个国家债务可持续性进行持续跟踪评估，为我国企业走出去提供风险预警、跟踪、识别和防范服务。

2. 共建"一带一路"国家金融机构在华分支机构

截至 2020 年底，共建"一带一路"共有泰国、马来西亚、新加坡、俄罗斯和印度尼西亚等 23 个国家和地区的 48 家银行在华设立了分支机构与代表处，新加坡 1 家保险机构在华设立了合资公司。与中资银行在共建国家设立分支机构的情况相比，共建"一带一路"国家和地区在华设立的分支机构数量和规模还相对较小，这与共建"一带一路"国家金融发展水平以及对外开放程度依然较低有关。目前，共建"一带一路"国家在华部分分支机构的设立情况为：新加坡 3 家银行在中国设立 32 家分行，36 家支行；泰国 5 家银行在中国设立 10 家分行，1 家支行，4 个代表处；马来西亚 3 家银行在中国设立 5 家分行，1 家代表处；菲律宾 3 家银行在中国设立 5 家分行，2 家支行，2 个办事处；印度 9 家银行在中国设立 7 家分

---

① 中国出口信用保险公司 2021 年度报告。

行,4个办事处;俄罗斯9家银行在中国设立1家分行,9个办事处;印度尼西亚和埃及1家银行在中国设立1家分行;土耳其2家银行在中国设立2个办事处;阿联酋3家银行在中国设立3个办事处;卡塔尔2家银行在中国设立2个办事处;白俄罗斯、伊朗、沙特阿拉伯、科威特、约旦、以色列、蒙古国各1家银行在中国设立1个办事处。①

### 4.1.4 资本市场开放

股票、债券、基金等资本市场直接融资方式是"一带一路"第三重融资渠道,在"一带一路"基础设施建设投融资中规模较小。随着金融市场的开放,2010年中国债券市场开启了引入境外机构投资者,包括人民币合格境外投资者(RQFII),合格境外投资者(QFII)以及银行间债券市场(CIBM)三种渠道,2017年2月引入第四种渠道–债券通。2019年9月,国家外汇管理局取消QFII/RQFII投资额度及RQFII试点国家和地区限制,进一步便利境外投资者参与中国金融市场,并且在企业征信、信用评级、支付等领域给予外资国民待遇,使投资范围逐步扩大,投资制度日趋完善。随着我国与共建"一带一路"国家之间金融合作关系的稳步推进,为周边国家及共建"一带一路"国家投资者提供了多元化的投融资渠道。共建国家机构及个人投资者可以通过合格境外机构投资(QFII/RQFII)、直接入市、沪深港通、债券通等多种渠道进入我国金融市场,投资股票、基金、债券、存贷款等人民币金融资产。我国机构投资者也可以通过合格境内机构投资者(RQDII)机制投资其他国家金融市场人民币计价的金融产品。国家外汇管理局网站数据显示,截至2020年5月29日②,共建"一带一路"国家中,中国对新加坡QFII累计批准额度69.2亿美元,阿联酋50亿美元,科威特20亿美元,马来西亚15.6亿美元,泰国4亿美元,卡塔尔10亿美元;

---

① 兰日旭、顾炜宇、徐蕴峰. 中国与"一带一路"沿线国家和地区金融合作及监管 [M]. 北京:中国财政经济出版社,2020.

② 2020年5月29日开始,国家外汇管理局停止披露QFII/RQFII批准额度,但继续披露RQDII额度。

RQFII 累计批准额度新加坡 722.35 亿元人民币，马来西亚 16 亿元人民币，泰国 21 亿元人民币。目前，中国与共建国家签订的 QFII & RQFII 投资协议集中在新加坡、马来西亚、泰国等个别东盟国家，与其他大部分共建国家没有签订投资协议，或批准的 QFII & RQFII 投资额度较低。截至 2023 年 1 月 31 日，合格境内机构投资者（RQDII）182 家，各类机构累计批准投资额度总计 1627.29 亿美元，其中银行类为 264.30 亿美元，证券类为 883.60 亿美元，保险类为 389.23 亿美元，信托类为 90.16 亿美元。

国家外汇管理局中国对外证券投资资产数据显示，2015 年中国向共建 "一带一路" 国家证券投资资产总额为 88.1 亿美元，占对外投资总额的 3.1%，其中股本证券资产总额为 53.6 亿美元，债务证券资产总额为 34.5 亿美元，长期资产总额为 25.5 亿美元，短期资产总额为 9 亿美元。2021 年，中国向共建国家投资总额为 205.9 亿美元，涨幅达 133.7%。其中，股本证券资产总额为 47.4 亿美元，涨幅 -11.6%，债务证券资产总额为 158.5 亿美元，涨幅 159.4%，长期证券资产总额为 88.6 亿美元，涨幅 247.5%，短期证券资产总额为 70 亿美元，涨幅 677.8%。相较于中国对外证券投资，中国对共建国家的证券投资中，股票证券投资的总额与比例较小，且近年来呈现负增长的态势，而债务证券的总额与比例较大。这是由于中国向共建国家提供了大量贷款援助，支持 "一带一路" 建设，但同时可能导致债务风险加大。2015~2021 年，中国对共建 "一带一路" 国家证券投资资产情况如图 4-3 所示。

2021 年，中国对共建 "一带一路" 国家的证券投资中，新加坡、印度、阿联酋、越南、印度尼西亚、沙特阿拉伯、卡塔尔、菲律宾、波兰、泰国居前 10 位。其中，中国对新加坡的证券资产总额为 111.7 亿美元，股本证券总额为 13.5 亿美元，债务证券总额为 98.2 亿美元，长期证券资产为 52.4 亿美元，短期证券资产为 45.8 亿美元，远超越其他共建国家。中国对上述国家证券投资总额占全部共建 "一带一路" 国家的 91.6%，由此说明，中国对共建 "一带一路" 国家的证券投资规模（除新加坡外）依旧较小，且集中在少数国家。具体如表 4-2 所示。

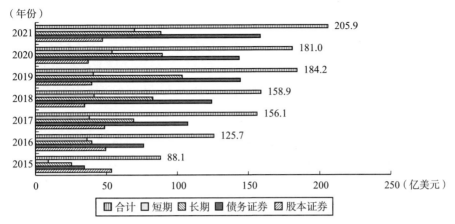

图 4-3 中国在共建"一带一路"国家证券投资资产

资料来源：国家外汇管理局网站。

表 4-2 2021 年中国对共建"一带一路"国家证券投资前 10 名国家

单位：亿美元

| 名次 | 国家 | 股本证券 | 债务证券 | 长期 | 短期 | 合计 |
|---|---|---|---|---|---|---|
| 1 | 新加坡 | 13.5 | 98.2 | 52.4 | 45.8 | 111.7 |
| 2 | 印度 | 14.5 | 3.0 | 1.0 | 2.0 | 17.5 |
| 3 | 阿联酋 | 0.2 | 15.7 | 5.2 | 10.5 | 15.9 |
| 4 | 越南 | 5.9 | 5.9 | 3.0 | 2.8 | 11.7 |
| 5 | 印度尼西亚 | 4.6 | 6.4 | 6.2 | 0.2 | 11.0 |
| 6 | 沙特阿拉伯 | 0.4 | 6.0 | 2.0 | 4.0 | 6.3 |
| 7 | 卡塔尔 | 0.3 | 3.9 | 1.9 | 2.1 | 4.2 |
| 8 | 菲律宾 | 0.6 | 3.1 | 2.8 | 0.2 | 3.6 |
| 9 | 波兰 | 0.9 | 2.6 | 2.6 | 0.2 | 3.5 |
| 10 | 泰国 | 2.4 | 0.8 | 0.6 | 0.2 | 3.1 |
|  | 总计 | 43.1 | 145.7 | 77.7 | 67.9 | 188.7 |

资料来源：国家外汇管理局网站。

## 4.1.5 金融监管合作

由于共建"一带一路"国家的政治、经济发展不平衡，历史文化、宗教差异大，因而中国与共建"一带一路"国家金融合作面临着政治风险、经济风险、社会风险、投资风险、债务风险等各类风险。根据中诚信国际发布的《2021年"一带一路"国家风险报告》显示，疫情冲击下共建国家风险整体上行，其中区域风险得分：东亚为29.70，东南亚为43.76，西亚北非为47.06，中亚为53.28，南亚为55.49，依次递增。国家综合风险中，2020年风险等级低及很低的国家15个，占国家总数的25%，而2021年同等风险的国家19个，占共建国家总数的32%，同比有所上升。2020年中等风险的国家14个，占共建国家总数的23%，2021年同等风险的国家11个，占共建国家总数的18%，同比有所下降。2020年风险等级很高的国家18个，占共建国家总数的30%，而2021年同等风险的国家20个，占共建国家总数的33%，同比明显上升。由此可得，2020年以来，风险等级较高的国家在明显增多。其中，新加坡、中国、韩国、捷克等经济发展程度较高的国家整体风险较低，而吉尔吉斯斯坦、乌克兰、缅甸、伊朗、亚美尼亚等国家整体风险相对突出。具体如图4-4所示。

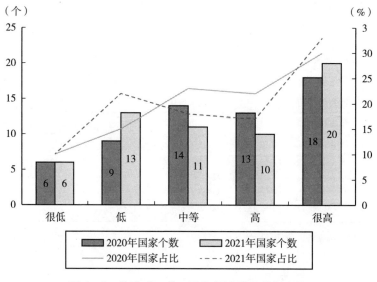

图4-4 共建"一带一路"国家风险等级占比

资料来源：中诚信国际《2021年"一带一路"国家风险报告》。

为了应对上述中国与共建"一带一路"国家投融资过程中所面临的风险，中国与共建国家积极开展跨境金融监管合作。依据《巴塞尔协议》的监管原则，截至 2021 年末，中国银保监会与中国证监会通过与共建国家金融监管部门签署双边监管合作协议或监管合作备忘录（MOU），来实现金融监管合作。截至 2021 年末，中国银保监会已与 34 个共建"一带一路"国家和地区中央银行或金融监管当局签署了双边金融监管合作谅解备忘录或监管合作协议，区域内覆盖率为 52.3%。中国证监会与共建 28 个国家的金融管理局或证券委员会签署了双边证券监管合作备忘录或合作协议，区域内覆盖率为 50.0%。中国人民银行中国反洗钱监测分析中心共与 30 个共建国家的金融情报机构签署了金融情报交流合作谅解备忘录，区域内覆盖率为 43.1%（见表 4-3）。可见，目前监管合作协议并没有做到全面覆盖，未来需要通过各方协商，共同制定统一的监管标准和统一的金融合作监管平台。疫情后，全球金融市场动荡，金融机构对于跨境合作的风险预期增加，主动开展跨境金融合作的动力和意愿降低，因此，导致国际金融监管合作的困难重重，需要共建各国金融监管机构和部门发挥更大的推动作用，加大信息共享，减少对经营环境和风险的顾虑，从而使监管合作朝着积极的方向发展。

表 4-3 中国与共建"一带一路"国家
金融监管合作协议（截至 2021 年末）

| 签署机构 | 协议名称 | 签署国家 |
|---|---|---|
| 中国银保监会与相关国家央行或金融监管局 | 双边金融监管合作谅解备忘录或合作换文 | 格鲁吉亚、新加坡、印度尼西亚、越南、乌克兰、马来西亚、老挝、土耳其、柬埔寨、卡塔尔、阿拉伯联合酋长国、伊朗、亚美尼亚、巴林、马尔代夫、约旦、黎巴嫩、尼泊尔、吉尔吉斯斯坦、俄罗斯、波兰、匈牙利、捷克、立陶宛、塞尔维亚、哈萨克斯坦、巴基斯坦、塔吉克斯坦、科威特、菲律宾、蒙古国、以色列、泰国、白俄罗斯 |

续表

| 签署机构 | 协议名称 | 签署国家 |
|---|---|---|
| 中国证监会与相关国家证券、股票、期货监管机构 | 证券期货监管合作谅解备忘录 | 罗马尼亚、巴基斯坦、约旦、越南、蒙古国、老挝、埃及、印度、柬埔寨、阿拉伯联合酋长国、文莱、以色列、科威特、卡塔尔、新加坡、泰国、伊朗、哈萨克斯坦、俄罗斯、白俄罗斯、乌克兰、土耳其、立陶宛、印度尼西亚、波兰、马来西亚、匈牙利、阿塞拜疆 |
| 中国反洗钱监测中心与相关国家金融情报机构/反洗钱办公室 | 反洗钱和反恐怖融资金融情报交流合作谅解备忘录 | 黎巴嫩、捷克、泰国、以色列、缅甸、老挝、柬埔寨、白俄罗斯、马来西亚、菲律宾、斯里兰卡、新加坡、印度尼西亚、尼泊尔、阿富汗、斯洛文尼亚、波兰、哈萨克斯坦、土库曼斯坦、吉尔吉斯斯坦、印度尼西亚、亚美尼亚、塔吉克斯坦、孟加拉国、乌克兰、俄罗斯、格鲁吉亚、阿拉伯联合酋长国、土耳其、乌兹别克斯坦 |

资料来源：中国银保监会、中国证监会、中国人民银行年报。

## 4.2 中国与共建 "一带一路" 国家产业协同发展现状

"一带一路" 倡议是中国倡导的多边区域经贸合作平台，承载着政治互信、经贸合作的重大历史使命。近年来，"一带一路" 建设稳步推进，取得了丰硕的成果，主要体现在贸易往来不断扩大，投资合作不断深化，对外承包工程项目建设稳步推进。然而，目前全球政治经济动荡，世界格局发生重大重组，给世界经济带来负面影响的同时，也带来了国家和地区经济合作的机遇。通过对中国与共建 "一带一路" 国家经济发展、贸易、投资、产业合作现状、产业结构与所处工业化阶段的分析，对中国与共建国家产业协同必要性与协同性作出初步判断。

### 4.2.1 产业增长协同性分析

1. 共建 "一带一路" 国家经济增长现状

共建 "一带一路" 国家人口占全球一半以上，国内生产总值却大约只占全球的1/3（不包括中国）。2020年共建"一带一路"国家受疫情的影响，经济增速缓慢，而2021年经济整体复苏，不仅在GDP总量，还在增速方面均表现出良好势头。2021年共建国家GDP排名前20的国家中，中国经济总量占比约55%，印度为10%，俄罗斯为6%，伊朗、印度尼西亚各为4%，沙特阿拉伯、土耳其各为3%，波兰、泰国各为2%，以色列、阿联酋、埃及、菲律宾等国家各为1%。其中，中国GDP总量达到17.3万亿美元，居世界第二位，约占世界经济比重的18.5%，约占共建"一带一路"经济比重的51.1%，较2020年有所上升。东南亚和西亚北非国家与共建其他区域国家相比，经济实力相对较强。具体如表4-4所示。

表4-4　　　　　　　2021年共建"一带一路"国家GDP总量排名

单位：亿美元

| 国家 | GDP总量 | 排名 | 国家 | GDP总量 | 排名 |
|---|---|---|---|---|---|
| 中国 | 172985.93 | 1 | 阿联酋 | 4182.79 | 11 |
| 印度 | 31713.47 | 2 | 埃及 | 4059.11 | 12 |
| 俄罗斯 | 17698.67 | 3 | 菲律宾 | 3885.87 | 13 |
| 伊朗 | 14109.12 | 4 | 新加坡 | 3852.21 | 14 |
| 印度尼西亚 | 11853.31 | 5 | 马来西亚 | 3702.18 | 15 |
| 沙特阿拉伯 | 8303.25 | 6 | 孟加拉国 | 3650.44 | 16 |
| 土耳其 | 8083.38 | 7 | 巴基斯坦 | 2939.35 | 17 |
| 波兰 | 6681.83 | 8 | 越南 | 2847.34 | 18 |
| 泰国 | 5044.91 | 9 | 捷克 | 2834.58 | 19 |
| 以色列 | 4687.32 | 10 | 罗马尼亚 | 2814.33 | 20 |

资料来源：国泰安数据库。

2020年共建"一带一路"国家中，只有土库曼斯坦、缅甸、塔吉克斯坦、越南、中国、孟加拉国、土耳其、乌兹别克斯坦、文莱、不丹、老挝和埃及经济实现正增长,仅占共建国家总数的18%,而其他82%的共建国家的经济均呈现负增长的局面。2021年共建"一带一路"国家总体经济形势好转,GDP平均增长率3.92%,99.5%的国家经济实现了正增长。其中,马尔代夫GDP增长率高达17.9,土耳其为10.99%,黑山为9.5%,印度为8.32%,中国为8.1%。只有不丹、缅甸和黎巴嫩依然显示负增长。2021年共建"一带一路"国家前20名的国家如图4-5所示。

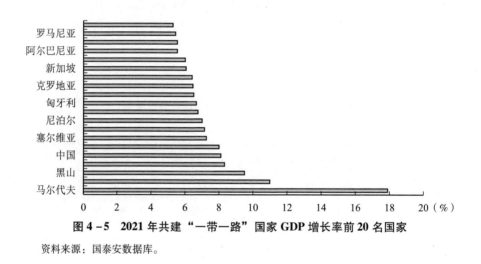

**图4-5 2021年共建"一带一路"国家GDP增长率前20名国家**

资料来源:国泰安数据库。

**2. 共建"一带一路"国家三次产业增长状况**

根据世界银行数据显示,2021年共建"一带一路"国家三次产业增加值如图4-6所示,中国、东南亚、南亚国家第一产业增长较快,产业优势突出。中国、西亚北非、东南亚、南亚的第二产业增加值较高,工业化进程迅猛。第三产业增长最快的国家为中国,其次是东南亚、南亚和西亚北非国家,说明上述国家和地区服务业发展势头良好,产业快速升级。尤其是中国,第二、第三产业增长强劲,向制造业大国与服务业强国发展。

（十亿美元）

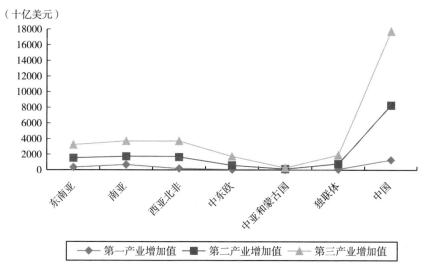

图4-6 2021年共建"一带一路"国家各区域三次产业增加值

资料来源：世界银行数据库。

### 4.2.2 产业结构协同性分析

#### 1. 产业互补性分析

就三次产业而言，中国与共建"一带一路"国家产业结构差异越小，产业竞争性就越大；相反，产业结构差异性越大，产业的互补性就越强，产业合作与协同发展的空间就越大（刘伟和张辉，2017）。为了深入分析共建"一带一路"国家产业结构的变化，现选取共建"一带一路"主要国家2013年和2021年两年的数据，从产业结构（见表4-5）及所处的工业化阶段进行分析，初步判断中国与共建国家产业协同是否具有潜在空间。

表4-5　　　　　共建"一带一路"国家三次产业结构　　　　单位：%

| 地区 | 2013 年 | | | 2021 年 | | |
|------|---------|---------|---------|---------|---------|---------|
| | 第一产业 | 第二产业 | 第三产业 | 第一产业 | 第二产业 | 第三产业 |
| 中国 | 8.94 | 44.18 | 46.88 | 7.26 | 39.43 | 53.31 |
| 东南亚 | 13.64 | 40.10 | 43.30 | 10.71 | 36.68 | 52.60 |
| 南亚 | 16.88 | 23.72 | 52.84 | 18.25 | 28.50 | 53.24 |

续表

| 地区 | 2013 年 | | | 2021 年 | | |
|---|---|---|---|---|---|---|
| | 第一产业 | 第二产业 | 第三产业 | 第一产业 | 第二产业 | 第三产业 |
| 西亚北非 | 3.80 | 44.36 | 48.07 | 4.86 | 39.66 | 55.48 |
| 中亚及蒙古国 | 14.16 | 27.16 | 45.62 | 11.05 | 36.48 | 52.47 |
| 独联体 | 8.92 | 30.06 | 49.98 | 5.25 | 36.22 | 58.53 |
| 中东欧 | 5.54 | 25.09 | 56.26 | 3.42 | 30.53 | 66.05 |

资料来源：世界银行数据库。

从表 4-5 可以看到，2021 年共建各地区产业结构存在较大的差异，其中，东南亚、南亚、中亚及蒙古国的第一产业占比相对其他地区较大，均超过 10%；中国、东南亚、西亚北非则工业产值占比重较大，超过 36%；独联体和中东欧的第三产业较为发达，占比均超过 58%；随着 "一带一路" 的推进，共建各国的产业结构都发生了一定的变化，从 2013～2021 年，共建各国所在区域三次产业占比来看，南亚、西亚北非第一产业比重稍有上升，中国、东南亚、独联体和中东欧第一产业比重均有不同程度的下降；南亚、中亚、独联体和中东欧第二产业比重呈现上升趋势，说明区域整体工业化程度有所提升；而各地区的第三产业比重均呈上升趋势，且上升幅度较大。由此说明，共建 "一带一路" 国家整体工业化进程加快，产业结构显著升级。从共建地区整个产业的分布来看，东亚及南亚大部分地区是初级产品的集中地，也是制造业的集中地，而西亚北非、独联体和中东欧则是第三产业相对发达，且三个地区产业结构相似。中国的产业结构与东南亚、南亚在第一、第二产业上同时具有竞争性和互补性，而与其他共建地区各产业的互补性均较强，产业协同具有潜在发展空间。和世界整体相比，"一带一路" 区域产业结构高级化程度还有待进一步提升。

2. 工业化阶段对比

刘伟和张辉（2017）在《"一带一路"：产业与空间协同发展》一书中，通过梳理共建 "一带一路" 国家三次产业占比，产业结构升级现状以及各国的工业化程度，认为中国与共建国家的产业发展具有彼此互补与相互拉动作用，可以实现产业链上的产业协同发展。根据 2015 年共建"一带一路"国家工业化进程报告，共建国家所处工业化阶段如表 4-6 所示。

表 4-6　　　　　　　　　共建"一带一路"国家工业化阶段

| 地区 | 国家 | 工业化阶段 | 指数 | 地区 | 国家 | 工业化阶段 | 指数 |
|---|---|---|---|---|---|---|---|
| 东南亚 | 老挝 | 工业化初期-中段 | 15.46 | 西亚 | 伊拉克 | 工业化初期-前段 | 62.79 |
| | 缅甸 | 工业化初期-前段 | 5.05 | | 阿联酋 | 工业化后期-前段 | 73.47 |
| | 新加坡 | 后工业化阶段 | 100.00 | | 阿塞拜疆 | 工业化中期-后段 | 59.96 |
| | 菲律宾 | 工业化中期-中段 | 51.20 | | 科威特 | 工业化后期-前段 | 72.89 |
| | 文莱 | / | 72.79 | | 土耳其 | 工业化后期-后段 | 90.50 |
| | 印度尼西亚 | 工业化中期-中段 | 51.93 | | 卡塔尔 | 工业化后期-前段 | 72.85 |
| | 马来西亚 | 工业化后期-后段 | 90.47 | | 阿曼 | 工业化后期-前段 | 72.73 |
| | 越南 | 工业化初期-后段 | 28.28 | | 黎巴嫩 | 工业化后期-后段 | 89.86 |
| | 泰国 | 工业化后期-前段 | 72.77 | | 沙特 | 工业化后期-前段 | 73.57 |
| 东亚 | 中国 | 工业化后期-中段 | 83.69 | | 巴林 | 工业化后期-中段 | 81.66 |
| | 蒙古国 | 工业化后期-中段 | 51.08 | | 以色列 | 后工业化阶段 | 100.00 |
| 南亚 | 尼泊尔 | 前工业化阶段 | 0.00 | | 也门 | 工业化初期-后段 | 30.96 |
| | 印度 | 工业化初期-后段 | 31.25 | | 埃及 | 工业化中期-中段 | 47.37 |
| | 斯里兰卡 | 工业化中期-后段 | 58.95 | | 伊朗 | 工业化后期-前段 | 71.88 |
| | 马尔代夫 | 工业化后期-前段 | 66.39 | | 约旦 | 工业化后期-后段 | 87.91 |
| | 孟加拉国 | 工业化中期-后段 | 24.74 | | 叙利亚 | 工业化中期-前段 | 33.33 |
| | 阿富汗 | 工业化初期-后段 | 5.93 | 中东欧 | 斯洛伐克 | 工业化后期-后段 | 89.96 |
| | 巴基斯坦 | 工业化后期-前段 | 68.76 | | 克罗地亚 | 工业化后期-中段 | 83.17 |
| | 不丹 | 工业化初期-后段 | 29.99 | | 塞尔维亚 | 工业化后期-中段 | 78.75 |
| 独联体 | 巴勒斯坦 | 工业化后期-后段 | 68.76 | | 立陶宛 | 工业化后期-后段 | 97.64 |
| | 摩尔多瓦 | 工业化后期-前段 | 40.85 | | 拉脱维亚 | 工业化后期-后段 | 97.88 |
| | 亚美尼亚 | 工业化后期-前段 | 39.91 | | 罗马尼亚 | 工业化后期-后段 | 85.17 |
| | 格鲁吉亚 | 工业化中期-中段 | 54.72 | | 爱沙尼亚 | 工业化后期-后段 | 90.73 |
| | 乌克兰 | 工业化中期-后段 | 56.79 | | 捷克 | 工业化后期-后段 | 99.36 |
| | 阿塞拜疆 | 工业化中期-后段 | 59.96 | | 波黑 | 工业化中期-后段 | 62.34 |
| | 白俄罗斯 | 工业化后期-后段 | 93.49 | | 匈牙利 | 工业化后期-后段 | 98.76 |
| | 俄罗斯 | 工业化后期-中段 | 83.71 | | 波兰 | 工业化后期-后段 | 90.04 |
| 中亚 | 乌兹别克斯坦 | 工业化后期-后段 | 29.19 | | 斯洛文尼亚 | 工业化后期-后段 | 91.90 |
| | 吉尔吉斯斯坦 | 工业化初期-后段 | 23.93 | | | | |
| | 土库曼斯坦 | 工业化后期-前段 | 70.64 | | | | |
| | 塔吉克斯坦 | 工业化初期-前段 | 0.21 | | | | |
| | 哈萨克斯坦 | 工业化后期-前段 | 72.04 | | | | |

资料来源：《"一带一路"沿线国家工业化进程报告（2015）》。

由表4-6可得，共建"一带一路"东南亚国家中，除新加坡处于工业化后期阶段外，大部分国家处于工业化初期和中期；东亚国家中，中国和蒙古国均处于工业化后期；南亚与中亚国家部分处于工业化初期后段；西亚国家除也门与叙利亚外，大多国家处于工业化中后期，其中，以色列与土耳其工业化程度较高；独联体国家大部分处于工业化中后期，中东欧国家大部分工业化程度较高，处于工业化后期后段。由此可知，共建国家和地区处于不同的工业化阶段，产业结构具有互补性与协同性空间。中国与共建国家/地区可以通过进出口贸易、对外直接投资、产能合作等活动，一方面可以优化区域产业分工布局、促进产业转移，另一方面还可以促进共建国家/地区的产业结构调整，同时实现自身产业结构的优化升级，从而使处于不同产业结构梯度的国家和地区彼此互补、相互拉动，推动区域价值链上的产业协同发展。

3. 贸易互补性分析

其一，中国与共建"一带一路"国家进出口贸易情况。中国海关数据显示，自"一带一路"倡议提出以来，中国与共建"一带一路"国家的贸易规模不断扩大，占全球进出口总额的比重也不断增长，从2013年的25%增长到2021年的30.1%，增幅约5个百分点。2013~2021年，中国与共建国家进出口贸易总额从10405.5亿美元增长到18204.1亿美元，年均增长9.37%。2021年我国与共建"一带一路"国家进出口增势良好，其中进口总额约为10426.6亿美元，出口总额约为7777.5亿美元，贸易逆差为2649.1亿美元。2019年以来虽受新冠疫情冲击较大，但中国与共建国家进出口贸易依然呈现正向增长，这说明中国与共建国家的贸易往来已经越来越密切。中国产业门类齐全，出口商品丰富多样，共建国家对中国出口产品的依赖性较强，与中国形成的贸易逆差则可通过将中国大量出口的产品生产线通过产业转移与产能合作转移到该国，从而降低生产成本，提升经济效率。2013~2021年，中国与共建"一带一路"国家的进出口贸易额具体如表4-7所示。

表4-7 　　　　　　中国与共建"一带一路"国家进出口贸易额 　　　　　　单位：亿美元

| 年份 | 出口额 | 进口额 | 进出口总额 | 全球进出口总额 | 比重 |
|------|--------|--------|-----------|---------------|------|
| 2013 | 5691.9 | 4713.6 | 10405.5 | 41589.9 | 25.0% |
| 2014 | 6370.7 | 4835.6 | 11206.3 | 43015.3 | 26.1% |
| 2015 | 6146.1 | 3883.6 | 10029.7 | 39530.3 | 25.3% |
| 2016 | 5817.4 | 3660.3 | 9477.7 | 36855.6 | 25.7% |
| 2017 | 6353.1 | 4535.9 | 11099.0 | 41071.4 | 27.0% |
| 2018 | 7047.3 | 5630.7 | 12678.0 | 46224.2 | 27.4% |
| 2019 | 7606.5 | 5817.3 | 13423.8 | 45778.9 | 29.3% |
| 2020 | 7838.6 | 5699.1 | 13537.7 | 46462.6 | 29.1% |
| 2021 | 7777.5 | 10426.6 | 18204.1 | 60514.9 | 30.1% |

资料来源：中国海关网站。

2021年，中国在共建"一带一路"主要进口国家为越南（1379.30亿美元）、印度（975.21亿美元）、马来西亚（787.42亿美元）、泰国（693.67亿美元）、俄罗斯（675.65亿美元）、印度尼西亚（606.73亿美元）、菲律宾（573.14亿美元）、新加坡（552.64亿美元）、阿联酋（438.22亿美元）与波兰（356.92亿美元）等国家，其中东盟国家占比60%。主要出口国家为马来西亚（980.62亿美元）、越南（922.74亿美元）、俄罗斯（793.22亿美元）、印度尼西亚（637.61亿美元）、泰国（618.13亿美元）、沙特阿拉伯（569.85亿美元）、新加坡（387.91亿美元）、阿曼（285.67亿美元）、阿联酋（285.39亿美元）、印度（281.43亿美元）。东盟国家占比50%，其他国家和地区占比较少，说明东盟国家、俄罗斯、沙特阿拉伯、印度、阿联酋等国家成为我国的主要贸易伙伴（见表4-8）。

表 4 – 8    2021 年中国与共建 "一带一路" 国家进出口贸易前十名国家

| 国家 | 进口总额（亿美元） | 排名 | 国家 | 出口总额（亿美元） | 排名 |
|------|------------------|------|------|------------------|------|
| 越南 | 1379.30 | 1 | 马来西亚 | 980.62 | 1 |
| 印度 | 975.21 | 2 | 越南 | 922.74 | 2 |
| 马来西亚 | 787.42 | 3 | 俄罗斯 | 793.22 | 3 |
| 泰国 | 693.67 | 4 | 印度尼西亚 | 637.61 | 4 |
| 俄罗斯 | 675.65 | 5 | 泰国 | 618.13 | 5 |
| 印度尼西亚 | 606.73 | 6 | 沙特阿拉伯 | 569.85 | 6 |
| 菲律宾 | 573.14 | 7 | 新加坡 | 387.91 | 7 |
| 新加坡 | 552.64 | 8 | 阿曼 | 285.67 | 8 |
| 阿联酋 | 438.22 | 9 | 阿联酋 | 285.39 | 9 |
| 波兰 | 365.92 | 10 | 印度 | 281.43 | 10 |

资料来源：中国海关网站。

其二，中国与共建 "一带一路" 国家对外直接投资情况。作为世界上最大的发展中国家，自 2002 年以来，中国开始倡导和实施 "走出去" 与 "引进来" 的投资政策，在鼓励中国企业到国外投资的同时，吸引外国投资者来华投资。在中国经济实力显著增强的背景下，中国对外直接投资规模开始急剧上升。尤其是 "一带一路" 倡议提出以来，中国对共建 "一带一路" 国家对外直接投资直线增长，处于全球对外直接投资国家排名的前列。即使面对近年来世界经济增速放缓，国际局势与国际关系极不稳定的情形下，中国在共建 "一带一路" 国家的投资，不论从投资流量还是存量方面仍在持续增长，这使中国在共建 "一带一路" 国家的对外直接投资分析显得更加重要。

根据《2021 年度中国对外直接投资统计公报》数据显示，2013~2021 年，中国境内投资者在共建 "一带一路" 国家累计直接投资为 1640 亿美元，其中 2017 年达到投资高峰 201.7 亿美元，2017 年后受全球经济下滑的影响，投资流量有所下降，但是总体呈现出较好的增长趋势。2021 年中国对共建国家投资流量总额达到 241.5 亿美元，占中国对外直接投资流量的比重为 13.5%，较 2013 年的 126.3 亿美元增长 91.2%，较 2020 年的 225.4 亿美元，上升了 7.1%。具体如图 4-7 所示。

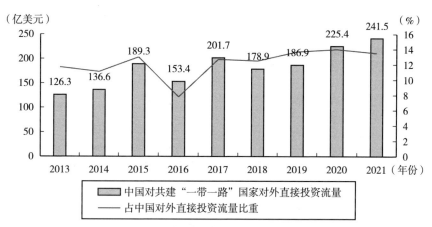

图 4-7　2013~2021 年中国对共建"一带一路"国家投资流量

资料来源：2021 年中国对外直接投资统计公报。

2021 年，中国对共建"一带一路"国家投资流量排列前十位的国家分别为新加坡（84.1 亿美元）、印度尼西亚（43.7 亿美元）、越南（22.1 亿美元）、泰国（14.9 亿美元）、马来西亚（13.4 亿美元）、老挝（12.8 亿美元）、阿联酋（8.9 亿美元）、哈萨克斯坦（8.22 亿美元）、巴基斯坦（7.27 亿美元）、沙特阿拉伯（5.14 亿美元），占中国对外投资流量的比重约为 12.3%。中国对共建"一带一路"国家投资存量排列前十位的国家分别为新加坡（672.0 亿美元）、印度尼西亚（200.8 亿美元）、越南（108.5 亿美元）、俄罗斯（106.4 亿美元）、马来西亚（103.5 亿美元）、老挝（99.4 亿美元）、泰国（99.2 亿美元）、阿联酋（98.4 亿美元），哈萨克斯坦（74.9 亿美元）、巴基斯坦（74.8 亿美元），占中国对外投资存量的比重约为 5.9%（见表 4-9）。

**表4-9　2021年中国对共建 "一带一路" 国家投资流量、存量前十国家**

| 国家 | 投资流量（亿美元） | 排名 | 国家 | 投资存量（亿美元） | 排名 |
|------|------|------|------|------|------|
| 新加坡 | 84.1 | 1 | 新加坡 | 672.0 | 1 |
| 印度尼西亚 | 43.7 | 2 | 印度尼西亚 | 200.8 | 2 |
| 越南 | 22.1 | 3 | 越南 | 108.5 | 3 |
| 泰国 | 14.9 | 4 | 俄罗斯 | 106.4 | 4 |
| 马来西亚 | 13.4 | 5 | 马来西亚 | 103.5 | 5 |
| 老挝 | 12.8 | 6 | 老挝 | 99.4 | 6 |
| 阿联酋 | 8.9 | 7 | 泰国 | 99.2 | 7 |
| 哈萨克斯坦 | 8.22 | 8 | 阿联酋 | 98.4 | 8 |
| 巴基斯坦 | 7.27 | 9 | 哈萨克斯坦 | 74.9 | 9 |
| 沙特阿拉伯 | 5.14 | 10 | 巴基斯坦 | 74.8 | 10 |

资料来源：2021年中国对外直接投资统计公报。

共建 "一带一路" 国家众多，近年来，随着中国与各国联系越来越紧密，中国对外直接投资的国家数量不断增加，投资行业与规模也不断扩大。前期，中国依据各国资源优势进行投资；后期，对外投资的内容和行业将扩展到部分新兴领域。2021年，我国企业在共建 "一带一路" 国家直接投资的行业主要有制造业（39%）、批发零售业（14%）、建筑业、租赁和商务服务业（10%）、电力生产和供应业（8%）、交通运输、仓储、邮政业（8%）、金融业（6%）、居民服务业（3%）以及科学研究和技术服务业（2%）。由此可见，我国的制造业、批发和零售业及建筑等行业发展迅速，成为生产制造与批发零售输出国（见图4-8）。

2021年共建 "一带一路" 国家在华新设外商投资企业5312家，占我国全部外商投资新设企业数的11.1%，比2013年的1661家增长了219.8%，年均增幅为27.5%，而比2020年的4254家，上升了24.8%。2021年共建 "一带一路" 国家在华实际投入外资金额为108.3亿美元，占我国实际使用外资金额的6%，相比2013年的86.6亿美元，增长率上升

25.1%。在中国吸收所有外资总额中的占比继 2020 年的下滑趋势后，呈复苏上升趋势，这和 2019 年新冠疫情以来全球经济出现下滑有一定关系（见表 4 – 10）。

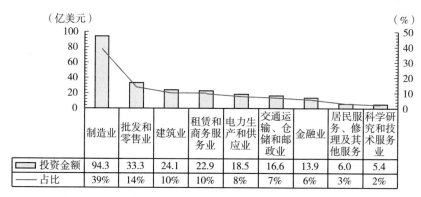

| | 制造业 | 批发和零售业 | 建筑业 | 租赁和商务服务业 | 电力生产和供应业 | 交通运输、仓储和邮政业 | 金融业 | 居民服务、修理及其他服务 | 科学研究和技术服务业 |
|---|---|---|---|---|---|---|---|---|---|
| 投资金额 | 94.3 | 33.3 | 24.1 | 22.9 | 18.5 | 16.6 | 13.9 | 6.0 | 5.4 |
| 占比 | 39% | 14% | 10% | 10% | 8% | 7% | 6% | 3% | 2% |

**图 4 – 8  2021 年中国在共建"一带一路"国家投资行业情况**

资料来源：2021 年中国对外直接投资统计公报。

表 4 – 10　　　　　　　共建"一带一路"国家在华投资

| 年份 | 在华设立企业数 | 全部新设外商投资企业数 | 比重（%） | 在华投资金额（亿美元） | 中国吸收所有外资总额（亿美元） | 比重（%） |
|---|---|---|---|---|---|---|
| 2013 | 1661 | 22819 | 7.3 | 86.6 | 1239.1 | 7.0 |
| 2014 | 1808 | 23794 | 7.6 | 66.0 | 1285.0 | 5.1 |
| 2015 | 2154 | 26584 | 8.1 | 82.5 | 1355.8 | 6.1 |
| 2016 | 2886 | 27908 | 10.3 | 67.9 | 1337.1 | 5.1 |
| 2017 | 3827 | 35662 | 10.7 | 54.3 | 1363.2 | 4.0 |
| 2018 | 4450 | 60560 | 7.3 | 60.8 | 1383.8 | 4.4 |
| 2019 | 5591 | 40910 | 13.7 | 81.2 | 1412.3 | 5.7 |
| 2020 | 4254 | 38578 | 11.0 | 81.2 | 1493.4 | 5.4 |
| 2021 | 5312 | 47647 | 11.1 | 108.3 | 1809.6 | 6.0 |

资料来源：2021 年中国外资统计公报。

2021 年共建 "一带一路" 国家在华投资金额前 5 位行业分别是批发和零售业 (21.8%)，制造业 (20.5%)，房地产业 (15.0%)，租赁和商务服务业 (14.6%)，信息传输、软件和信息技术服务业 (7.8%)。这五个行业的新设企业数占总数的 76.9%，实际投入外资金额占总投入外资金额的 79.8% (见表 4 – 11)。

表 4 – 11    2021 年共建 "一带一路" 国家在华投资金额前 5 位行业

| 行业 | 新设企业数（家） | 比重（%） | 实际投入金额（亿美元） | 比重（%） |
|---|---|---|---|---|
| 批发和零售业 | 2522 | 47.5 | 23.6 | 21.8 |
| 制造业 | 250 | 4.7 | 12.2 | 20.5 |
| 房地产业 | 40 | 0.8 | 16.3 | 15.0 |
| 租赁和商务服务业 | 915 | 17.2 | 15.8 | 14.6 |
| 信息传输、软件和信息技术服务 | 355 | 6.7 | 8.5 | 7.8 |
| 总计 | 5312 | 100 | 108.3 | 100 |

资料来源：2021 年中国外资统计公报。

其三，中国在共建 "一带一路" 国家承包工程情况。自 "一带一路" 倡议提出以来，中国在共建 "一带一路" 国家承包工程新签合同额以及完成营业额均呈现逐年增长的趋势。2021 年我国企业在共建 "一带一路" 60 个国家新签对外承包工程项目合同为 6257 份，新签合同额为 1340.4 亿美元，占同期我国对外承包工程新签合同额的 51.9%，相较 2013 年的 715.4 亿美元，增长 87.4%，年增长率达 10.9%。2021 年我国企业在共建 "一带一路" 承包工程完成营业额为 896.8 亿美元，占同期对外承包工程完成营业总额的 57.9%，较 2013 年的 654 亿美元，增长 37.1%，年增长率为 4.6%。同时，可以看出中国在共建国家新签合同额占对外承包工程新签合同总额的比重也呈逐年上升的趋势，相较 2013 年，上升了约

10 个百分点（见图 4 - 9）。

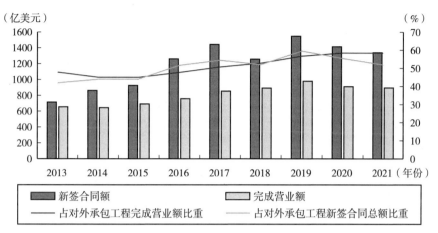

图 4 - 9　中国在共建"一带一路"国家承包工程情况

资料来源：中国商务部网站。

## 4.3　中国与共建"一带一路"国家金融合作支持产业协同发展存在的障碍

目前，我国虽然与许多国家签署了多项区域金融合作协议，但合作实体的数量相对较少，且区域金融合作仍以双边合作为主，与共建"一带一路"国家的金融合作不够深入，主要存在对外开放程度不高、金融发展水平差异较大、融资方式单一、金融风险凸显、金融服务体系有待进一步提升、尚未形成统一监管标准等问题。中国与共建"一带一路"国家金融合作仍面临着不少的挑战。具体而言，可以分为以下四个方面：

其一，共建国家资本市场开放程度不高。共建"一带一路"大部分为发展中国家与新兴经济体，整体金融发展水平与资本市场开放度不高。2020 年各国资本市场开放度指标 Chinn-Ito index 数据显示如图 4 - 10所示。

Chinn-Ito index

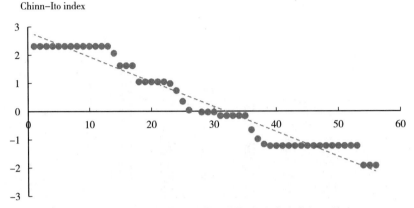

**图 4 - 10　2020 年共建 "一带一路" 国家资本市场开放度**

资料来源：http://web. pdx. edu/ ~ ito/Chinn-Ito_website. htm.

共建 "一带一路" 国家中，约 46% 的国家资本开放度为正值，其余国家为负值，其中新加坡、柬埔寨、卡塔尔、阿联酋、以色列等国家资本市场开放程度最高（Chinn-Ito index = 2.31），中国、印度、缅甸、巴基斯坦、尼泊尔等国家资本市场开放程度较低（Chinn-Ito index = -1.23），乌克兰、叙利亚、伊朗三个国家的资本市场开放程度最低（Chinn-Ito index = -1.93）。因此，中国与共建 "一带一路" 国家金融合作中，需要进一步扩大资本市场对外开放程度，放松区域内资本的跨境流动和货币兑换的管制，降低本国机构和居民参与国际金融市场的交易门槛，以及进一步放宽外资准入限制，允许共建国家和地区的金融机构以合资、独资或并购等方式在我国国内从事银行、证券、保险等金融服务。

其二，融资来源与融资方式有待拓展。"一带一路" 建设对外直接投资、产能合作规模大幅增加，但其资金供给主要来自官方发展援助以及开发性和政策性金融机构贷款，资金来源受限，并且供给方式单一，融资支持力度不足，因此对股权融资、债券融资、民间资本等多种资金的需求日益强烈。《2017 年亚洲基础设施投资报告》的数据如图 4 - 11 所示。

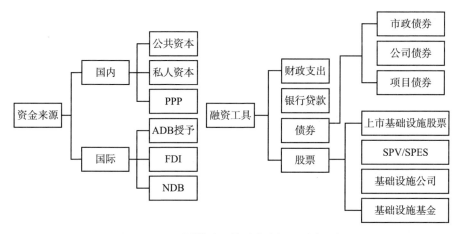

**图 4 – 11   亚洲基础设施融资来源及融资工具**

资料来源:《2017 年亚洲基础设施投资报告》。

在亚洲基础设施建设中，公共财政依然是基础设施融资的主要来源，占总融资来源的70%；其次是私人资本及政府和社会资本合作（PPP）扮演着越来越重要的角色，占融资来源比例的20%；多边开发银行（MDB）及各国开发银行（NDB）的作用也非常重要，基础设施项目也成为外商直接投资的热门标的，该部分融资占总融资来源的10%。[①] 亚洲基础设施融资工具中，银行贷款是基础设施融资的主要形式，同时资本市场逐渐显示出强大潜力，尽管增速依然较慢，但更多的股权、债券投资工具已开始发挥作用。未来需要积极开展跨境金融产品创新，拓展跨境项目融资、投资并购、银行团贷、全球授信、现金管理等金融产品。

其三，金融服务网络化布局有待提升。金融机构是金融服务的载体，金融机构互设不仅有助于我国金融服务的海外对接，为我国境外企业提供融资支持与金融服务，为其跨境经营提供保障，而且还能为共建"一带一路"国家当地企业与居民提供金融产品与金融服务，有助于有效弥补当地金融服务缺口，从而实现国际金融机构之间的相互交流与竞争、相互借鉴

---

① 《2017 年亚洲基础设施投资报告》。

与补充。我国与共建国家金融机构的交流与合作,有助于形成区域金融服务网络,更好地满足跨境贷款、投资、转账、支付、结算等各类金融需求,同时还有利于更好地对相应的政策风险、市场风险、信用风险、汇率风险等进行管理。目前,我国与共建"一带一路"很多国家和地区尚未实现金融机构互设,无法形成金融服务网络化布局,实现金融服务的全面对接。因此,要建立完善的综合金融服务支持体系还存在一定障碍。例如,在跨境支付方面,共建国家众多,各国货币不同,存在货币兑换、跨境支付不便等问题。截至 2020 年末,我国只在 8 个共建国家设立了清算机制安排,只与马来西亚林吉特、俄罗斯卢布、新加坡元、匈牙利福林、波兰兹罗提、土耳其里拉和印度尼西亚卢比等共建国家货币实现了直接交易。①因此,共建"一带一路"经贸合作对货币互换、跨境支付、数字化金融服务平台等多元化金融服务提出了更高的要求。

其四,金融风险加大,监管标准尚未统一。亚洲基础设施报告显示,"一带一路"基础设施建设项目与产能合作项目具有周期长、成本高、资金回收慢等特点,资金链断裂风险大,项目收益无法保障。近年来由于战争、疫情等突发事件猛增,亚洲经济体面对的共同挑战包括:财力受限及公共债务上升,本地金融市场发展不足,公私合作(PPP)监管框架落后,汇率、信贷和地缘政治风险等。因此,对于风险的预测与防范也成为我国与共建国家对外贸易、对外直接投资、产能合作的重点内容。然而,目前我国只是与部分国家签订了金融监管合作协议,金融监管合作还未全面覆盖,而且尚未形成统一的监管标准。因此需要通过各方协商,共同制定统一的监管标准和金融合作监管平台。

金融作为产业协同发展的重要支撑,如何更好地发挥其提供资金、汇兑结算、信用担保、风险缓释与风险管理等综合职能?"一带一路"金融合作是否能够解决以上问题,为产业发展提供更好的金融支持,从而促进中国与共建国家产业的协同增长与产业结构的协同升级?上述问题的解答

---

① 《2021 年人民币国际化报告》。

需要进一步探索论证。

# 4.4　本章小结

本章通过对中国与共建"一带一路"国家金融合作现状的分析发现：双边本币互换方面。主要集中在新加坡、马来西亚、印度尼西亚、泰国等东盟国家，大部分国家没有实现货币互换；资本市场开放方面。中国批准的共建国家合格境外投资者（QFII & RQFII）投资额度只集中在个别东盟国家，资本市场双向开放程度较低；中国银行海外布局方面。中国银行在共建"一带一路"国家布局不断扩大，2013 年"一带一路"倡议提出以来逐步增长，2018 年与 2019 年增长幅度减缓。中国银行在共建国家分布呈不均衡状态，其中，在东南亚国家中分布规模和范围最大，中亚最小；金融监管合作方面。新冠疫情冲击下共建国家风险整体上行，截至 2021 年末，中国银保监会、证监会、中国反洗钱监测分析中心与共建国家签订了监管合作协议或备忘，但覆盖率低于 50%。2020 年受新冠疫情的影响，金融合作整体几乎没有推进。综上所述，目前中国与共建"一带一路"国家的金融合作仍然停留在初级阶段。未来，需要通过各方协商，建立金融合作平台，深化金融合作层次与内容，从而为经济增长与产业发展提供更好的金融支持。

通过中国与"一带一路"产业协同发展现状的分析可得：中国与共建"一带一路"国家处于不同的工业化阶段，产业结构差异性较大，因此具有较强的贸易与产业互补性，主要表现为初级产品进口方面的互补性和工业制成品出口方面的互补性。这就意味着"一带一路"倡议所提出的产业协同在以进出口贸易、对外直接投资与产能合作为基础的条件下可以进行很好的对接，形成分工明确的合作模式。处于不同产业梯度上的国家的产业升级相互拉动，从而实现区域价值链上的产业协同发展。

目前，中国与共建"一带一路"国家金融合作在支持产业协同发展上，存在着共建"一带一路"国家资本市场开放程度不高，融资来源单一，融资难度加大，资金链断裂，项目收益无法保障等问题，还可能面临着东道国疫情、战争、突发性事件等各类国家风险。中国与共建"一带一路"国家产业合作与协同发展对提升共建"一带一路"国家资本开放程度，多样化的资金来源、风险管控能力的提升、跨境支付便利化等网络化金融服务提出了更高要求。

# 第5章

# 中国与共建"一带一路"国家金融合作及产业协同度测度分析

首先,本章从货币互换、金融机构互设、金融市场开放以及金融监管合作四个维度,利用主成分分析法测算中国与共建"一带一路"国家金融合作综合指数。其次,分别采用区位熵、灰色关联度计算得出中国与共建"一带一路"国家优势产业以及中国与共建"一带一路"国家三次产业增长及产业结构升级协同度。最后,将测度结果进行总体样本、分时间段、分区域样本多维度做横向纵向对比分析,从总体上了解把握中国与共建"一带一路"国家金融合作的互惠互利效果以及金融合作助推区域产业协同效果。

## 5.1 研究样本

依据"一带一路"官网和北京大学"一带一路"五通指数报告中所使用的共建"一带一路"国家范围及区域划分标准,本书选取共建"一带一路"65个国家作为研究样本,划分为东亚、南亚、东南亚、中亚、中东欧、西亚北非与独联体7个次区域。由于部分国家存在战争等原因造成的数据严重缺失,因此在本书的研究中将其剔除,最后筛选出60个国家作为研究样本。根据数据的可得性，本书以 2010 年为起始年份，对 2010 ~ 2020 年，660 条的面板数据进行研究。60 个国家及所属区域的界定如表 5 –1所示。

表 5 –1                共建 "一带一路" 国家和地区名单

| 区域 | 国家名称 |
|---|---|
| 东亚 | 中国、蒙古国 |
| 东南亚 | 新加坡、印度尼西亚、缅甸、泰国、马来西亚、老挝、越南、柬埔寨、文莱、菲律宾 |
| 西亚北非 | 巴勒斯坦、伊朗、沙特阿拉伯、土耳其、约旦、也门、黎巴嫩、以色列、阿曼、阿联酋、伊拉克、卡塔尔、科威特、巴林、叙利亚、埃及 |
| 南亚 | 印度、巴基斯坦、孟加拉国、斯里兰卡、马尔代夫、尼泊尔、不丹 |
| 独联体 | 俄罗斯、白俄罗斯、格鲁吉亚、阿塞拜疆、亚美尼亚、摩尔多瓦、乌克兰 |
| 中亚 | 哈萨克斯坦、土库曼斯坦、乌兹别克斯坦、吉尔吉斯斯坦、塔吉克斯坦 |
| 中东欧 | 波兰、捷克、斯洛伐克、爱沙尼亚、匈牙利、克罗地亚、黑山、塞尔维亚、拉脱维亚、阿尔巴尼亚、斯洛文尼亚、罗马尼亚、保加利亚、立陶宛 |

资料来源："一带一路" 沿线国家五通指数报告。

## 5.2    金融合作指数测算分析

### 5.2.1    测算方法与数据来源

根据前文中金融合作的概念，金融合作主要包括货币互换、金融机构互设、金融市场开放与金融监管合作四个方面的内容。本书借鉴并综合以往的研究，并结合数据的可得性，构建了金融合作综合评价指标体系，如表 5 –2 所示。

表 5-2 金融合作综合指标

| 一级指标 | 二级指标 | 指标赋值 | 数据来源 |
|---|---|---|---|
| 双边本币互换 | 货币互换协议 | 签订货币互换协议额度（亿美元） | 国泰安数据库 |
| 金融机构互设 | 中国银行海外分支机构数量 | 海外分支机构数量（个） | "一带一路"产业地图 |
| 金融市场开放 | 合格境外机构投资者（QFII） | 合格境外机构投资者投资批准额度（亿美元） | 国家外汇管理局 |
|  | 人民币合格境外机构投资者（RQFII） | 人民币合格境外投资者投资批准额度（亿元） | 国家外汇管理局 |
| 金融监管合作 | 金融监管合作协议或备忘录 | 签订金融监管协议或备忘录次数 | 中国银保监会网站 中国证监会网站 |

金融合作（fin），本书借鉴并综合北京大学"一带一路"五通指数中金融合作指数，李红权、唐纯（2018）和刘方、丁文丽（2020）等学者的做法，利用直接度量法，选取双边本币互换、金融市场开放、金融机构互设、金融监管合作四个维度，采用主成分分析法合成金融合作指数，作为衡量中国与共建"一带一路"国家金融合作水平的指标。双边本币互换金额，本书采用中国与共建"一带一路"各个国家签订的双边货币互换额度再平均到每年来表示，考察中国与该国货币合作程度。金融市场开放，采用人民币合格境外机构投资者批准额度与合格境外机构投资者批准额度来表示，考察中国与该国资本市场开放与合作程度。金融机构互设采用中国银行在该国设立分支机构的数量来表示，反映中资银行在该国的金融服务水平。金融监管合作采用国家金融监督管理总局、中国证监会与该国所签订的双边监管合作协议及备忘录的次数来表示，既反映了是否有监管合作，又反映了合作程度。最后，根据上述指标进行主成分分析，得到金融合作的综合指数得分。

在进行主成分分析之前，需要对相关数据进行球形检验，以检验相关数据是否适合主成分分析法，通常而言 KMO 大于 0.6 时则说明选取的变量可以通过主成分分析进行降维，表 5 – 3 给出了球形检验的估计结果，可以发现选取的 5 个进行主成分的指标 KMO 值大于 0.6，说明降维是可行的。同时，显著性为 0，说明成分之间具有相关性。

表 5 – 3　　　　　　　　　　　KMO 和 Bartlett 的检验

| 取样足够度的 Kaiser-Meyer-Olkin 度量 | | .672 |
|---|---|---|
| Bartlett 的球形度检验 | 近似卡方 | 800.983 |
| | df | 10 |
| | Sig. | .000 |

表 5 – 4 进一步给出了相关因子的解释力度，提取特征根大于 1 的指标，最终选择二个因子进行主成分分析。

表 5 – 4　　　　　　　　　　　总方差解释率

| 成分 | 初始特征值 | | | 提取平方和载入 | | |
|---|---|---|---|---|---|---|
| | 合计 | 方差的% | 累积（%） | 合计 | 方差的% | 累积（%） |
| 1 | 2.239 | 47.388 | 47.388 | 2.369 | 47.388 | 47.388 |
| 2 | 1.017 | 20.342 | 67.729 | 1.017 | 20.342 | 67.729 |
| 3 | 0.794 | 15.879 | 83.609 | | | |
| 4 | 0.527 | 10.531 | 94.140 | | | |
| 5 | 0.293 | 5.860 | 100.000 | | | |

表 5 – 5 给出了相应的成分得分系数矩阵，列出了相应需要使用到的 2 个因子的成分得分系数矩阵。

表5-5                                     成分得分系数矩阵

| 项目 | 成分 | |
|---|---|---|
| | 1 | 2 |
| 签订货币互换协议额度 | 0.371 | 0.028 |
| 人民币合格境外机构投资者累计批准额度 | 0.285 | 0.444 |
| 合格境外机构投资者累计批准额度 | 0.184 | 0.609 |
| 中国银行海外分支机构数量 | 0.325 | -0.339 |
| 双边监管合作协议 | 0.253 | -0.547 |

提取方法：主成分。
旋转法：具有 Kaiser 标准化的正交旋转法。

因子 F1 = 签订货币互换协议额度 ×0.371

　　　　 + 人民币合格境外机构投资者累计批准额度 ×0.285

　　　　 + 合格境外机构投资者累计批准额度 ×0.184

　　　　 + 中国银行海外分支机构数量 ×0.325 + 双边监管协议 ×0.253

因子 F2 = 签订货币互换协议额度 ×0.028

　　　　 + 人民币合格境外机构投资者累计批准额度 ×0.444

　　　　 + 合格境外机构投资者累计批准额度 ×0.069

　　　　 - 中国银行海外分支机构数量 ×0.339 - 双边监管协议 ×0.547

根据上述结果，进一步生成金融合作综合得分 Financial_Score：

Financial_Score = (47.388/67.729) × F1 + (20.342/67.729) × F2

(5.1)

## 5.2.2　测算结果分析

### 1. 总量规模

为了符合现实习惯，对所有计算出的金融合作综合指数得分减去最小值，使金融合作综合指数得分最小为0，即与中国没有合作的国家，其值为0。对所有年份样本进行描述性统计（见表5-6），可以发现，2010年，

中国与共建 "一带一路"各国金融合作的均值为 0.08，最大值为 1.00，而到 2020 年，金融合作的均值为 0.34，最大值为 5.88。可见，我国与共建 "一带一路"国家的金融合作综合指数呈上升趋势，但总体平均上升幅度并不大，且在 2016 年与 2017 年之间一度下降，此后 2018 年开始逐渐回升，这可能与 2017 年全球经济下行有一定关系。

表 5 - 6　　　　　　　　　　描述性统计

| 年份 | 样本数 | 最小值 | 均值 | 最大值 | 标准差 |
| --- | --- | --- | --- | --- | --- |
| 2010 | 60 | 0.00 | 0.08 | 1.00 | 0.263 |
| 2011 | 60 | 0.00 | 0.09 | 1.00 | 0.289 |
| 2012 | 60 | 0.00 | 0.13 | 2.00 | 0.321 |
| 2013 | 60 | 0.00 | 0.16 | 4.00 | 0.616 |
| 2014 | 60 | 0.00 | 0.25 | 7.00 | 1.026 |
| 2015 | 60 | 0.00 | 0.28 | 9.00 | 1.146 |
| 2016 | 60 | 0.00 | 0.26 | 9.00 | 1.145 |
| 2017 | 60 | 0.00 | 0.16 | 3.00 | 0.477 |
| 2018 | 60 | 0.00 | 0.20 | 5.00 | 0.725 |
| 2019 | 60 | 0.00 | 0.21 | 4.00 | 0.624 |
| 2020 | 60 | 0.00 | 0.34 | 5.88 | 0.966 |
| 合计 | 660 | 0.00 | 0.20 | 4.63 | 0.691 |

2. 空间格局

由表 5 - 7 所示，中国与各区域内国家的金融合作度均呈逐年增长趋势，尤其是中国与东南亚国家的合作水平，从 2010 ~ 2020 年，增长幅度达到了 104%。其中，2013 年 "一带一路"倡议提出以来，增长幅度加大，合作水平不断提升。2015 年达到顶峰，2016 年以来有所下降，2017 年后逐步回升。2019 年新冠疫情爆发，中国与共建 "一带一路"国家金融合作增长放缓。2020 年中国与共建 "一带一路"国家金融合作水平排名从高到低依次是东南亚、西亚北非、独联体、南亚、中东欧、中亚与蒙古国。

表5-7 金融合作综合得分区域排名

| 年份 | 东南亚 | 南亚 | 西亚北非 | 中东欧 | 中亚和蒙古国 | 独联体 |
|------|--------|------|----------|--------|--------------|--------|
| 2010 | 0.409 | 0.010 | 0.008 | 0.005 | 0.015 | 0.030 |
| 2011 | 0.459 | 0.016 | 0.011 | 0.005 | 0.032 | 0.030 |
| 2012 | 0.542 | 0.025 | 0.099 | 0.01 | 0.032 | 0.400 |
| 2013 | 0.808 | 0.025 | 0.033 | 0.016 | 0.034 | 0.313 |
| 2014 | 1.255 | 0.033 | 0.035 | 0.017 | 0.028 | 0.162 |
| 2015 | 1.301 | 0.036 | 0.094 | 0.023 | 0.04 | 0.173 |
| 2016 | 1.211 | 0.039 | 0.106 | 0.024 | 0.04 | 0.175 |
| 2017 | 0.641 | 0.034 | 0.116 | 0.029 | 0.04 | 0.052 |
| 2018 | 0.982 | 0.045 | 0.049 | 0.030 | 0.033 | 0.041 |
| 2019 | 0.830 | 0.048 | 0.184 | 0.037 | 0.041 | 0.044 |
| 2020 | 0.835 | 0.056 | 0.543 | 0.046 | 0.041 | 0.170 |

3. 国家排名

由2010～2020年历年金融合作平均综合得分国家排名所示(见表5-8),新加坡、马来西亚、印度尼西亚、泰国、阿联酋位居前5名。前15名国家中有5个均为东南亚国家,占共建国家总数的9.3%。再次说明东南亚国家与中国由于地缘接近,在经济与金融领域的联系与合作更广泛和密切,因此与中国金融合作水平较高,其次是俄罗斯、巴基斯坦、哈萨克斯坦、蒙古国等有一定合作基础与友好往来的国家。2020年金融合作综合得分相较历年平均得分有所提升,但提升的幅度不大。结合整体样本来看,仅有小部分国家和中国的金融合作水平相对较高,而大部分国家与中国没有合作或者合作水平较低,这说明我国与共建国家的金融合作水平还有较大的提升空间。

金融合作综合得分国家排名

| 位次 | 国家 | 历年平均综合得分 | 位次 | 国家 | 2020 年综合得分 |
|---|---|---|---|---|---|
| 1 | 新加坡 | 4.44 | 1 | 阿联酋 | 5.88 |
| 2 | 马来西亚 | 1.51 | 2 | 新加坡 | 3.68 |
| 3 | 印度尼西亚 | 1.28 | 3 | 科威特 | 2.34 |
| 4 | 泰国 | 0.97 | 4 | 印度尼西亚 | 1.85 |
| 5 | 阿联酋 | 0.75 | 5 | 马来西亚 | 1.29 |
| 6 | 俄罗斯 | 0.47 | 6 | 泰国 | 1.10 |
| 7 | 科威特 | 0.44 | 7 | 俄罗斯 | 1.08 |
| 8 | 土耳其 | 0.33 | 8 | 匈牙利 | 0.36 |
| 9 | 卡塔尔 | 0.20 | 9 | 巴基斯坦 | 0.28 |
| 10 | 巴基斯坦 | 0.15 | 10 | 哈萨克斯坦 | 0.14 |
| 11 | 匈牙利 | 0.15 | 11 | 越南 | 0.14 |
| 12 | 越南 | 0.10 | 12 | 土耳其 | 0.14 |
| 13 | 哈萨克斯坦 | 0.10 | 13 | 埃及 | 0.12 |
| 14 | 蒙古国 | 0.07 | 14 | 老挝 | 0.10 |
| 15 | 波兰 | 0.06 | 15 | 波兰 | 0.10 |

## 5.3 产业协同度的测算分析

目前，针对共建 "一带一路" 国家产业协同发展的实证研究较少。因此，本研究较多借鉴国内产业协同发展的相关理论与方法，对于产业的概念采取《国民经济行业分类》（GB/T 4754 - 2011）标准，按农业、工业、服务业三次产业的划分方法，产业发展采用三次产业增长以及产业结构升级两个维度进行度量。中国与共建 "一带一路" 国家产业协同度的测算，本书借鉴刘怡、周凌云和耿纯（2017）发表在《中央财经大学学报》上，"京津冀产业协同发展评估：基于区位熵灰色协同度的分析"一文中所采用的区域熵和灰色关联度作为产业协同度的度量方法。区位熵是测算地区产业专业化程度与优势产业的常用方法，其值越高，则该行业在该地区的集聚水平越高，专业化生产能力越强。灰色关联度是衡量因素间关联程度大小的一种常见的量化方法，反映区域内地区之间产业结构相似度与协同度。本书应用灰色关联度来度量中国与共建国家三次产业协同增长及产业结构协同升级程度。

## 5.3.1 区域熵的测算

本章中以"一带一路"作为区域整体，区域内 60 个国家为个体，采用区域熵来分析比较共建"一带一路"各国三次产业内各行业增加值在区域中所占的比重，以此来反映区域内各个国家资源禀赋与产业的比较优势，为后续区域内进行产业优势互补，产业的专业化分工合作奠定基础。区域熵的计算公式如下：

$$P = \frac{e_{ij}}{\sum\limits_{i=1}^{n} e_{ij}} \tag{5.2}$$

$$Q = \frac{\sum\limits_{j=1}^{m} e_{ij}}{\sum\limits_{i=1}^{n} \sum\limits_{j}^{m} e_{ij}} \tag{5.3}$$

$$\lambda = \frac{P}{Q} \tag{5.4}$$

其中，$e_{ij}$ 表示 j 国家 i 行业的增加值，$\sum\limits_{i=1}^{m} e_{ij}$ 表示 j 国家 i 行业所属上一级产业的增加值；$\sum\limits_{j}^{m} e_{ij}$ 表示"一带一路"总体 i 行业的增加值；$\sum\limits_{i=1}^{n} \sum\limits_{j}^{m} e_{ij}$ 表示"一带一路"总体 i 行业上一级产业的增加值；若 $\lambda = 1$，则表示 j 地区 i 行业发展程度与"一带一路"相同行业的平均发展程度相当；若 $\lambda < 1$，则表

示 j 地区 i 行业发展程度低于 "一带一路" 相同行业的平均发展程度,尚未形成专业化生产;若 λ > 1,则表示 j 地区 i 行业发展程度高于 "一带一路" 相同行业的平均发展程度,是区域内的优势行业,且区域熵越大,专业化生产能力越强。本书将 "一带一路" 区域划分为东亚、东南亚、南亚、西亚北非、中东欧、独联体、中亚 7 个次区域,根据计算结果,以 1 为界限,分别进行分析,小于 1,表示劣势行业,大于 1 表示弱优势行业,大于 1.5 表示强优势行业。

如表 5-9 所示,东亚国家中,仅包括中国与蒙古国两个国家,从三次产业的区域熵结果来看,中国的第二产业最具比较优势,而第三产业的比重不断扩大,其区域熵值接近 0.95,比较优势越来越突出。从具体行业来说,中国的制造业区域熵值较高,是区域内具有绝对比较优势的产业,其次是采矿制造及公用事业,而农业的比较优势相对较弱。相较中国,蒙古国的第一产业(农林牧副渔)具有绝对比较优势,第三产业的区域熵值大于 1,具有相对比较优势,其他产业不具有比较优势,证明蒙古国还是一个农业为主的国家。

东南亚国家第一产业中,柬埔寨与缅甸的区域熵值大于 2,具有绝对优势,老挝、越南、印度尼西亚区域熵值大于 1,具有相对比较优势;第二产业中,新加坡、印度尼西亚、马来西亚、泰国、菲律宾、柬埔寨、缅甸 7 个国家制造业都表现出了明显的优势,但比中国制造业的优势地位略低。这与近年来,随着中国劳动力价格上涨,中国纺织、加工制造等劳动密集型产业转移至东南亚,使东南亚成为继中国之后新的加工制造业基地有着必然联系。第三产业中,新加坡、印度尼西亚、马来西亚、泰国、菲律宾、缅甸、老挝的批发零售、餐饮、酒店、旅游等行业表现出了较强的比较优势与竞争力,这一现象也与现实相符。总体而言,东南亚国家中,新加坡、马来西亚、泰国等国家主要依靠旅游等行业,第一产业相对较弱,第二产业具有一定优势,第三产业较发达,与中国形成既竞争又互补的关系。

表 5 - 9 东亚、东南亚区域熵

| 国家 | 第一产业 | 第二产业 | | | 第三产业 | | |
|---|---|---|---|---|---|---|---|
| | 农业、狩猎业、林业和渔业 | 采矿及公用事业 | 制造业 | 建筑业 | 批发零售餐饮酒店业 | 运输仓储及通讯业 | 其他服务业 |
| 中国 | 0.654 | 0.973 | 1.611 | 0.883 | 0.717 | 0.418 | 1.239 |
| 蒙古国 | 1.256 | 1.398 | 0.718 | 0.571 | 0.826 | 0.794 | 0.958 |
| 新加坡 | 0.003 | 0.712 | 1.274 | 0.482 | 1.281 | 1.125 | 1.527 |
| 印度尼西亚 | 1.239 | 0.949 | 1.259 | 1.466 | 1.091 | 1.022 | 0.690 |
| 马来西亚 | 0.680 | 1.058 | 1.316 | 0.615 | 1.364 | 0.975 | 0.848 |
| 泰国 | 0.740 | 1.005 | 1.581 | 0.326 | 1.320 | 0.767 | 0.902 |
| 越南 | 1.478 | 1.043 | 1.142 | 0.880 | 1.121 | 0.402 | 0.919 |
| 菲律宾 | 0.797 | 0.733 | 1.142 | 1.077 | 1.406 | 0.619 | 1.233 |
| 柬埔寨 | 2.119 | 0.667 | 1.089 | 2.196 | 0.998 | 0.879 | 0.667 |
| 缅甸 | 2.100 | 0.956 | 1.429 | 0.800 | 1.297 | 1.328 | 0.231 |
| 老挝 | 1.792 | 0.992 | 0.573 | 1.042 | 1.215 | 0.384 | 1.094 |
| 文莱 | 0.096 | 2.026 | 0.871 | 0.340 | 0.434 | 0.390 | 1.034 |

南亚国家中（见表 5 - 10），尼泊尔、阿富汗与巴基斯坦的第一产业区域熵值大于 2，位居前三位，具有强比较优势；印度与不丹第一产业区域熵大于 1，小于 2，具有弱比较优势。第二产业中，印度与斯里兰卡的制造业相对发达；不丹、马尔代夫、尼泊尔的建筑业相对发达。第三产业中，马尔代夫的批发零售与餐饮酒店业区域熵值大于 2，具有强比较优势，尼泊尔、巴基斯坦次之。总体而言，南亚国家农业、狩猎业、林业和渔业等第一产业较发达，尼泊尔和印度等国家以出口原材料为主，第二和第三产业发展优势不明显。

表 5 – 10                                                             南亚区域熵

| 国家 | 第一产业 | 第二产业 | | | 第三产业 | | |
|---|---|---|---|---|---|---|---|
| | 农业、狩猎业、林业和渔业 | 采矿及公用事业 | 制造业 | 建筑业 | 批发零售餐饮酒店业 | 运输仓储及通讯业 | 其他服务业 |
| 印度 | 1.717 | 0.715 | 1.041 | 1.050 | 0.810 | 0.680 | 1.264 |
| 巴基斯坦 | 2.296 | 0.619 | 0.866 | 0.312 | 1.348 | 1.201 | 0.993 |
| 斯里兰卡 | 0.765 | 0.709 | 1.104 | 1.077 | 0.911 | 1.394 | 1.288 |
| 尼泊尔 | 2.937 | 0.275 | 0.395 | 1.138 | 1.225 | 0.845 | 1.356 |
| 马尔代夫 | 0.663 | 0.164 | 0.169 | 1.407 | 2.649 | 1.186 | 1.514 |
| 不丹 | 1.665 | 0.956 | 0.545 | 2.429 | 0.835 | 1.151 | 0.764 |
| 阿富汗 | 2.884 | 0.347 | 0.352 | 0.513 | 0.870 | 1.025 | 1.615 |

西亚北非国家中（见表 5 – 11），也门第一产业的区域熵值大于 3，居首位，具有较强比较优势，其次是埃及、伊朗和土耳其，这些国家在第一产业上具有一定的比较优势。第二产业中，科威特、阿曼、卡塔尔与沙特阿拉伯在采矿及公用事业方面具有强比较优势。众所周知，科威特、卡塔尔和沙特阿拉伯等国家石油资源丰富，石油出口居世界领先地位，中国对其石油的进口随着中国经济持续发展而增加。埃及石油、天然气储备丰富，中国和埃及油气资源具有较大的互补性。第三产业中，黎巴嫩、以色列、约旦、巴林、科威特等国家在其他服务业方面具有一定比较优势。

表 5 – 11                                                          西亚北非区域熵

| 国家 | 第一产业 | 第二产业 | | | 第三产业 | | |
|---|---|---|---|---|---|---|---|
| | 农业、狩猎业、林业和渔业 | 采矿及公用事业 | 制造业 | 建筑业 | 批发零售餐饮酒店业 | 运输仓储及通讯业 | 其他服务业 |
| 科威特 | 0.070 | 1.787 | 0.428 | 0.373 | 0.337 | 0.631 | 1.527 |
| 土耳其 | 1.097 | 0.783 | 1.245 | 0.786 | 1.165 | 1.276 | 1.147 |
| 卡塔尔 | 0.030 | 1.507 | 0.562 | 1.947 | 0.584 | 0.643 | 1.207 |

| 国家 | 第一产业 | 第二产业 | | | 第三产业 | | |
|------|---------|---------|------|------|---------|------|------|
| | 农业、狩猎业、林业和渔业 | 采矿及公用事业 | 制造业 | 建筑业 | 批发零售餐饮酒店业 | 运输仓储及通讯业 | 其他服务业 |
| 阿曼 | 0.380 | 1.608 | 0.674 | 0.869 | 0.563 | 0.633 | 1.256 |
| 黎巴嫩 | 0.969 | 0.355 | 0.503 | 0.565 | 1.297 | 0.663 | 2.257 |
| 沙特阿拉伯 | 0.367 | 1.448 | 0.822 | 0.771 | 0.710 | 0.673 | 1.283 |
| 巴林 | 0.048 | 1.099 | 1.139 | 1.086 | 0.464 | 0.787 | 1.559 |
| 以色列 | 0.191 | 0.502 | 0.829 | 0.894 | 0.832 | 1.457 | 1.981 |
| 也门 | 3.171 | 0.555 | 0.737 | 0.657 | 1.461 | 1.696 | 0.946 |
| 埃及 | 1.808 | 1.019 | 1.039 | 0.841 | 1.125 | 0.943 | 0.966 |
| 伊朗 | 1.616 | 1.024 | 0.800 | 0.731 | 0.925 | 1.134 | 1.219 |
| 约旦 | 0.841 | 0.782 | 1.210 | 0.400 | 0.693 | 1.012 | 1.667 |

中东欧国家中（见表 5-12），阿尔巴尼亚第一产业的区域熵大于 3，表现出了明显的强比较优势，其次是黑山与塞尔维亚，具有一定比较优势。第二产业中，斯洛文尼亚、捷克、匈牙利、斯洛伐克、波兰等国家在制造业领域表现出了一定的比较优势。第三产业中，大部分国家在批发零售、餐饮酒店和运输仓储及通讯、其他服务业领域具有一定比较优势。总体而言，相较于第一、第二产业，中东欧国家与欧洲国家接壤，旅游资源丰富，第三产业较发达。

**表 5-12**　　　　　　　　　　　　中东欧区域熵

| 国家 | 第一产业 | 第二产业 | | | 第三产业 | | |
|------|---------|---------|------|------|---------|------|------|
| | 农业、狩猎业、林业和渔业 | 采矿及公用事业 | 制造业 | 建筑业 | 批发零售餐饮酒店业 | 运输仓储及通讯业 | 其他服务业 |
| 波兰 | 0.415 | 0.807 | 1.175 | 0.951 | 1.275 | 1.182 | 1.245 |
| 阿尔巴尼亚 | 3.684 | 0.481 | 0.496 | 1.433 | 1.149 | 0.850 | 1.293 |

续表

| 国家 | 第一产业 | 第二产业 | | | 第三产业 | | |
|------|---------|---------|------|--------|---------|---------|------|
| | 农业、狩猎业、林业和渔业 | 采矿及公用事业 | 制造业 | 建筑业 | 批发零售餐饮酒店业 | 运输仓储及通讯业 | 其他服务业 |
| 爱沙尼亚 | 0.462 | 0.643 | 0.947 | 0.878 | 1.077 | 1.547 | 1.542 |
| 立陶宛 | 0.563 | 0.685 | 1.122 | 0.982 | 1.330 | 1.635 | 1.182 |
| 斯洛文尼亚 | 0.343 | 0.851 | 1.408 | 0.763 | 0.935 | 1.043 | 1.358 |
| 保加利亚 | 0.590 | 0.714 | 0.944 | 0.619 | 1.214 | 1.347 | 1.503 |
| 捷克 | 0.318 | 0.911 | 1.467 | 0.710 | 0.832 | 1.140 | 1.302 |
| 匈牙利 | 0.610 | 0.772 | 1.282 | 0.736 | 0.807 | 1.168 | 1.486 |
| 塞尔维亚 | 1.143 | 0.802 | 1.047 | 0.934 | 1.058 | 1.107 | 1.303 |
| 罗马尼亚 | 0.699 | 0.781 | 1.233 | 0.928 | 0.878 | 1.338 | 1.339 |
| 斯洛伐克 | 0.424 | 0.794 | 1.244 | 0.991 | 0.774 | 1.170 | 1.476 |
| 克罗地亚 | 0.547 | 0.651 | 0.943 | 0.745 | 1.333 | 1.042 | 1.589 |
| 拉脱维亚 | 0.708 | 0.517 | 0.787 | 0.910 | 1.177 | 1.523 | 1.658 |
| 黑山 | 1.392 | 0.444 | 0.323 | 1.194 | 1.910 | 1.123 | 1.523 |

独联体国家中（见表 5-13），除俄罗斯外，其他国家第一产业的区域熵均大于 1.5，农业、狩猎业、林业和渔业等行业发展较好，说明独联体国家在第一产业上各具自然资源禀赋，与中国存在一定互补性。第二产业中，阿塞拜疆的采矿及公用事业，白俄罗斯的制造业具有一定比较优势。第三产业中，除阿塞拜疆之外，其他国家的服务业均具有一定比较优势。

表 5-13　　　　　　　　　　独联体区域熵

| 国家 | 第一产业 | 第二产业 | | | 第三产业 | | |
|------|---------|---------|------|--------|---------|---------|------|
| | 农业、狩猎业、林业和渔业 | 采矿及公用事业 | 制造业 | 建筑业 | 批发零售餐饮酒店业 | 运输仓储及通讯业 | 其他服务业 |
| 俄罗斯 | 0.876 | 0.908 | 0.881 | 1.056 | 1.204 | 0.836 | 1.380 |
| 白俄罗斯 | 1.594 | 0.924 | 1.454 | 0.815 | 0.759 | 1.389 | 1.028 |

| 国家 | 第一产业 | 第二产业 | | | 第三产业 | | |
|---|---|---|---|---|---|---|---|
| | 农业、狩猎业、林业和渔业 | 采矿及公用事业 | 制造业 | 建筑业 | 批发零售餐饮酒店业 | 运输仓储及通讯业 | 其他服务业 |
| 乌克兰 | 2.365 | 0.799 | 0.826 | 0.438 | 1.159 | 1.442 | 1.266 |
| 亚美尼亚 | 2.981 | 0.690 | 0.848 | 0.950 | 1.049 | 0.796 | 1.410 |
| 格鲁吉亚 | 1.658 | 0.510 | 0.680 | 1.232 | 1.391 | 1.065 | 1.573 |
| 阿塞拜疆 | 1.502 | 1.666 | 0.382 | 1.182 | 1.022 | 1.001 | 0.747 |
| 摩尔多瓦 | 2.564 | 0.563 | 0.822 | 1.394 | 1.381 | 1.205 | 1.199 |

中亚国家中（见表5-14），除哈萨克斯坦外，其他国家的第一产业区域熵值均大于1，尤其是乌兹别克斯坦与塔吉克斯坦在第一产业上表现出了较强的比较优势。第二产业中，哈萨克斯坦、土库曼斯坦矿产资源丰富，在采矿业方面具有强比较优势，略低于中国。总体而言，中亚国家第一产业相对较发达，而第二产业发展次之，与中国在矿产品贸易方面与油气资源合作方面存在较大的互补性与合作空间。中亚国家第三产业发展较弱，与其他地区国家存在一定差距。

表5-14 中亚区域熵

| 国家 | 第一产业 | 第二产业 | | | 第三产业 | | |
|---|---|---|---|---|---|---|---|
| | 农业、狩猎业、林业和渔业 | 采矿及公用事业 | 制造业 | 建筑业 | 批发零售餐饮酒店业 | 运输仓储及通讯业 | 其他服务业 |
| 哈萨克斯坦 | 0.792 | 1.027 | 0.811 | 0.828 | 1.384 | 1.183 | 1.108 |
| 吉尔吉斯斯坦 | 2.147 | 0.667 | 1.013 | 1.475 | 1.529 | 0.756 | 0.967 |
| 土库曼斯坦 | 1.120 | 1.328 | 2.374 | 1.083 | 0.195 | 0.463 | 0.616 |
| 塔吉克斯坦 | 3.403 | 0.756 | 1.434 | 1.588 | 0.963 | 0.830 | 0.587 |
| 乌兹别克斯坦 | 4.188 | 0.940 | 1.276 | 0.815 | 0.444 | 0.765 | 0.800 |

## 5.3.2 产业增长协同度测算

灰色关联度分析法是一种通过比较不同系统或同一系统不同要素间一段时间内的变化趋势，来判断其彼此间相互关联程度的定量描述方法。如果系统或要素间变化趋势越接近，则关联程度越大，反之则关联程度越小。该方法不受数据类型限制，亦不受样本量大小限制，无论样本有无一定规律均可使用，且得出的结果能够与定性分析法得出的结果一致。因此，本书中的中国与共建 "一带一路"国家产业协同发展程度采用灰色关联度来表示，其具体的计算公式如下：

（1）确定参考序列与比较序列。确定一个参考序列 $Y_0$ 和多个比较序列 $Y_1$、$Y_2\cdots Y_n$，按时间升序排列：

$$Y_0 = \{y_1(1), y_1(2), y_1(3), \cdots, y_1(n)\} \tag{5.5}$$

$$\cdots$$

$$Y_i = \{y_i(1), y_i(2), y_i(3), \cdots, y_i(n)\} \tag{5.6}$$

$$\cdots$$

$$Y_m = \{y_m(1), y_m(2), y_m(3), \cdots, y_m(n)\} \tag{5.7}$$

本节中的参考序列为中国人均三次产业增加值，比较序列为共建其他 59 个国家的人均三次产业增加值。

（2）计算关联系数 $R(y_0(k), y_i(k))$：

$$R(y_0(k), y_i(k)) = \frac{\min\limits_{i}\max\limits_{k} |y_0(k) - y_i(k)| + \rho \max\limits_{i}\min\limits_{k} |y_0(k) - y_i(k)|}{|y_0(k) - y_i(k)| + \rho \max\limits_{i}\min\limits_{k} |y_0(k) - y_i(k)|}$$

$$\tag{5.8}$$

其中，$\rho$ 为分辨系数，且 $\rho$ 在 0 - 1 范围内取值，一般取 $\rho = 0.5$。

（3）计算协同度系数 $R(y_0, y_i)$

$$R(y_0, y_i) = \frac{1}{n} \sum_{i=1}^{n} r(y_0(k), y_i(k)) \tag{5.9}$$

经过计算后得出如下结果（见表 5 - 15），中国与部分共建 "一带一路"国家产业增长协同度较高，排名前 20 名国家中，第一产业增长协同度均在0.96以上，第二产业增长协同度均在0.94以上，第三产业增长协同度在0.82以上。总体来说，第一产业增长协同度大于第二产业增长协同度，大于第三产业增长协同度。

表5-15　　　中国与共建"一带一路"国家产业增长协同度

| 第一产业增长协同度 | | | 第二产业增长协同度 | | | 第三产业增长协同度 | | |
|---|---|---|---|---|---|---|---|---|
| 国家 | 协同度 | 排名 | 国家 | 协同度 | 排名 | 国家 | 协同度 | 排名 |
| 乌克兰 | 0.992 | 1 | 约旦 | 0.98 | 1 | 马尔代夫 | 0.956 | 1 |
| 罗马尼亚 | 0.991 | 2 | 泰国 | 0.973 | 2 | 约旦 | 0.952 | 2 |
| 哈萨克斯坦 | 0.988 | 3 | 塞尔维亚 | 0.973 | 3 | 保加利亚 | 0.946 | 3 |
| 亚美尼亚 | 0.988 | 4 | 不丹 | 0.969 | 4 | 泰国 | 0.944 | 4 |
| 埃及 | 0.987 | 5 | 格鲁吉亚 | 0.968 | 5 | 黑山 | 0.941 | 5 |
| 新加坡 | 0.986 | 6 | 白俄罗斯 | 0.965 | 6 | 伊拉克 | 0.928 | 6 |
| 印度尼西亚 | 0.985 | 7 | 黎巴嫩 | 0.964 | 7 | 阿尔巴尼亚 | 0.922 | 7 |
| 泰国 | 0.984 | 8 | 罗马尼亚 | 0.964 | 8 | 马来西亚 | 0.921 | 8 |
| 乌兹别克斯坦 | 0.984 | 9 | 印度尼西亚 | 0.962 | 9 | 格鲁吉亚 | 0.914 | 9 |
| 摩尔多瓦 | 0.983 | 10 | 保加利亚 | 0.962 | 10 | 塞尔维亚 | 0.905 | 10 |
| 也门 | 0.98 | 11 | 亚美尼亚 | 0.961 | 11 | 斯里兰卡 | 0.904 | 11 |
| 阿尔巴尼亚 | 0.98 | 12 | 黑山 | 0.961 | 12 | 埃及 | 0.885 | 12 |
| 斯里兰卡 | 0.979 | 13 | 俄罗斯 | 0.958 | 13 | 俄罗斯 | 0.881 | 13 |
| 菲律宾 | 0.978 | 14 | 埃及 | 0.957 | 14 | 哈萨克斯坦 | 0.877 | 14 |
| 巴基斯坦 | 0.973 | 15 | 菲律宾 | 0.956 | 15 | 白俄罗斯 | 0.871 | 15 |
| 伊拉克 | 0.973 | 16 | 伊朗 | 0.956 | 16 | 亚美尼亚 | 0.871 | 16 |
| 黎巴嫩 | 0.971 | 17 | 拉脱维亚 | 0.952 | 17 | 摩尔多瓦 | 0.852 | 17 |
| 阿塞拜疆 | 0.969 | 18 | 克罗地亚 | 0.945 | 18 | 阿塞拜疆 | 0.841 | 18 |
| 不丹 | 0.968 | 19 | 也门 | 0.944 | 19 | 伊朗 | 0.837 | 19 |
| 塞尔维亚 | 0.968 | 20 | 波兰 | 0.943 | 20 | 蒙古国 | 0.824 | 20 |

### 5.3.3 产业结构协同度测算

本节中对于共建 "一带一路" 国家产业结构协同度的测算与分析分为两步进行, 第一步测算并分析共建国家的产业结构现状及演变过程以及与中国产业结构的差异与互补性, 初步预测中国与共建国家产业协同发展的潜在空间。第二步在第一步的基础上, 计算中国与共建国家产业结构的灰色关联度, 即产业结构协同升级程度, 进一步判断中国与共建国家的产业结构是否实现协同优化与升级。

1. 共建 "一带一路" 国家产业结构测算与分析

本书在前人研究的基础上, 产业结构的度量方法采用产业结构高级化、合理化两个维度进行度量。本书借鉴徐德云 (2008) 衡量产业结构高级化的方法, 为第三产业赋予较高权重, 第二产业居中, 第一产业最低, 公式如下,

$$IS1 = \sum_{i=1}^{3} I_{it} \times i = I_{1t} \times 1 + I_{2t} \times 2 + I_{3t} \times 3, \ (i = 1, 2, 3) \quad (5.10)$$

其中, $I_{it}$ 为各个产业的产业增加值在 GDP 中的比重。IS1 越接近 3 表示产业结构越高级, 数值越低的表示产业结构越低级化。

产业结构合理化, 本书参考干春晖、郑若谷等 (2011) 以及钞小静、任保平 (2011) 两篇文章中的泰尔指数衡量产业结构合理化, 其计算公式为:

$$IS2 = \sum_{i=1}^{n} (I_{it}L_{it}) \ln\left(\frac{I_{it}}{L_{it}}\right), \ (i = 1, 2, 3) \quad (5.11)$$

其中, $I_{it}$ 表示 I 产业在 t 时期的产值。$L_{it}$ 为 t 时期 i 产业从业人员占总就业人口的比重。泰尔指数是一个反向指标, 即泰尔指数越小, 表示产业结构越合理, 当泰尔指数为零时, 表明产业结构处于均衡发展状态; 反之, 泰尔指数越大, 表示产业结构越不合理, 三次产业偏离均衡发展的状态越远。

2. 共建 "一带一路" 国家产业结构协同度测算与分析

中国与共建国家在产业结构高级化、产业结构合理化两个方面的协同

发展程度与排名如表5-16与表5-17所示。总体来说,中国与共建国家产业结构高级化协同度高于产业结构合理化协同度,具体表现为:在排名前20的国家中,产业结构高级化协同度高于0.9的国家占10%,高于0.8的国家占95%;产业结构合理化协同度高于0.9的国家占5%,高于0.8的国家占60%。

共建国家中,印度与中国在产业结构高级化及合理化协同度均排名第一,由此说明,印度与中国的产业结构最为相似,产业结构变动趋势最为接近,与中国是非互补的竞争关系;俄罗斯、约旦、黑山、匈牙利等国家与中国无论在产业结构高级化还是合理化方面的互补性较强,存在合作潜力。

表5-16　　中国与共建"一带一路"国家产业结构高级化协同度

| 国家 | 协同度 | 排名 | 国家 | 协同度 | 排名 | 国家 | 协同度 | 排名 |
|---|---|---|---|---|---|---|---|---|
| 印度 | 0.929 | 1 | 阿富汗 | 0.786 | 21 | 斯洛伐克 | 0.596 | 41 |
| 亚美尼亚 | 0.922 | 2 | 科威特 | 0.771 | 22 | 匈牙利 | 0.577 | 42 |
| 阿塞拜疆 | 0.895 | 3 | 菲律宾 | 0.758 | 23 | 波兰 | 0.555 | 43 |
| 文莱 | 0.887 | 4 | 伊朗 | 0.739 | 24 | 俄罗斯 | 0.552 | 44 |
| 也门 | 0.884 | 5 | 乌兹别克斯坦 | 0.724 | 25 | 斯洛文尼亚 | 0.552 | 45 |
| 阿尔巴尼亚 | 0.878 | 6 | 越南 | 0.713 | 26 | 格鲁吉亚 | 0.526 | 46 |
| 卡塔尔 | 0.878 | 7 | 塔吉克斯坦 | 0.706 | 27 | 约旦 | 0.523 | 47 |
| 泰国 | 0.868 | 8 | 不丹 | 0.695 | 28 | 立陶宛 | 0.522 | 48 |
| 埃及 | 0.862 | 9 | 罗马尼亚 | 0.675 | 29 | 柬埔寨 | 0.521 | 49 |
| 吉尔吉斯斯坦 | 0.857 | 10 | 老挝 | 0.675 | 30 | 保加利亚 | 0.518 | 50 |
| 马来西亚 | 0.856 | 11 | 尼泊尔 | 0.674 | 31 | 缅甸 | 0.512 | 51 |
| 阿曼 | 0.855 | 12 | 乌克兰 | 0.672 | 32 | 爱沙尼亚 | 0.49 | 52 |
| 孟加拉国 | 0.852 | 13 | 塞尔维亚 | 0.665 | 33 | 克罗地亚 | 0.488 | 52 |

续表

| 国家 | 协同度 | 排名 | 国家 | 协同度 | 排名 | 国家 | 协同度 | 排名 |
|---|---|---|---|---|---|---|---|---|
| 叙利亚 | 0.852 | 14 | 斯里兰卡 | 0.662 | 34 | 黑山 | 0.46 | 54 |
| 伊拉克 | 0.847 | 15 | 摩尔多瓦 | 0.652 | 35 | 新加坡 | 0.447 | 55 |
| 巴基斯坦 | 0.839 | 16 | 阿联酋 | 0.642 | 36 | 拉脱维亚 | 0.446 | 56 |
| 白俄罗斯 | 0.834 | 17 | 土耳其 | 0.632 | 37 | 以色列 | 0.41 | 57 |
| 蒙古国 | 0.806 | 18 | 捷克 | 0.626 | 38 | 黎巴嫩 | 0.386 | 58 |
| 沙特阿拉伯 | 0.801 | 19 | 巴林 | 0.614 | 39 | 马尔代夫 | 0.379 | 59 |
| 印度尼西亚 | 0.793 | 20 | 哈萨克斯坦 | 0.597 | 40 | | | |

**表 5 – 17    中国与共建 "一带一路" 国家产业结构合理化协同度**

| 国家 | 协同度 | 排名 | 国家 | 协同度 | 排名 | 国家 | 协同度 | 排名 |
|---|---|---|---|---|---|---|---|---|
| 印度 | 0.91 | 1 | 新加坡 | 0.738 | 21 | 约旦 | 0.612 | 41 |
| 哈萨克斯坦 | 0.898 | 2 | 马来西亚 | 0.734 | 22 | 俄罗斯 | 0.608 | 42 |
| 孟加拉国 | 0.891 | 3 | 伊拉克 | 0.734 | 23 | 卡塔尔 | 0.604 | 43 |
| 越南 | 0.89 | 4 | 尼泊尔 | 0.73 | 24 | 乌克兰 | 0.604 | 44 |
| 罗马尼亚 | 0.888 | 5 | 阿尔巴尼亚 | 0.699 | 25 | 格鲁吉亚 | 0.598 | 45 |
| 蒙古国 | 0.876 | 6 | 土耳其 | 0.695 | 26 | 叙利亚 | 0.595 | 46 |
| 菲律宾 | 0.876 | 7 | 吉尔吉斯斯坦 | 0.689 | 27 | 克罗地亚 | 0.592 | 47 |
| 塔吉克斯坦 | 0.84 | 8 | 柬埔寨 | 0.687 | 28 | 匈牙利 | 0.588 | 48 |
| 阿曼 | 0.828 | 9 | 塞尔维亚 | 0.678 | 29 | 捷克 | 0.581 | 49 |
| 印度尼西亚 | 0.827 | 10 | 白俄罗斯 | 0.669 | 30 | 拉脱维亚 | 0.58 | 50 |
| 也门 | 0.803 | 11 | 巴基斯坦 | 0.665 | 31 | 马尔代夫 | 0.578 | 51 |
| 斯里兰卡 | 0.803 | 12 | 乌兹别克斯坦 | 0.661 | 32 | 斯洛伐克 | 0.567 | 52 |
| 阿富汗 | 0.791 | 13 | 波兰 | 0.65 | 33 | 保加利亚 | 0.563 | 52 |

续表

| 国家 | 协同度 | 排名 | 国家 | 协同度 | 排名 | 国家 | 协同度 | 排名 |
|------|--------|------|------|--------|------|------|--------|------|
| 科威特 | 0.782 | 14 | 黎巴嫩 | 0.645 | 34 | 黑山 | 0.56 | 54 |
| 亚美尼亚 | 0.777 | 15 | 阿联酋 | 0.644 | 35 | 爱沙尼亚 | 0.559 | 55 |
| 沙特阿拉伯 | 0.776 | 16 | 立陶宛 | 0.643 | 36 | 老挝 | 0.478 | 56 |
| 泰国 | 0.773 | 17 | 巴林 | 0.631 | 37 | 不丹 | 0.407 | 57 |
| 摩尔多瓦 | 0.762 | 18 | 伊朗 | 0.623 | 38 | 阿塞拜疆 | 0.386 | 58 |
| 埃及 | 0.76 | 19 | 斯洛文尼亚 | 0.617 | 39 | 文莱 | 0.381 | 59 |
| 缅甸 | 0.756 | 20 | 以色列 | 0.616 | 40 | | | |

# 5.4　本章小结

本章从货币互换、金融机构、金融市场、金融监管四个方面分析评价了中国与共建"一带一路"国家的金融合作状况，测算了中国与共建"一带一路"国家金融合作的综合水平，结果显示中国与共建国家的金融合作呈逐年上升趋势。从区域与空间来看，合作程度从高到低依次为东南亚、西亚北非、独联体、中亚及蒙古国、南亚、中东欧国家。从国别来看，与新加坡、马来西亚、泰国、印度尼西亚、俄罗斯的合作排前5名，其次是巴基斯坦、哈萨克斯坦、蒙古国等有一定合作传统与友好往来的国家。纵观整体，仅有14%左右的国家和中国的金融合作水平较高，这说明我国与共建国家的金融合作水平还有较大的提升空间。

从依据区域熵测算的共建"一带一路"各国的优势产业及产业互补性可见，各地区优势产业存在较大的差异，与中国在产业分工上存在一定的竞争与互补关系。其中，东南亚国家中，泰国、马来西亚、印度尼西亚在制造业方面与中国存在一定竞争关系。此外，新加坡、泰国、马来西亚等国家风景优美，旅游业发达，第三产业比重较高，因此，东南亚与中国在第一产业与第三产业上具有较好的协同发展空间；南亚和中亚国家，除马尔代夫外，第一产业比重较高，第二产业比重略低于中国，第三产业发展程度不高，与中国形成较好的互补性；西亚北非属于石油、天然气等矿产资源丰富的区域，其采矿业发达，因此第二产业比重较大，与中国在资源方面形成良好的互补性。独联体国家整体产业结构相近，在第一产业上各具自然资源禀赋，第三产业相对发达，与中国存在一定互补性；而中东欧国家第二、第三产业占比相对较高，又由于与欧洲接壤，旅游资源丰富，第三产业发达，与中国形成良好的产业互补性。这就意味着中国作为全球制造业大国，以其丰富的产业门类，可以与共建 "一带一路" 国家通过资源优势互补与互联互通，将产业进行很好的对接，从而充分带动共建国家三次产业协同发展与经济增长。

# 第6章

# 中国与共建"一带一路"国家金融合作影响产业协同发展的直接效应实证分析

本章采用 2010～2020 年共建"一带一路"52 个国家的面板数据，将中国与"一带一路"金融合作作为解释变量，分别将中国与合作国三次产业增长协同度及产业结构升级协同度作为被解释变量，对中国与共建国家金融合作的产业增长协同效应及产业结构升级协同效应进行相应的计量分析与实证检验，以进一步探索"一带一路"框架下中国与共建国家金融合作对产业增长及产业结构升级协同效应的存在性及作用效果。

## 6.1　金融合作对产业增长协同的影响分析

### 6.1.1　模型设定与变量选取

豪斯曼（Hausman）检验是用于检验两个估计量之间是否存在显著差异的经典检验方法，本书利用该检验方法识别计量模型是该选取随机效应模型还是固定效应模型。本节 Hausman 检验结果如下：

根据表 6-1 中的检验结果分析发现，本次实证研究的模型在随机模型与固定效应模型上应采用固定效应模型分析。为验证中国与共建"一带一路"国家金融合作对三次产业增长协同度的影响,本书构造如下实证模型:

**表 6 – 1** **Hausman 检验**

| 模型 | 原假设 | $\chi^2$ 统计量 | 概率值 | 是否接受原假设 |
|---|---|---|---|---|
| 第一产业增长协同度 | H0:应采用个体随机效应回归模型 | 159.36 | 0.000 | 拒绝 |
| 第二产业增长协同度 | H0:应采用个体随机效应回归模型 | 112.33 | 0.000 | 拒绝 |
| 第三产业增长协同度 | H0:应采用个体随机效应回归模型 | 118.41 | 0.000 | 拒绝 |

$$Y_{i,t} = \partial_0 + \partial_1 \text{Financial\_score}_{i,t} + X_{i,t} + a_i + z_t + \varepsilon_{it} \qquad (6.1)$$

其中,Y 是反映中国与共建国家三次产业增长协同度的指标,采用三次产业人均增加值的灰色关联度表示。Financial_score 表示中国与共建"一带一路"国家金融合作综合指数,X 为表征其他控制变量的向量,$a_i$ 与 $z_t$ 表示时间与个体固定效应,i 表示地区,t 表示时间,$\varepsilon_{it}$ 表示随机扰动项,系数 $\partial_1$ 用来衡量金融合作对产业协同发展的影响。如果 $\partial_1$ 显著大于零,表明金融合作显著推动了合作国之间产业的协同增长,反之,则表示金融合作抑制合作国之间产业的协同增长。

1. 被解释变量

本章被解释变量为中国与共建各国第一产业增长协同度、第二产业增长协同度和第三产业增长协同度,计算步骤为:第一步:三次产业增加值之和/总就业人数、第一产业增加值/第一产业就业人数、第二产业增加值/第二产业就业人数、第三产业增加值/第三产业就业人数。第二步:以中国为参考序列,以每个共建"一带一路"国家为比较序列,基于第一步计算中国与该国三次产业增长的协同度(协同发展程度)。

2. 解释变量

解释变量金融合作（financial_score），本书借鉴并综合李红权、唐纯
（2018）和刘方、丁文丽（2020）及北京大学"一带一路"五通指数报告
（2017）的做法，利用直接度量法，选取货币互换、金融市场开放、金融
机构互设、金融监管合作四个维度，采用主成分分析法合成金融合作综合
指数，作为衡量中国与共建"一带一路"国家金融合作水平的指标。

3. 控制变量

本节控制了经济发展程度（DEP）、金融发展水平（FDL）、对外开放
水平（Import_Export）、外商直接投资水平（Investment_Inflow）、高科技竞
争力水平（Export_Value）、国家间距离（lnDistance）。本节主要指标的计
算方法、数据来源如表 6-2 所示。

表 6-2                              变量的计算方法与数据来源

| 变量类型 | 变量解释 | 变量名称 | 度量方法 |
|---|---|---|---|
| 解释变量 | 金融合作综合指数 | Financial_Score | 采用因子分析法计算 |
| 被解释变量 | 第一产业协同度 | Primary_per | 灰色关联度计算 |
| | 第二产业协同度 | Secondary_per | 灰色关联度计算 |
| | 第三产业协同度 | Tertiary_per | 灰色关联度计算 |
| 控制变量 | 经济发展程度 | DEP | 人均 GDP |
| | 金融发展水平 | FDL | 私人部门信贷/GDP |
| | 对外开放程度 | Import_Export | 进出口总额/GDP |
| | 外商直接投资水平 | Investment_Inflow | 外商直接投资净流入/GDP |
| | 高科技竞争力水平 | Export_Value | 高科技产品出口额/GDP |
| | 国家间距离 | lnDistance | 国家间首都距离取对数 |

资料来源：除解释变量外，上述数据均来自国泰安与世界银行数据库。

表 6-3 为变量的描述性统计。首先，被解释变量（Financial_Score）
的样本量为 572 个，均值为 0.579，标准差为 0.799，说明中国与共建"一

带一路"国家之间的金融合作指数波动性较大，这是由于部分共建"一带一路"国家的国情和中国存在着较大的差距，与中国的合作会因为国际关系、经济、政治和战争因素中断，因此造成与中国的金融合作指数波动性较大。第二产业增长协同度均值 0.899，大于第三产业增长协同度均值（0.889），大于第一产业增长协同度的均值（0.802），说明中国与共建"一带一路"国家第二产业增长的协同程度较高，第三产业次之，第一产业增长的协同程度最小。从控制变量的统计性描述中，可以得出共建"一带一路"国家的经济发展水平整体较低，国家之间经济发展水平与金融发展水平有一定的差距。同时，各个国家存在不同程度对外开放水平，外商投资水平、高科技竞争力差异性也较大，这是由于各个国家的经济发展程度、政治状况、科技水平、社会环境的不同造成的。

表6-3 变量的描述性统计

| 变量名称 | 样本数 | 平均值 | 标准差 | 最小值 | 中位数 | 最大值 |
| --- | --- | --- | --- | --- | --- | --- |
| Financial_Score | 572 | 0.579 | 0.799 | 0.000 | 0.439 | 5.048 |
| Primary_per | 572 | 0.802 | 0.158 | 0.334 | 0.840 | 1.000 |
| Secondary_per | 572 | 0.899 | 0.126 | 0.333 | 0.953 | 1.000 |
| Tertiary_per | 572 | 0.889 | 0.124 | 0.333 | 0.924 | 1.000 |
| lnDEP | 572 | 0.769 | 0.151 | 0.334 | 0.780 | 1.000 |
| FDL | 572 | 8.838 | 1.115 | 6.384 | 8.897 | 11.351 |
| Import_Export | 572 | 5.386 | 8.038 | −25.958 | 3.543 | 75.277 |
| Investment_Inflow | 572 | 1.016 | 0.523 | 0.002 | 0.957 | 3.791 |
| Export_Value | 572 | 4.207 | 6.097 | −40.414 | 2.841 | 54.239 |
| lnDistance | 572 | 8.548 | 0.389 | 7.110 | 8.682 | 8.987 |

在进行实证分析之前，为避免变量间可能存在的多重共线性问题，通常需要进行变量多重共线性检验。通常情况下，变量的方差膨胀因子（VIF）大于10，就说明变量存在多重共线性的问题，否则就不存在多重共

线性问题。本书检验的各变量的方差膨胀因子（VIF）均小于5，说明本书变量间不存在共线性的问题，检验结果如表6-4所示。

表6-4　　　　　　　　　　多重共线性检验

| Variable | VIF | 1/VIF |
| --- | --- | --- |
| Export_Value | 3.39 | 0.295 |
| Import_Export | 3.08 | 0.325 |
| lnDistance | 2.66 | 0.375 |
| FDL | 1.71 | 0.585 |
| lnDEP | 1.66 | 0.602 |
| Financial_Score | 1.64 | 0.610 |
| Investment_Inflow | 1.23 | 0.813 |
| Mean VIF | 2.10 | |

## 6.1.2　全样本回归分析

通过对中国与共建"一带一路"各国的金融合作综合指数为解释变量，第一产业增长协同度、第二产业增长协同度以及第三产业增长协同度为被解释变量，分别进行回归分析。三个模型F检验值均通过显著性检验，拟合优度合理，回归结果如表6-5所示。

表6-5　　　　　　　　　　全样本回归结果

| 变量 | （1）Primary_per | （2）Secondary_per | （3）Tertiary_per |
| --- | --- | --- | --- |
| Financial_Score | 0.057***(0.007) | 0.048***(0.007) | 0.027**(0.009) |
| lnDEP | 0.073***(0.005) | 0.083***(0.005) | 0.082***(0.006) |

| 变量 | （1）<br>Primary_per | （2）<br>Secondary_per | （3）<br>Tertiary_per |
|---|---|---|---|
| FDL | −0.0001<br>(0.000) | 0.001**<br>(0.000) | 0.001*<br>(0.000) |
| Import_Export | 0.058***<br>(0.015) | 0.038**<br>(0.015) | 0.001<br>(0.018) |
| Investment_Inflow | 0.0004<br>(0.001) | 0.002**<br>(0.001) | 0.001<br>(0.001) |
| Export_Value | 0.366***<br>(0.105) | 0.344***<br>(0.102) | 0.459***<br>(0.128) |
| lnDistance | −0.023<br>(0.014) | −0.117***<br>(0.013) | −0.079***<br>(0.017) |
| _cons | 1.272***<br>(0.106) | 0.573***<br>(0.104) | 0.791***<br>(0.130) |
| N | 541 | 541 | 541 |
| F | 39.60 | 42.40 | 36.15 |
| adj. $R^2$ | 0.364 | 0.380 | 0.342 |

注：$*p<0.1$，$**p<0.05$，$***p<0.01$。

在列（1）中被解释变量为中国与共建"一带一路"国家第一产业增长协同度（Primary_per），解释变量金融合作（Financial_Score）二者的回归系数为 0.057，且在 1% 显著性水平下显著，说明中国与共建"一带一路"国家金融合作水平越高，与合作国第一产业增长协同度就会越高；在列（2）中被解释变量为中国与共建"一带一路"国家的第二产业增长协同度（Secondary_per），解释变量金融合作（Financial_Score），回归系数为 0.048，且在 1% 的水平下显著，说明中国与共建国家金融合作程度越高，第二产业协同增长程度越高；在列（3）中的被解释变量为第三产业增长协同度与金融合作回归系数为 0.027，且在 5% 的水平下显著，同样说明中国与共建各国的金融合作水平越高，第三产业增长的协同度越高。同时，金融合作与第一产业增长协同度的回归系数大于第二产业，大于第三产业，说明金融合作对第一产业协同增长的促进作用最大，对第二产业和第三产业协同增长的促进作用小于第一产业。这是由于共建"一带一路"国家大多为发展中国家，以自然资源、能源等为比较优势，主要出口农产品、能源以及轻加工等劳动密集型产品，因此在第一和第二产业上与中国互补性和协同性更高。

控制变量方面，共建"一带一路"国家经济发展程度（lnDEP）与中国三次产业增长协同度的回归系数均显著为正，说明共建"一带一路"经济发展程度越高的国家，其与中国各个产业的协同增长程度越高。这是由于根据现有文献，只有当工业达到一定规模时，制造业和服务业之间的依赖程度才会逐渐提高，国家间产业的互动和融合才会逐渐提升，协同度也会随之提升。此外，促进区域经济协同发展的关键在于区域经济差距的缩小，因此，共建国家经济发展程度与中国越接近的国家与中国产业协同程度越高。

共建"一带一路"国家金融发展水平（FDL）与中国在第一产业增长协同度之间的关系并不显著，但是与中国第二产业增长协同度和第三产业增长协同度的回归系数均显著为正，说明金融发展程度越高的国家与中国在第二产业和第三产业的协同增长程度越高，与第一产业协同增长程度并不明确。这可能是由金融发展水平与经济增长的关系决定的，根据现有文献，金融发展水平与经济增长的关系是先抑制后促进的关系，即只有金融发展到一定程度才能促进经济增长，目前经济增长主要是由第二产业和第三产业带动的，因此，金融发展水平与第二产业和第三产业增长协同度的系数较显著。

共建"一带一路"国家的对外开放程度（Import_Export）与中国的第一、第二产业增长协同度回归系数均显著为正，说明对外开放水平越高的国家越能够显著提升与中国三次产业增长的协同度，这是由于对外开放水平越高的国家，其与中国的贸易往来越密切和广泛，该国与中国可以通过进出口贸易进行资源互换，从而增强第一产业和第二产业增长的协同度。

与第三产业增长协同度回归系数不显著，说明中国与共建国家的对外贸易主要以第一与第二产业货物贸易为主，服务贸易规模还较小。

共建 "一带一路" 国家的外商直接投资水平（Investment_Inflow）与中国第二产业增长协同度的回归系数均显著为正，与第一产业和第三产业增长协同度回归系数不显著，说明中国与共建国家的外商直接投资主要集中在能源、基础设施建设、制造业等第二产业。

共建 "一带一路" 国家的高科技竞争力（Export_Value）与第一、第二和第三产业增长的协同度回归系数均显著为正，说明高科技竞争力越强的国家与中国的产业增长协同度越高，特别是在第二和第三产业这类技术含量较高的产业中。这可能与中国与该国的贸易结构有关，共建 "一带一路" 国家大多为发展中国家，高科技竞争力弱，处于全球价值链的低端，中国向共建国家出口的主要产品从传统的纺织品和玩具发展到现在的机电产品、家电、手机和电脑，而中国从共建国家进口的产品主要是农副产品以及石油、天然气等能源产品和矿产资源。因此，从中国与共建国家的进出口结构来看，中国与高科技竞争力强的国家的协同度越高。

中国与共建 "一带一路" 国家间距离（lnDistance）与第一、第二和第三产业增长的协同度回归系数均显著为负，说明中国与共建国家地理距离越近，产业增长协同度就越高，这是由于地理距离越近，运输成本就越低，彼此间资源和要素的跨国流动性越强，技术溢出水平就越高，因此产业关联性就越强。

### 6.1.3 分样本回归分析

中国是在 2013 年提出的 "一带一路" 倡议，为更好地评价 "一带一路" 倡议对中国与共建国家金融合作及产业协同增长的影响。本章将数据按照时间节点分为 2013 年以前和 2013 年以后两组，进行异质性回归分析，回归结果如表 6-6 所示。如表 6-6 列（1）所示，中国与共建国家的金融合作与第一产业增长协同度的回归系数，无论在 2013 年之前还是之后，都在 1% 的显著性水平上显著为正，且在 2013 年之后大于 2013 年之前，说明"一带一路"倡议后，金融合作对第一产业增长协同度的促进效果更显著。倡议之前，第一产业的合作就具有一定的基础，倡议之后，第一产业的协同效应进一步提升；列（2）和列（3）所示，中国与共建国家的金融合作与第二产业、第三产业增长协同度的回归系数在2013年之前就在5%的显著性水平上显著为正，2013年后显著性更高，再次说明"一带一路"的政策效应加强了金融合作对三次产业协同增长的促进作用。

表6-6　　　　　　　　　　分时间段样本回归结果

| 变量 | (1) Primary_per | | (2) Secondary_per | | (3) Tertiary_per | |
|---|---|---|---|---|---|---|
| | 2013年前 | 2013年后 | 2013年前 | 2013年后 | 2013年前 | 2013年后 |
| Financial_Score | 0.039*** (0.007) | 0.063*** (0.021) | 0.018** (0.007) | 0.044** (0.018) | 0.020** (0.009) | 0.039** (0.022) |
| 控制变量 | 控制 | 控制 | 控制 | 控制 | 控制 | 控制 |
| _cons | 1.388*** (0.119) | 1.051*** (0.209) | 0.777*** (0.118) | 0.213 (0.182) | 1.022*** (0.141) | 0.447** (0.220) |
| N | 352 | 189 | 352 | 189 | 352 | 189 |
| F | 31.75 | 12.34 | 27.97 | 21.33 | 27.41 | 19.04 |
| adj. $R^2$ | 0.412 | 0.325 | 0.381 | 0.464 | 0.376 | 0.434 |

注：括号中的标准误差：* $p<0.1$，** $p<0.05$，*** $p<0.01$。

东亚金融合作起源于东盟+中、日、韩（10+3）财长会议以及亚洲债券市场倡议，因此，东盟国家与中国的金融合作较其他共建国家起步较早，学者们对中国与东盟国家金融合作的研究成果较多。近年来，中国与东盟国家的经济合作、进出口贸易、对外直接投资及产业合作较其他国家更为紧密和广泛。为探究东盟国家和非东盟国家与中国的金融合作对产业协同发展的异质性影响，在表6-7中将共建"一带一路"国家划为东盟国家与非东盟国家两组，分别进行金融合作与三次产业增长协同度的回归分析。如表 6-7 所示，中国与东盟国家金融合作与三次产业增长协同度的回归系数均显著为正，说明中国与东盟国家金融合作的提升会促进彼此三次产业的协同增长，相反非东盟国家与中国的金融合作只能促进第一产业与第二产业的协同增长，并不能促进第三产业的协同增长，这是由于中国与东盟国家金融合作以及三次产业的互动与融合较非东盟国家更紧密；中国与非东盟国家的金融合作对第一产业协同增长的促进作用较第二与第三产业协同增长的促进作用更大，这是由于非东盟国家整体第一产业具有比较优势，与中国在第一产业上的互补与融合程度更高，非东盟国家第二、第三产业发展基础薄弱，经济发展速度与中国有较大差距，与中国的协同增长需要长期的过程。

表 6-7                                   分区域样本回归结果

| 变量 | (1) Primary_per | | (2) Secondary_per | | (3) Tertiary_per | |
|---|---|---|---|---|---|---|
| | 东盟 | 非东盟 | 东盟 | 非东盟 | 东盟 | 非东盟 |
| Financial_Score | 0.089 *** (0.011) | 0.040 *** (0.008) | 0.061 *** (0.009) | 0.016 ** (0.007) | 0.054 *** (0.009) | 0.010 (0.010) |
| 控制变量 | 控制 | 控制 | 控制 | 控制 | 控制 | 控制 |
| _cons | 2.011 *** (0.341) | 1.338 *** (0.111) | 1.653 *** (0.297) | 1.003 *** (0.099) | 0.961 *** (0.278) | 0.925 *** (0.136) |
| N | 104 | 437 | 104 | 437 | 104 | 437 |
| F | 0.828 | 0.492 | 0.913 | 0.375 | 0.890 | 0.471 |
| adj. $R^2$ | 63.09 | 53.80 | 136.0 | 33.72 | 105.3 | 49.45 |

注：**p < 0.05，***p < 0.01。

### 6.1.4　稳健性检验

本次稳健性检验，将主要考虑因变量和自变量互为因果而导致的模型内生性问题，同时，金融合作不仅可能在短期内影响产业增长协同度，还可能对未来的协同走向产生作用。表6-8报告了将解释变量金融合作滞后一期到滞后五期后的回归结果。

表6-8 稳健性检验1

| 变量 | (1)<br>Primary_per | (2)<br>Secondary_per | (3)<br>Tertiary_per |
|---|---|---|---|
| L. Financial_Score | 0.039 ***<br>(0.000) | 0.037 **<br>(0.036) | 0.017 *<br>(0.064) |
| L2. Financial_Score | 0.045 ***<br>(0.000) | 0.034 ***<br>(0.007) | 0.027 ***<br>(0.000) |
| L3. Financial_Score | 0.051 ***<br>(0.000) | 0.022 **<br>(0.023) | 0.011<br>(0.305) |
| L4. Financial_Score | 0.057 ***<br>(0.000) | 0.020 *<br>(0.081) | 0.008<br>(0.532) |
| L5. Financial_Score | 0.064 ***<br>(0.000) | 0.019<br>(0.159) | 0.005<br>(0.758) |
| 控制变量 | 控制 | 控制 | 控制 |
| N | 495 | 495 | 495 |
| F | 34.99 | 35.92 | 29.37 |
| adj. $R^2$ | 0.355 | 0.361 | 0.315 |

注：* $p<0.1$，** $p<0.05$，*** $p<0.01$。

结果显示，将解释变量的滞后一期作为被解释变量进行回归后，各个变量的系数显著性和方向与上文中主表的回归结果一致，说明模型不存在互为因果关系的内生性问题，模型具有稳健性。然后，将中国与共建国家金融合作指数分别滞后五期进行回归，分析各个滞后阶数对三次产业增长协同度系数的影响，结果显示金融合作滞后一期和滞后二期，三次产业增长协同度的系数均显著为正，说明金融合作的影响具有一定的滞后性。但金融合作滞后三期后，三次产业增长协同度的回归系数的部分显著，部分不显著，第二、第三产业增长协同度的系数也逐渐变小，说明随着金融合作滞后期数变大，其对三次产业增长协同的作用也将逐渐减弱。

为了确保检验结果的可靠性，本书进一步采用替换核心解释变量金融合作指数方法，进行模型的稳健性检验。通过借鉴梁双陆、刘林龙、郑丽楠（2019）的做法，采用金融合作基础（金融部门信贷水平/GDP）、金融合作需求（合作国之间资本流入/流出额）、金融合作稳定性（各国通货膨胀率）三个维度对中国与共建"一带一路"国家金融合作水平进行度量，利用 2010~2018 年共建"一带一路" 51 个国家的数据，首先计算得到中国与共建"一带一路"国家在金融合作基础、合作规模、合作稳定性三个维度的金融合作指数。其次，通过因子分析法计算得到一个金融合作综合指数，以此作为中国与各共建国家金融合作综合指数的替换变量。被解释变量为第一产业增长协同度、第二产业增长协同度、第三产业增长协同度，各控制变量保持不变，进行稳健性检验。

表 6-9 的检验结果显示，中国与共建各国金融合作指数与第一产业增长协同度，第二产业增长协同度以及第三产业增长协同度的系数均显著为正，同时第一产业增长协同度大于第二产业增长协同度，大于第三产业增长协同度，与基准回归部分结论一致，且与现实情况吻合，说明模型具有稳健性。

表 6-9　　　　　　　　　　稳健性检验2

| 变量 | (1) Primary_per | (2) Secondary_per | (3) Tertiary_per |
|---|---|---|---|
| Financial_Score | 0.071*** (0.012) | 0.053** (0.010) | 0.040*** (0.013) |
| 控制变量 | 控制 | 控制 | 控制 |
| _cons | 1.350*** (0.168) | -0.354** (0.147) | 0.461** (0.194) |
| N | 428 | 428 | 428 |
| F | 29.22 | 54.08 | 35.35 |
| adj. $R^2$ | 0.346 | 0.499 | 0.392 |

注：**p<0.05，***p<0.01。

## 6.1.5 门槛效应检验

根据前人的研究，不同的金融发展水平对经济增长的促进作用存在异质性，只有金融发展水平达到一定程度才能促进经济增长，否则金融发展会抑制经济增长（Gurley，1955；Goldsmith，1969）。为了检验金融发展水平对金融合作促进产业协同增长的异质性影响，考虑各国的金融发展水平是否为影响中国与共建各国金融合作的潜在因素，即是否存在门槛效应。本书将金融发展水平作为门槛变量，进行门槛显著性检验。

结果如表 6-10 所示，以共建各国的金融发展水平为门槛变量时，金融发展水平的 F 值分别在 1%、5% 和 10% 的显著性水平上通过了单一门槛检验，对其分别基于不同门槛值进行分析。

表 6-10 门槛显著性检验

| 门槛变量 | 门槛检验 | F 值 | P 值 | 不同显著性水平临界值 | | |
| --- | --- | --- | --- | --- | --- | --- |
| | | | | 10% | 5% | 1% |
| 第一产业增长协同度 | 单一门槛 | 3.769* | 0.062 | 2.743 | 4.786 | 9.852 |
| 第二产业增长协同度 | 单一门槛 | 2.478* | 0.075 | 2.167 | 3.998 | 10.674 |
| 第三产业增长协同度 | 单一门槛 | 9.661** | 0.026 | 3.802 | 5.974 | 12.34 |

注：$*p < 0.01$，$**p < 0.05$。

表 6-11 是以金融发展水平为门槛值的回归结果，金融发展水平的值在 46.667 以下时，中国与共建国家的金融合作对双方产业增长协同度的影响系数为 -0.015，且不显著；金融发展水平在 46.667~59.362 时，中国与共建国家的金融合作对产业增长协同度的影响系数为 0.011，且在 1% 的置信水平上显著；当金融发展水平介于 59.362~75.664 时，中国与共建国家的金融合作对产业增长协同度的影响系数为 0.036，且在 1% 的置信水平上显著；金融发展水平大于 75.664 时，中国与共建国家的金融合作对产业增长协同度的影响系数为 0.021，且在 1% 的置信水平上显著。总的来说，

随着金融发展水平的提升，中国与共建国家金融合作对产业增长协同度的影响系数先下降，之后在金融发展水平的值大于 46.667 时提升，说明当共建国家金融发展水平的值小于 46.667 时，与中国的金融合作并不能促进产业协同增长，只有当共建国家金融发展水平的值大于 46.667 时，与中国的金融合作才能促进彼此的产业协同增长。

表 6 – 11　　　　　　　　金融发展水平门槛值回归结果

| 门槛变量（FDL） | Coef | Std | T | P |
|---|---|---|---|---|
| lnDEP | 0.115 *** | 0.014 | 7.310 | 0.000 |
| Import_Export | 0.031 | 0.022 | 1.227 | 0.134 |
| Investment_Inflow | 0.001 | 0.000 | 0.017 | 0.975 |
| Export_Value | 0.079 | 0.126 | 0.987 | 0.348 |
| lnDistance | − 0.001 *** | 0.000 | − 3.114 | 0.002 |
| FDL < 46.667 | − 0.015 | 0.010 | − 1.562 | 0.119 |
| 59.362 > FDL > 46.667 | 0.011 *** | 0.002 | 5.521 | 0.000 |
| 75.664 > FDL > 59.362 | 0.036 *** | 0.011 | 3.273 | 0.006 |
| FDL > 75.664 | 0.021 *** | 0.006 | 3.512 | 0.004 |

注：***$p < 0.01$。

表 6 – 12 是以中国与共建 "一带一路" 国家的第一产业、第二产业和第三产业增长协同度为被解释变量，金融合作为解释变量，金融发展水平为门槛变量的回归结果。从第一产业增长协同度回归系数中发现，金融发展水平的临界值为 120.136，当金融发展水平小于 120.136 时，中国与共建 "一带一路" 国家的金融合作并不能促进第一产业增长。当金融发展水平大于 120.136 时，与中国的金融合作的提升会促进第一产业增长的协同度。这主要是由于第一产业是共建 "一带一路" 国家的基础产业，只有当该国金融发展水平达到一定阶段后，与中国的金融合作才会凸显对第一产业增长协同度的影响。

表6-12                            门槛效应回归结果

| 门槛变量（FDL） | （1）<br>Primary_per | （2）<br>Secondary_per | （3）<br>Tertiary_per |
|---|---|---|---|
| FDL < 120.136 | -0.004*<br>(0.002) | | |
| FDL > 120.136 | 0.008***<br>(0.002) | | |
| FDL < 40.697 | | 0.075**<br>(0.010) | |
| FDL > 40.697 | | 0.034***<br>(0.002) | |
| FDL < 17.372 | | | -0.062***<br>(0.022) |
| FDL > 17.372 | | | 0.031***<br>(0.007) |

注：*p<0.1，**p<0.05，***p<0.01。

在第二产业增长协同度的回归系数中可以看出，无论金融发展水平是小于或大于40.697，共建"一带一路"国家与中国金融合作的提升都会促进第二产业增长协同度，但是当金融发展水平小于40.697时的促进作用大于40.697时。这是由于在经济发展的早期阶段，共建"一带一路"国家第二产业的结构单一，规模较小，通过与中国的合作，中国外资大量涌入，共建"一带一路"国家第二产业规模得以迅速扩大，与中国第二产业协同增长程度得以快速提升。目前，共建"一带一路"国家多为劳动密集型与资本密集型产业，而中国多为资本密集型与技术密集型产业，由于工业化发展程度与发展阶段不一致，因此第二产业增长协同度有所下降。

在第三产业增长协同度的回归系数中发现，当金融发展水平低于17.372时，金融合作并不会促进第三产业增长协同度，同时，金融发展水平大于17.372时，第三产业协同度的系数不显著，说明在金融合作对第三产业协同度影响中，作用也不明确。这也可能是由于第三产业的发展与本国的经济发展有着密切的关系,共建国家大部分为传统的农业国家,第三产业的发展程度较低,与中国目前第三产业的发展程度和所处的经济发展阶段还有着较大的差距,短期内不能产生协同效应。上述结论说明金融发展水平对第一产业协同增长的影响作用最大,对第二产业协同增长的影响次之,对第三产业协同增长的影响最小。

# 6.2 金融合作对产业结构<br>升级协同的影响分析

## 6.2.1 模型设定与变量选取

本节中两个模型的 Hausman 检验结果的概率值均小于 0.001,在随机效应模型与固定效应模型之间,应选用固定效应模型(见表 6 – 13)。

表 6 – 13                      **Hausman 检验**

| 模型 | 原假设 | χ2 统计量 | 概率值 | 是否接受原假设 |
|---|---|---|---|---|
| 产业结构高级化协同度 | H0:应采用个体随机效应回归模型 | 221.54 | 0.000 | 拒绝 |
| 产业结构合理化协同度 | H0:应采用个体随机效应回归模型 | 238.44 | 0.000 | 拒绝 |

为验证中国与共建 "一带一路" 国家金融合作对产业结构协同度的影响,本章构造如下实证模型:

$$IS_{i,t} = \beta_0 + \beta_1 \, Financial\_Score_{i,t} + \Theta X_{i,t} + a_i + z_t + \varepsilon_{it} \qquad (6.2)$$

其中,被解释变量$IS_{i,t}$表示中国与共建国家产业结构协同度,分别采用两国的产业结构高级化协同度与产业结构合理化协同度两个维度进行度量(计算公式见第 6 章)。解释变量 financial_Score 表示中国与共建 "一带一路"国家金融合作综合指数，X 为表征其他控制变量的向量，$a_i$ 与 $z_t$ 表示时间与个体固定效应，i 表示地区，t 表示时间，$\varepsilon_{it}$ 表示随机扰动项。系数 $\beta_1$ 衡量金融合作对产业结构升级协同度的影响，如果 $\beta_1$ 显著大于零，表明金融合作显著推动了产业结构的协同升级，如果 $\beta_1$ 显著小于零，表明金融合作抑制了产业结构的协同升级。本节变量的计算方法与数据来源如表 6-14 所示。

**表 6-14**            **变量的计算方法与数据来源**

| 变量类型 | 变量解释 | 变量名称 | 度量方法 |
|---|---|---|---|
| 解释变量 | 金融合作综合指数 | Financial_Score | 采用因子分析法计算 |
| 被解释变量 | 产业结构高级化协同度 | AIS | 灰色关联度计算 |
| | 产业结构合理化协同度 | ISR | 灰色关联度计算 |
| 控制变量 | 经济发展程度 | DEP | 人均 GDP |
| | 金融发展水平 | FDL | 私人部门信贷/GDP |
| | 政府制度质量 | Gove_Quality | 相关指标加权平均值 |
| | 基础设施水平 | FixPUse | 固定电话用户数量/百人 |
| | 对外开放水平 | Import_Export | 进出口总额/GDP |
| | 外商投资水平 | Investment_Inflow | 外商直接投资净流入/GDP |
| | 高科技竞争力水平 | Export_Value | 高科技产品出口额/GDP |

资料来源：除解释变量外，上述数据均来自国泰安与世界银行数据库。

表 6-15 为本章实证研究新增变量的描述性统计，通过对被解释变量的样本量（Obs）、均值（Mean）、标准差（SD）、最小值（Min）、中位数（Median）和最大值（Max）等维度进行数据分析，以确定数据的变化范围和波动性等内容。产业结构高级化协同度（AIS）的均值为 0.679，标准差为 0.160，说明中国与共建"一带一路"国家的产业结构高级化协同度较高，即产业结构高级化发展趋势相近；产业结构合理化协同度（ISR）的均值为 0.885，标准差为 0.121，说明中国与共建"一带一路"国家产业

结构合理化协同度均值高于产业结构高级化协同度均值。

表 6 – 15　　　　　　　　　　描述性统计

| 变量 | 样本数 | 平均值 | 标准差 | 最小值 | 中位数 | 最大值 |
|---|---|---|---|---|---|---|
| AIS | 572 | 0.679 | 0.160 | 0.334 | 0.654 | 1.000 |
| ISR | 572 | 0.885 | 0.121 | 0.333 | 0.957 | 1.000 |
| FixPUse | 572 | 17.349 | 11.942 | 0.340 | 16.110 | 49.040 |
| Gove_Quality | 572 | −0.098 | 0.698 | −2.005 | −0.169 | 1.636 |

## 6.2.2　全样本回归分析

本节以中国与共建 "一带一路" 各国金融合作综合指数为解释变量，以产业结构高级化协同度及产业结构合理化协同度分别为被解释变量进行回归分析，回归结果如表 6 – 16 所示。

表 6 – 16　　　　　　　　　　全样本回归结果

| 变量 | (1)<br>AIS | (2)<br>ISR |
|---|---|---|
| Financial-Score | 0.073 ***<br>(0.011) | 0.047 ***<br>(0.006) |
| lnDEP | 0.001<br>(0.009) | 0.048 ***<br>(0.005) |
| FDL | 0.001<br>(0.000) | 0.001 **<br>(0.000) |
| FixPUse | 0.003 ***<br>(0.001) | 0.001 **<br>(0.000) |
| Gove-Quality | 0.005 **<br>(0.002) | 0.023 ***<br>(0.007) |

续表

| 变量 | (1)<br>AIS | (2)<br>ISR |
|---|---|---|
| Import-Export | 0.032<br>(0.025) | 0.084 ***<br>(0.015) |
| Investment-Inflow | 0.005 ***<br>(0.001) | 0.002 **<br>(0.001) |
| Export-Value | 0.245<br>(0.175) | 0.356 ***<br>(0.102) |
| cons | 0.798 ***<br>(0.063) | 1.302 ***<br>(0.037) |
| N | 460 | 460 |
| F | 14.56 | 27.90 |
| adj. R$^2$ | 0.228 | 0.369 |

注：**p<0.05，***p<0.01。

由表6-16列（1）解释变量为中国与共建"一带一路"国家的金融合作（Financial_Score），被解释变量为产业结构高级化协同度（AIS），回归系数为0.073，且在1%的显著性水平下显著，说明中国与共建"一带一路"国家的金融合作能够提升合作国的产业结构高级化协同水平；列（2）中，中国与共建"一带一路"国家的金融合作对产业结构合理化协同度的影响系数为0.047，且在1%的显著性水平下显著，同样说明中国与共建"一带一路"国家的金融合作会显著提升彼此产业结构合理化协同水平。对比两列数据可得金融合作对产业结构高级化协同度的促进作用大于产业结构合理化。

控制变量回归结果显示，控制变量经济发展程度（lnDEP）与产业结构合理化协同度的回归系数显著为正，说明共建"一带一路"国家经济发展程度与中国产业结构合理化协同度正相关，即：共建"一带一路"国家的经济发展程度越高，与中国产业结构合理化协同程度越高。经济发展程度与产业结构高级化协同度回归系数并不显著，说明中国与共建国家经济发展程度对产业结构高级化协同度的促进作用还未完全显现出来。

控制变量金融发展水平（FDL）分别与产业结构合理化协同度的回归系数显著为正，说明共建 "一带一路" 国家金融发展水平对两国的产业结构合理化协同度的提升具有积极作用。特别是近年来，随着电子商务与全球互联网的发展，共建 "一带一路" 国家金融基础设施的建设会直接带动新兴产业的发展与产业结构的优化。

控制变量基础设施水平（FixPUse）对产业结构高级化协同度和产业结构合理化协同度均有显著正向促进作用。这是由于共建 "一带一路" 国家基础设施水平与信息化水平的提升能够更好促进国家间交流与合作，因此会进一步促进区域产业结构升级。

控制变量政府制度质量（Gove_quality）对产业结构高级化协同度、产业结构合理化协同度的影响系数均显著为正，说明共建 "一带一路" 国家政府质量的提升会促进中国与合作国之间产业结构高级化与产业结构合理化协同水平。这是由于政府制度质量的提升能够促进资源在产业间的合理配置，从而促进技术的进步与产业升级。

控制变量对外开放水平（Import_Export）与产业结构合理化协同度的回归系数显著为正，说明共建 "一带一路" 国家对外开放水平的提升促进了我国与共建国家的经贸交流、生产要素及资源共享，因此会提升产业结构合理化的协同发展水平。

控制变量外商直接投资（Investment_Inflow）对产业高级化及产业结构合理化协同度的影响系数均显著为正，说明共建 "一带一路" 国家与中国外商直接投资水平的提升会促进产业结构高级化和合理化的协同水平。这是由于一方面外商直接投资可以通过技术溢出促进当地相关产业的发展，另一方面还能够带动当地就业、消费、收入水平的提升，因此对产业结构升级具有积极作用。

控制变量高科技竞争力水平（Export_Value）对中国产业结构合理化协同度的影响系数为正且显著。这是由于共建 "一带一路" 国家高科技竞争力水平越高,越能够促进技术的进步与产业的发展,因此与中国产业合理化协同发展水平越高。

### 6.2.3 分样本回归分析

同样,为了更好地评价"一带一路"倡议在中国与共建国家金融合作对两国的产业结构协同升级影响中的作用,将数据分为 2013 年以前和2013 年以后两组,将中国与共建"一带一路"国家金融合作对产业结构高级化与产业结构合理化协同度的影响进行对比分析,结果如表 6 – 17 所示。在"一带一路"倡议前后,中国与共建国家金融合作对产业结构高级化与合理化的协同度都有显著促进作用,且 2013 年以后的促进作用大于 2013年以前,说明"一带一路"倡议的提出有助于中国与共建"一带一路"国家产业结构的协同转型升级,与前文的回归结果一致。

表 6 – 17 　　　　　　　　　　分时间段样本回归结果

| 变量 | (1)<br>AIS | | (2)<br>ISR | |
|---|---|---|---|---|
| | 2013 年前 | 2013 年后 | 2013 年前 | 2013 年后 |
| Financial_Score | 0. 060 ***<br>(0. 011) | 0. 154 ***<br>(0. 031) | 0. 044 ***<br>(0. 007) | 0. 070 ***<br>(0. 017) |
| 控制变量 | 控制 | 控制 | 控制 | 控制 |
| _cons | 0. 899 ***<br>(0. 073) | 0. 548 ***<br>(0. 109) | 1. 316 ***<br>(0. 046) | 1. 278 ***<br>(0. 060) |
| N | 306 | 154 | 306 | 154 |
| F | 10. 568 | 9. 560 | 18. 641 | 13. 156 |
| adj. R² | 0. 239 | 0. 359 | 0. 366 | 0. 443 |

注: ***p < 0.01。

为了确定东盟国家与非东盟国家与中国金融合作对彼此产业结构协同升级的影响。本章同样将样本国家分为东盟国家与非东盟国家两组,进行对照分析，回归结果如表 6 - 18 所示。

表 6 - 18　　　　　　　　　　分区域样本回归结果

| 变量 | (1) AIS | | (2) ISR | |
|---|---|---|---|---|
| | 非东盟国家 | 东盟国家 | 非东盟国家 | 东盟国家 |
| Financial_Score | 0.001 (0.016) | 0.074 *** (0.015) | 0.007 (0.006) | 0.034 *** (0.009) |
| 控制变量 | 控制 | 控制 | 控制 | 控制 |
| _cons | 1.134 *** (0.268) | 0.803 *** (0.066) | 1.764 *** (0.100) | 1.304 *** (0.042) |
| N | 372 | 88 | 372 | 88 |
| F | 35.654 | 21.176 | 22.485 | 29.707 |
| adj. R$^2$ | 0.799 | 0.352 | 0.712 | 0.436 |

注：***p < 0.01。

与由表 6 - 18 可知，不论中国与东盟国家，还是非东盟国家金融合作对彼此产业结构高级化协同度的回归系数均显著为正，且与东盟国家的回归系数大于非东盟国家，说明中国与东盟国家的金融合作对产业结构高级化协同度的促进作用大于非东盟国家；中国与东盟国家和非东盟国家的金融合作对产业结构合理化协同度均具有正向促进作用，且东盟国家的回归系数大于非东盟国家，说明中国与东盟国家的金融合作更能促进产业结构合理化协同发展。

## 6.2.4　稳健性检验

本次稳健性检验同样为了解决模型内生性问题以及金融合作效应的滞后性，将中国与共建国家金融合作指数滞后五期，分析各个滞后阶数对产业结构协同度的影响。检验结果显示，金融合作各个滞后阶数与产业结构高级化协同度及产业结构合理化协同度回归系数均显著为正，且产业结构高级化协同度系数大于产业结构合理化，说明基准回归结果具有稳健性，且金融合作的影响具有一定的滞后性（见表6－19）。

表6－19                     稳健性检验1

| 变量 | （1）<br>AIS | （2）<br>ISR |
|---|---|---|
| L. Financial_Score | 0. 067 ***<br>（0. 011） | 0. 046 ***<br>（0. 007） |
| L2. Financial_Score | 0. 062 ***<br>（0. 012） | 0. 045 ***<br>（0. 007） |
| L3. Financial_Score | 0. 058 ***<br>（0. 012） | 0. 046 ***<br>（0. 008） |
| L4. Financial_Score | 0. 058 ***<br>（0. 014） | 0. 047 ***<br>（0. 009） |
| L5. Financial_Score | 0. 061 ***<br>（0. 016） | 0. 053 ***<br>（0. 010） |
| 控制变量 | 控制 | |
| 控制年份 | | 年份 |
| 控制个体 | | 个体 |
| N | 423 | 423 |
| F | 12. 87 | 24. 98 |
| adj. R$^2$ | 0. 219 | 0. 362 |

注：***p＜0.01。

本章的稳健性检验与第6章中的稳健性检验2方法一致，同样将核心解释变量中国与共建"一带一路"国家金融合作指数（Financial_Score）替换为采用金融合作基础（金融部门信贷水平/GDP）、金融合作需求（合作国之间资本流入/流出额）、金融合作稳定性（各国通货膨胀率）三个维度进行度量，被解释变量为产业结构高级化协同度（AIS）与产业结构合理化协同度（ISR），且度量方式不变，其他控制变量保持不变，回归结果如表 6-20 所示。中国与共建国家金融合作与产业结构高级化协同度与产业结构合理化协同度的回归系数均显著为正，且产业结构高级化协同度大于合理化，说明模型具有稳健性。

表 6-20　　　　　　　　　　　稳健性检验 2

| 变量 | (1)<br>AIS | (2)<br>ISR |
|---|---|---|
| Financial_Score | 0.058***<br>(0.000) | 0.025***<br>(0.009) |
| 控制变量 | 控制 | 控制 |
| _cons | 0.635***<br>(0.000) | 1.331***<br>(0.000) |
| N | 353 | 353 |
| F | 9.190 | 17.51 |
| adj. R$^2$ | 0.189 | 0.319 |

注：***p<0.01。

### 6.2.5　门槛效应检验

由上文分析可知，中国与共建"一带一路"国家金融合作会提升合作国彼此产业结构的协同升级，而影响金融合作水平的一个重要因素是共建各国的金融发展水平，因此为了检验共建国家的金融发展水平是否为影响与中国金融合作水平的潜在因素，即金融合作是否存在门槛效应。因此，本节将金融发展水平作为门槛变量，进行门槛显著性检验。

如表 6-21 结果所示，当以共建各个国家的金融发展水平为门槛变量时，金融发展水平的 F 值分别在 1%、5% 和 10% 的显著性水平上，通过了单一门槛和双重门槛检验，因此对其分别基于不同门槛值进行分析。表 6-22 是中国与共建国家产业结构高级化与合理化协同度分别为被解释变量，金融合作为解释变量，金融发展水平为门槛变量，采用门槛效应模型的回归结果。

表 6 – 21 门槛显著性检验

| 门槛变量 | 门槛检验 | F 值 | P 值 | 不同显著性水平临界值 | | |
|---|---|---|---|---|---|---|
| | | | | 10% | 5% | 1% |
| 产业结构高级化协同度 | 单一门槛 | 11.068*** | 0.001 | 3.552 | 4.858 | 10.044 |
| | 双重门槛 | 7.374** | 0.010 | 3.058 | 4.802 | 8.127 |
| 产业结构合理化协同度 | 单一门槛 | 5.167** | 0.015 | 3.364 | 4.912 | 7.885 |
| | 双重门槛 | 4.136* | 0.064 | 2.950 | 4.516 | 8.181 |

注：*p<0.1，**p<0.05，***p<0.01。

如表 6 – 22 所示，在中国与共建国家金融合作促进产业结构高级化协同度的回归系数中发现，金融发展水平的临界值为 22.462 和 70.629，当金融发展水平小于 22.462 时，金融合作与产业结构高级化协同度的回归系数为 0.021，且显著为正；当金融发展水平介于 22.462 和 70.629 之间时，金融合作与产业结构高级化协同度的回归系数为 0.058，且显著为正；当金融发展水平大于 70.629 时，金融合作与产业结构高级化协同度的回归系数并不显著，说明中国与共建国家的金融合作大于 70.629 时，并不会促进产业结构高级化协同度；当金融发展水平小于 22.462 时，金融合作对产业结构高级化协同度的促进作用小于金融发展水平在 22.462 ~ 70.629 时，这可能与共建国家的经济发展阶段有着密切的关系。经济发展初期，共建国家经济发展水平较低，产业结构单一，与中国进行经济合作的同时，会承接中国的产业转移，同时，本国也会承接国际产业转移。随着产业发展与产业结构的升级，两国产业结构高级化协同度会在初期迅速提升。经济发展中期，国际资本大量涌入，产业规模扩大，产业链延伸，与中国产业结构高级化协同度随着两国的金融合作水平的提升而进一步提升。然而，随着共建国家经济进入当前发展阶段，共建国家与中国在产业发展方面会面临不同政策导向，关联性变弱，因此与中国产业结构高级化协同性降低。

表 6 - 22                          门槛效应回归结果

| 门槛效应分析（FDL） | (1)<br>AIS | (2)<br>ISR |
|---|---|---|
| FDL < 22.462 | 0.021 ***<br>(0.003) | |
| 70.629 > FDL > 22.462 | 0.058 ***<br>(0.014) | |
| FDL > 70.629 | 0.012<br>(0.019) | |
| FDL < 45.667 | | 0.010 ***<br>(0.002) |
| 59.117 > FDL > 45.667 | | - 0.014 ***<br>(0.003) |
| FDL > 59.117 | | 0.005<br>(0.004) |

注： ***p < 0.01。

从产业结构合理化协同度的回归系数中发现，金融发展水平临界值为45.667 和 59.117，当金融发展水平小于 45.667 时，中国与共建国家的金融合作对产业结构合理化协同度的回归系数为 0.010，且显著为正；当金融发展水平大于 45.667 小于 59.117 时，中国与共建 "一带一路" 国家的金融合作与产业结构合理化协同度的回归系数为 - 0.014 且显著；当金融发展水平大于 59.117 时，中国与共建 "一带一路" 国家的金融合作对产业结构合理化协同度的回归系数并不显著，说明当共建 "一带一路" 国家的金融发展水平较低时，与中国的金融合作指数的提升会促进产业结构合理化协同度，但是当共建 "一带一路" 国家的金融发展水平高于 45.667 时，与中国的金融合作并不会促进产业结构合理化协同发展程度。同样是由于在共建国家经济发展初期，经济与金融发展水平低，与中国的经济和贸易合作，伴随着国际产业转移，产业结构和产业发展水平会迅速提升，产业结构合理化协同度会在初期迅速提升；而在经济发展中期，国际资本大量涌入，产业转移会与当地的资源优势紧密结合起来，产业发展表现出明显的侧重点,共建"一带一路"国家多为资源型国家,经济发展过程中,产生了一定的环境污染问题或产业发展不合理问题,与中国在产业结构合理性方面出现较大偏差,导致金融合作对产业结构合理化协同度的促进作用有所下降。目前,共建国家并未完全实现产业结构合理化发展,因此,短期内与中国金融合作对产业结构合理化协同发展的促进作用还未完全体现出来。

## 6.3　本章小结

本章通过构建固定效应模型,对中国与共建"一带一路"各国金融合作能否促进中国与共建"一带一路"各国三次产业增长协同度及产业结构升级协同度进行实证检验。基准回归结果表明,我国与共建"一带一路"国家金融合作能够促进我国与该国三次产业增长与产业结构升级的协同度。经济发展水平、对外开放程度、外商直接投资水平、高科技竞争力、基础设施水平、政府制度质量对我国与共建国家产业协同发展具有积极作用,且国家间距离越小,协同发展程度越高。异质性分析发现,2013年之后,中国与共建"一带一路"国家的金融合作对产业协同发展的促进作用大于2013年之前,说明2013年"一带一路"倡议的提出,有利于中国与共建"一带一路"国家的金融合作对三次产业协同发展的促进作用,且中国与东盟国家的金融合作对产业协同发展的促进作用大于非东盟国家。进一步研究发现,共建"一带一路"国家金融发展水平对金融合作促进产业协同发展具有异质性影响,只有当共建"一带一路"国家金融发展水平达到一定程度时,与中国的金融合作才能促进产业协同发展。

由上述结论可得,中国与共建国家产业的协同发展,需要共建国家进一步扩大对外开放、加强基础设施建设,提升外商直接投资水平与高科技产品竞争力,促进自身经济与金融发展,优化政府制度质量,缩小国家间差距,实现要素资源、人力资本、技术创新的流动与共享。

# 第7章

# 中国与共建"一带一路"国家金融合作
# 影响产业协同发展的空间效应检验

本章在前文分析的基础上，进一步利用 2010～2020 年共建"一带一路"52 个国家的面板数据，将国家间的空间地理距离纳入研究框架，采用空间计量模型实证检验中国与共建"一带一路"国家金融合作促进产业协同发展的空间溢出效应的存在性及作用效果，以期从空间经济学的角度，为金融合作的产业协同发展效应提供新的经验证据。

## 7.1 研 究 设 计

### 7.1.1 模型构建与变量选取

根据本书"一带一路"经济空间差异和空间结构的分析结果可知，共建"一带一路"国家金融合作与产业发展过程中存在一定的空间异质性。因此，有必要引入空间计量模型，进一步探究中国与共建"一带一路"国家在金融合作与产业发展过程中所存在的空间效应。

空间计量模型有以下三种形式：

$$\text{空间滞后模型(SAR)：} Y = \rho WY + X\beta + \varepsilon \qquad (7.1)$$

$$空间误差模型（SEM）：Y = X\beta + \lambda W\varepsilon + \mu \tag{7.2}$$
$$空间杜宾模型（SDM）：Y = \rho WY + X\beta + \delta WX + \varepsilon \tag{7.3}$$

上式中，Y为被解释变量，X为解释变量，W为空间权重矩阵，$\varepsilon$为随机误差项。空间滞后模型的系数$\rho$主要测度本地区与中国产业协同发展对邻近地区与中国产业协同发展的协同与溢出效应。空间误差模型的系数$\lambda$主要测度本地区与中国金融合作对邻近地区与中国产业协同发展的影响效应。空间杜宾模型既能够通过系数$\rho$测度本地区与中国产业协同发展对相邻地区与中国产业协同发展的影响，又能通过系数$\delta$测度本地区与中国金融合作对邻近地区与中国产业协同发展的影响。

### 7.1.2　空间权重矩阵设定

空间权重矩阵表示地区间的空间相关性或相互依赖程度，运用空间计量模型的前提条件是构造合适的空间权重矩阵。三种常用的空间权重矩阵包括：邻接矩阵、地理距离矩阵与经济距离矩阵。邻接矩阵是将国家或地区是否相邻作为空间关联的判断依据。本书综合考虑后，选取邻接矩阵作为本书空间计量模型的空间权重矩阵W，具体构造方法为：

$$W_{i,j} = \begin{cases} 1 & 当国家i与国家j相邻时 \\ 0 & 当国家i与国家j不相邻时 \end{cases} \tag{7.4}$$

式（7.4）中，$W_{i,j}$为国家i与国家j之间的地理距离，具体计算步骤如下：首先，运用软件测算出各个国家的经纬度数据，假设国家i和国家j的经纬度数据分别为（$x_1$，$y_1$）和（$x_2$，$y_2$），其中$x_1$，$x_2$为经度，$y_1$，$y_2$为纬度，地球半径$R = 6371.0km$，则国家i和国家j之间的地理距离计算公式为：

$$d = R \times arcos\left[ \cos(y_1) \times \cos(y_2) \times \cos(x_1 x_2) + \sin(y_1) \times \sin(y_2) \right]$$

### 7.1.3　空间自相关性检验

通常在应用空间计量模型进行空间效应检验之前，需要对被解释变量和解释变量进行全局空间自相关关系的检验，从而确定被解释变量和解释变量是否各自存在空间关联性。本书选用莫兰指数 Moran's I 来测度本书变量的空间自相关关系。莫兰指数的表达式如下：

$$\text{Moran's I} = \frac{\sum_{i=1}^{n}\sum_{j=1}^{n} W_{i,j}(x_i - \bar{x})(x_j - \bar{x})}{S^2 \sum_{i=1}^{n}\sum_{j=1}^{n} W_{i,j}} \tag{7.5}$$

式（7.5）中，$x_i$ 为观测值，$S^2$ 为样本方差，即 $S^2 = \dfrac{\sum_{i=1}^{n}(x_i - \bar{x})^2}{n}$，n 为样本总数，$W_{i,j}$ 为空间权重矩阵。莫兰指数的取值范围为：$-1 <$ Moran's I $< 1$，且相关关系的强弱与指数绝对值成正比。当 Moran's I $> 0$ 时，表示国家之间的观测值存在空间正相关关系；当 Moran's I $< 0$ 时，说明国家之间的观测值存在空间负相关关系；当 Moran's I $= 0$ 时，说明国家之间的观测值不存在空间相关关系，即不存在空间关联性。

本书运用 Stata15.0 软件，分别对 2010 ~ 2020 年共建 "一带一路" 国家的第一产业增长协同度、第二产业增长协同度、第三产业增长协同度、产业结构高级化协同度、产业结构合理化协同度及中国与共建国家金融合作综合指数进行了空间自相关分析，得到各变量的莫兰指数检验结果，如表 7 - 1 和表 7 - 2 所示。

表 7 - 1　　　　　　　　三次产业增长协同度莫兰指数检验

| 年份 | 第一产业增长协同度 | | | 第二产业增长协同度 | | | 第三产业增长协同度 | | |
|---|---|---|---|---|---|---|---|---|---|
| | Moran's I | Z 值 | P 值 | Moran's I | Z 值 | P 值 | Moran's I | Z 值 | P 值 |
| 2010 | 0.246 | 2.379 | 0.009 | 0.211 | 2.164 | 0.014 | 0.252 | 2.349 | 0.007 |
| 2011 | 0.316 | 2.947 | 0.001 | 0.215 | 2.165 | 0.014 | 0.179 | 1.859 | 0.032 |
| 2012 | 0.281 | 2.894 | 0.001 | 0.223 | 2.264 | 0.008 | 0.207 | 2.119 | 0.017 |
| 2013 | 0.311 | 2.940 | 0.001 | 0.267 | 2.879 | 0.002 | 0.262 | 2.867 | 0.002 |
| 2014 | 0.206 | 2.119 | 0.017 | 0.359 | 3.179 | 0.001 | 0.268 | 2.828 | 0.002 |
| 2015 | 0.197 | 2.068 | 0.019 | 0.247 | 2.38 | 0.01 | 0.299 | 2.857 | 0.002 |

续表

| 年份 | 第一产业增长协同度 | | | 第二产业增长协同度 | | | 第三产业增长协同度 | | |
|------|-----------|------|------|-----------|------|------|-----------|------|------|
| | Moran's I | Z 值 | P 值 | Moran's I | Z 值 | P 值 | Moran's I | Z 值 | P 值 |
| 2016 | 0.224 | 2.684 | 0.003 | 0.228 | 2.27 | 0.01 | 0.322 | 2.917 | 0.001 |
| 2017 | 0.341 | 3.077 | 0.001 | 0.272 | 2.881 | 0.002 | 0.341 | 3.071 | 0.001 |
| 2018 | 0.275 | 2.742 | 0.005 | 0.233 | 2.282 | 0.011 | 0.283 | 2.814 | 0.002 |
| 2019 | 0.333 | 3.012 | 0.001 | 0.238 | 2.284 | 0.011 | 0.270 | 2.802 | 0.002 |
| 2020 | 0.349 | 0.3085 | 0.001 | 0.247 | 2.289 | 0.011 | 0.187 | 1.933 | 0.027 |

表 7-2 　　　　　　　　　　　产业结构升级协同度莫兰指数检验

| 年份 | 产业结构高级化协同度 | | | 产业结构合理化协同度 | | | 中国金融合作综合指数 | | |
|------|-----------|------|------|-----------|------|------|-----------|------|------|
| | Moran's I | Z 值 | P 值 | Moran's I | Z 值 | P 值 | Moran's I | Z 值 | P 值 |
| 2010 | 0.200 | 2.145 | 0.016 | 0.212 | 2.239 | 0.011 | 0.182 | 1.927 | 0.026 |
| 2011 | 0.251 | 2.582 | 0.005 | 0.39 | 3.667 | 0.000 | 0.386 | 3.481 | 0.000 |
| 2012 | 0.397 | 3.690 | 0.000 | 0.358 | 3.175 | 0.001 | 0.351 | 3.120 | 0.001 |
| 2013 | 0.251 | 2.428 | 0.004 | 0.185 | 1.961 | 0.022 | 0.259 | 2.608 | 0.003 |
| 2014 | 0.262 | 2.558 | 0.005 | 0.249 | 2.711 | 0.002 | 0.226 | 2.292 | 0.010 |
| 2015 | 0.345 | 3.046 | 0.001 | 0.399 | 3.695 | 0.000 | 0.228 | 2.298 | 0.010 |
| 2016 | 0.185 | 1.993 | 0.031 | 0.391 | 3.613 | 0.000 | 0.186 | 1.954 | 0.025 |
| 2017 | 0.367 | 3.259 | 0.000 | 2.335 | 2.390 | 0.005 | 0.257 | 2.774 | 0.002 |
| 2018 | 0.383 | 3.345 | 0.000 | 0.351 | 3.144 | 0.001 | 0.205 | 2.130 | 0.013 |
| 2019 | 0.196 | 2.002 | 0.019 | 0.253 | 2.479 | 0.007 | 0.224 | 2.236 | 0.012 |
| 2020 | 0.345 | 3.065 | 0.001 | 0.25 | 2.581 | 0.005 | 0.225 | 2.259 | 0.011 |

　　由表7-1和表7-2可知，在2010～2020年各变量的全局莫兰指数均大于0，且均通过了显著性检验。具体来说，中国与共建"一带一路"国家金融合作、第一产业增长协同度、第二产业增长协同度、第三产业增长协同度、产业结构高级化协同度、产业结构合理化协同度莫兰指数的P值均小于0.05，且在5%的显著性水平上显著为正。说明被解释变量、解释

变量都呈现出了较为明显的空间正相关关系，证明中国与共建 "一带一路" 某一国家的金融合作与产业协同发展对邻近国家均具有溢出效应，能够影响与带动邻近国家与中国的金融合作与产业协同发展。研究中国与共建 "一带一路" 国家金融合作与彼此三次产业增长协同度、产业结构高级化协同度、产业结构合理化协同度的回归模型中引入空间效应是具有必要性和可行性的。

## 7.2　金融合作促进区域产业增长的空间效应分析

### 7.2.1　空间计量模型选择

本书关于莫兰指数的检验结果均证明了研究中国与共建 "一带一路" 国家金融合作对三次产业增长协同度的影响时引入空间效应的必要性后，还需进一步明确具体的模型及方程，具体步骤如下：

首先，运用 LM 检验与 Robust LM 检验，判断三次产业增长协同度空间滞后项与空间误差项系数是否显著，从而判断空间杜宾模型是否会等价转换为空间滞后或空间误差模型。检验结果如表 7-3 所示。

表 7-3　　三次产业增长协同度的 LM 检验与 Robust LM 检验

| 解释变量 | 检验方法 | LM-er | Robust LM-er | LM-lag | Robust LM-lag |
|---|---|---|---|---|---|
| 第一产业增长协同度 | 统计值 | 26.342 *** | 10.365 *** | 34.694 *** | 11.874 *** |
| 第二产业增长协同度 | 统计值 | 28.678 *** | 11.254 *** | 38.672 *** | 13.021 *** |
| 第三产业增长协同度 | 统计值 | 21.657 *** | 9.644 *** | 39.354 *** | 13.678 *** |

注：Standard errors in parentheses *p<0.1, **p<0.05, ***p<0.01。

如表 7-3 所示，金融合作对产业增长协同度的 LM 检验结果和 Robust LM 检验结果均在 1% 的显著水平下显著为正，拒绝了原假设，表明空间杜宾模型不会等价转换为空间滞后模型或空间误差模型,因此应选用空间杜宾模型。

其次,继续进行 Wald 检验和 LR 检验,判断空间杜宾模型是否会退化为空间滞后模型或空间误差模型,检验结果如表 7-4 所示。

表 7-4          **Wald 检验与 LR 检验**

| 空间权重矩阵类型 | Wald 空间滞后 | Wald 空间误差 | LR 空间滞后 | LR 空间误差 |
|---|---|---|---|---|
| 第一产业增长协同度 | 34.21*** | 24.56*** | 30.19*** | 17.18*** |
| 第二产业增长协同度 | 39.35*** | 29.64*** | 32.25*** | 16.47*** |
| 第三产业增长协同度 | 31.25*** | 25.24*** | 29.56*** | 15.36*** |

注:Standard errors in parentheses $*p<0.1$,$**p<0.05$,$***p<0.01$。

如表 7-4 所示,三次产业增长协同度的 Wald 空间滞后与空间误差及 LR 空间滞后与空间误差检验结果均显著为正,表明空间杜宾模型具有稳健性。

最后,通过 Hausman 检验与 LR 检验,判断空间杜宾模型应选择固定效应模型还是随机效应模型,同时进一步确定应选择时间固定效应模型、地区固定效应模型还是时间地区双固定效应模型,检验结果如表 7-5 所示。

表 7-5          **Hausman 与 LR 检验**

| 解释变量 | Hausman 检验 | 地区固定效应 | 时间固定效应 |
|---|---|---|---|
| 第一产业增长协同度 | 34.237*** | 421.315*** | 597.224*** |
| 第二产业增长协同度 | 29.847*** | 104.364*** | 554.311*** |
| 第三产业增长协同度 | 19.878*** | 117.254*** | 579.554*** |

注:Standard errors in parentheses $*p<0.1$,$**p<0.05$,$***p<0.01$。

如表 7-5 所示,Hausman 检验与 LR 检验系数均在 1% 的显著性水平下显著为正,因此本书采用双固定效应的空间杜宾模型进行估计,将空间杜宾模型设定为:

$$Y_{i,t} = \rho_0 + \rho W \times Y_{i,t} + \rho_1 X_{i,t} + \rho_2 X_{i,t} \times W + \varepsilon \qquad (7.6)$$

式（7.6）中，$Y_{i,t}$ 为中国与 i 国家 t 年的三次产业增长协同度指标，$W \times Y_{i,t}$ 为中国与共建 "一带一路" i 国三次产业协同增长的空间滞后项，$X_{i,t}$ 为中国与该国解释变量金融合作和控制变量（金融发展水平、技术创新、外商直接投资水平、对外开放程度），$X_{i,t} \times W$ 表示解释变量与控制变量的空间滞后项，$\rho_0$ 为固定截距项，$\rho_1$、$\rho_2$、为回归系数，$\varepsilon$ 为误差项。如果系数显著为正，则表明中国与 i 国产业协同增长将对中国与 i 国邻近地区产业协同增长具有正向影响；如果系数 $\rho_2$ 显著为正，则表明中国与 i 国金融合作对中国与 i 国邻近地区产业协同增长具有正向影响，且各控制变量亦具有空间溢出效应。

### 7.2.2　全样本回归分析

全样本下的回归结果如表 7-6 所示，被解释变量不论是三次产业增长协同度还是三次产业增长协同度的空间滞后项（$Y \times W$）与金融合作的回归系数均显著为正，且通过 1% 的显著性检验，这说明地理邻近地区、产业协同具有空间溢出效应。解释变量金融合作的空间滞后项（Financial_Score $\times$ W）与三次产业增长协同度的回归系数均显著为正，说明本地区与中国金融合作存在着正向空间溢出效应，即本地区与中国金融合作会促进邻近地区与中国三次产业增长协同度的提升，且本地区与中国金融合作对相邻地区与中国第一产业增长协同度大于第二产业、大于第三产业，这与第 6 章的实证结果一致。控制变量金融发展、技术创新、对外贸易与外商直接投资的空间滞后项与被解释变量的回归系数均显著为正，表明金融发展、技术创新、对外贸易与对外直接投资对三次产业增长协同度均具有空间溢出效应，能够促进国家间产业协同增长，从而验证了前文的理论假设。这是由于国家之间金融合作能够促进要素流动，共享金融资源，通过金融发展的溢出效应，促进区域金融发展水平的共同提升，从而为产业发展提供更好的金融支持，推动产业协同增长；通过技术创新的溢出效应，带动区域整体创新水平的提升进而促进产业协同增长；通过对外贸易与对外直接投资所引致的产业分工布局、产业转移升级、产业关联带动的空间协同效应，推动区域产业的协同增长。

表 7 - 6　　　　　　　　　　　全样本回归结果

| 变量 | (1)<br>Primary_per | (2)<br>Secondary_per | (3)<br>Tertiary_per |
|---|---|---|---|
| Financial_Score | 0.041 ***<br>(0.002) | 0.038 ***<br>(0.005) | 0.019 ***<br>(0.008) |
| FDL × W | 0.002<br>(0.002) | 0.003 ***<br>(0.001) | 0.003 ***<br>(0.001) |
| lnPatent × W | 0.004 ***<br>(0.001) | 0.003 **<br>(0.001) | 0.002 ***<br>(0.000) |
| Import_Export × W | 0.063 ***<br>(0.021) | 0.039 ***<br>(0.011) | 0.002 **<br>(0.001) |
| Investment_Inflow × W | 0.001<br>(0.001) | 0.001 *<br>(0.000) | 0.001 *<br>(0.000) |
| Financial_Score × W | 0.047 ***<br>(0.001) | 0.043 ***<br>(0.004) | 0.020 ***<br>(0.003) |
| $\rho$ | 0.597 ***<br>(0.022) | 0.541 ***<br>(0.032) | 0.516 ***<br>(0.051) |
| Sigma$^2$ | 0.274 ***<br>(0.028) | 0.183 ***<br>(0.017) | 0.241 ***<br>(0.024) |

注：$*p<0.1$，$**p<0.05$，$***p<0.01$。

为避免可能产生的偏误问题，本书借鉴一些学者（LeSage & Pace，2009）的做法，进一步采用偏微分分解法，将被解释变量与解释变量的空间效应分解为直接效应、间接效应与总效应。其中直接效应表示三次产业增长协同度与金融合作对本地区的影响，间接效应表示三次产业增长协同度与金融合作对相邻地区的影响，总效应表示三次产业增长协同度与金融合作直接效应与间接效应的加总。三种效应的回归结果如表 7 - 7 所示。

表 7 - 7 三次产业增长协同度的直接效应、间接效应与总效应

| 被解释变量 | 解释变量 | 直接效应 | 间接效应 | 总效应 |
|---|---|---|---|---|
| 第一产业增长协同度 | | 0.037 *** (0.002) | 0.017 (0.010) | 0.054 *** (0.005) |
| 第二产业增长协同度 | 金融合作指数 | 0.042 *** (0.008) | 0.011 ** (0.005) | 0.053 *** (0.009) |
| 第三产业增长协同度 | | 0.021 *** (0.005) | 0.006 *** (0.001) | 0.027 *** (0.005) |

注：**$p < 0.05$，***$p < 0.01$。

由表 7 - 7 的检验结果可知，在与第一产业增长协同度的回归中，中国与共建国家金融合作指数的直接效应、间接效应与总效应系数均为正，但只有直接效应和总效应通过了 1% 的显著性水平检验，说明提升中国与共建国家金融合作水平有利于中国与该国第一产业增长协同度的提升，但对中国与该国相邻地区第一产业增长协同度的促进作用并不显著；在与第二产业和第三产业增长协同度的回归中，中国与共建国家金融合作指数的直接效应、总效应、间接效应均显著为正，这说明中国与共建国家金融合作有显著的正向空间溢出效应，提升中国与共建国家金融合作水平有利于中国与该国第二产业和第三产业增长协同度的提升，也能促进中国与该国相邻国家第二、第三产业增长协同度的提升。

## 7.2.3 分样本回归分析

将样本划分为 2013 年之前与 2013 年之后两组，检验结果如表 7 - 8 所示。无论是 2013 年前还是 2013 年后，被解释变量三次产业增长协同度的空间自回归系数均在 1% 的水平下显著为正，与基准回归部分结果一致。说明 2013 年前后，三次产业增长协同度均存在正向空间溢出效应，即本地区与中国三次产业增长协同度的提升会对相邻地区与中国三次产业增长协同度产生正向影响。解释变量中国与共建国家金融合作对第一产业增长协

同度的影响在1%的显著性水平下显著为正,对第二和第三产业增长协同度的影响在5%的显著性水平下显著为正,且2013年后金融合作对三次产业增长协同度的系数均大于2013年之前,同时对第一产业协同度的影响系数大于第二产业,大于第三产业,这与前文结论一致。解释变量空间效应方面,2013年前后的金融合作空间滞后项与三次产业增长协同度回归系数均显著为正,说明与中国金融合作存在正向空间溢出效应,即本地区与中国金融合作水平的提升会对相邻地区与中国三次产业增长协同度具有积极影响。

表7-8 分时间段样本回归结果

| 变量 | (1) Primary_per | | (2) Secondary_per | | (3) Tertiary_per | |
|---|---|---|---|---|---|---|
| | 2013年前 | 2013年后 | 2013年前 | 2013年后 | 2013年前 | 2013年后 |
| Financial_Score | 0.048*** (0.002) | 0.079*** (0.027) | 0.017** (0.002) | 0.046** (0.012) | 0.022** (0.004) | 0.042* (0.012) |
| 控制变量 | 控制 | 控制 | 控制 | 控制 | 控制 | 控制 |
| Financial_Score × W | 0.021*** (0.119) | 0.051*** (0.209) | 0.014*** (0.118) | 0.023*** (0.182) | 0.015*** (0.004) | 0.017** (0.008) |
| ρ | 0.168*** (0.019) | 0.466*** (0.029) | 0.187*** (0.020) | 0.313*** (0.012) | 0.322*** (0.041) | 0.361*** (0.020) |
| Sigma$^2$ | 0.366*** (0.109) | 0.411*** (0.119) | 0.332*** (0.018) | 0.147*** (0.022) | 0.156*** (0.041) | 0.147** (0.020) |

注: $*p<0.1$, $**p<0.05$, $***p<0.01$。

将样本划分为东盟与分东盟国家,回归结果如表7-9所示。不论是东盟国家还是非东盟国家样本下,被解释变量产业协同增长的自回归系数均显著为正,表明产业协同增长表现出显著的正向空间溢出效应,本地区与中国产业协同增长对邻近地区与中国产业协同增长具有带动作用。解释变量金融合作及金融合作的空间滞后项与三次产业增长协同度的回归系数均显著为正,且东盟国家的作用效果大于非东盟国家,说明无论是东盟国家还是非东盟国家，与中国金融合作均能够带动相邻地区与中国的产业协同增长，且东盟国家内部的带动效应大于非东盟国家。这可能是与东盟国家成员间的经济联系程度更紧密，尤其是 RCEP 区域组织成立之后，区域内国家间的贸易投资壁垒降低有关。

表 7 - 9 分区域样本回归结果

| 变量 | (1)<br>Primary_per | | (2)<br>Secondary_per | | (3)<br>Tertiary_per | |
|---|---|---|---|---|---|---|
| | 东盟 | 非东盟 | 东盟 | 非东盟 | 东盟 | 非东盟 |
| Financial_Score | 0. 075 ***<br>(0. 021) | 0. 034 ***<br>(0. 005) | 0. 072 ***<br>(0. 014) | 0. 030 **<br>(0. 006) | 0. 062 ***<br>(0. 011) | 0. 012<br>(0. 009) |
| 控制变量 | 控制 | 控制 | 控制 | 控制 | 控制 | 控制 |
| Financial_Score × W | 0. 022 **<br>(0. 010) | 0. 003 ***<br>(0. 001) | 0. 046 ***<br>(0. 009) | 0. 022 ***<br>(0. 002) | 0. 033 ***<br>(0. 007) | 0. 005 ***<br>(0. 002) |
| $\rho$ | 0. 021 ***<br>(0. 006) | 0. 038 ***<br>(0. 011) | 0. 053 ***<br>(0. 007) | 0. 023 ***<br>(0. 009) | 0. 061 ***<br>(0. 008) | 0. 025 ***<br>(0. 006) |
| $Sigma^2$ | 0. 028 ***<br>(0. 010) | 0. 092 ***<br>(0. 011) | 0. 013 ***<br>(0. 002) | 0. 075 ***<br>(0. 009) | 0. 090 ***<br>(0. 008) | 0. 071 ***<br>(0. 016) |

注： **p < 0.05， ***p < 0.01。

## 7.2.4 稳健性检验结果分析

根据前文中采用替换核心解释变量金融合作的度量方法，进行模型的稳健性检验。依然借鉴梁双陆、刘林龙和郑丽楠（2019）的做法，从金融合作基础、合作规模、合作稳定性三个维度，通过因子分析法计算得到一个金融合作综合指数，以此作为中国与各共建国家金融合作综合指数的替换变量，被解释变量与控制变量保持不变，检验结果如表 7 - 10 所示。无论是被解释变量三次产业增长协同度的自回归系数，还是解释变量金融合作的空间滞后项系数均在 1% 的显著性水平下显著为正，且本地区金融合作对相邻地区第一产业协同增长的促进作用大于第二产业，大于第三产业，与前文结论一致，说明以上模型与分析具有稳健性。

表 7 – 10　　　　　　　　　　稳健性检验结果

| 变量 | （1）<br>Primary_per | （2）<br>Secondary_per | （3）<br>Tertiary_per |
|---|---|---|---|
| Financial_Score | 0. 048 ***<br>（0. 001） | 0. 047 ***<br>（0. 004） | 0. 035 ***<br>（0. 005） |
| 控制变量 | 控制 | 控制 | 控制 |
| Financial_Score × W | 0. 041 ***<br>（0. 001） | 0. 033 ***<br>（0. 007） | 0. 027 ***<br>（0. 006） |
| ρ | 0. 566 ***<br>（0. 013） | 0. 593 ***<br>（0. 041） | 0. 611 ***<br>（0. 016） |
| Sigma$^2$ | 0. 268 ***<br>（0. 034） | 0. 197 ***<br>（0. 022） | 0. 217 ***<br>（0. 019） |

注：***p < 0.01。

## 7.3　金融合作促进区域产业结构升级的空间效应分析

### 7.3.1　空间计量模型选择

前文莫兰指数的检验结果证明了研究中国与共建"一带一路"国家金融合作对产业结构高级化协同度、产业结构合理化协同度的影响时引入空间效应的必要性，因此需要进一步选择合适的空间计量模型。首先，运用LM 检验与 Robust LM 检验确定空间计量模型的基本形式，得到与中国金融合作对产业结构高级化协同度与产业结构合理化协同度的影响检验结果，如表 7 – 11 所示。

表7－11　　　产业结构升级协同度的 LM 检验与 Robust LM 检验

| 解释变量 | LM-er | Robust LM-er | LM-lag | Robust LM-lag |
|---|---|---|---|---|
| 产业结构高级化协同度 | 26. 325 *** | 12. 452 *** | 36. 114 *** | 14. 641 *** |
| 产业结构合理化协同度 | 25. 47 *** | 13. 254 *** | 35. 222 *** | 12. 169 *** |

注：Standard errors in parentheses ＊p＜0.1，＊＊p＜0.05，＊＊＊p＜0.01。

如表7－11所示，LM 与 Robust LM 检验结果均显著为正，说明应选用空间杜宾模型。其次，进行 Wald 检验与 LR 检验，进一步判断空间滞后模型是否会退化为空间滞后模型或空间误差模型，检验结果如表7－12所示。

表7－12　　　　　　　　Wald 与 LR 检验

| 空间权重矩阵类型 | Wald 空间滞后 | Wald 空间误差 | LR 空间滞后 | LR 空间误差 |
|---|---|---|---|---|
| 产业结构高级化协同度 | 37. 01 *** | 21. 45 *** | 33. 66 *** | 15. 36 *** |
| 产业结构合理化协同度 | 32. 75 *** | 17. 35 *** | 31. 37 *** | 14. 21 *** |

注：Standard errors in parentheses ＊p＜0.1，＊＊p＜0.05，＊＊＊p＜0.01。

如表7－12所示，Wald 检验与 LR 检验结果均显著为正，说明空间杜宾模型不会退化为空间滞后模型及空间误差模型。最后，进行 Hausman 检验与 LR 检验，判断空间杜宾效应模型选择固定效应模型还是随机效应模型，以及应选择时间固定效应、地区固定效应还是双固定效应模型，检验结果如表7－13所示。

表7－13　　　　　　　　Hausman 与 LR 检验

| 解释变量 | Hausman 检验 | 地区固定效应 | 时间固定效应 |
|---|---|---|---|
| 产业结构高级化协同度 | 37. 658 *** | 116. 312 *** | 642. 087 *** |
| 产业结构合理化协同度 | 31. 054 *** | 139. 679 *** | 779. 654 *** |

注：Standard errors in parentheses ＊p＜0.1，＊＊p＜0.05，＊＊＊p＜0.01。

如表 7 – 13 所示，Hausman 与 LR 检验均通过了 1% 的显著性水平检验，因此本节依旧采用双固定效应的空间杜宾模型进行估计，将空间杜宾模型设定为：

$$IS_{i,t} = \rho_0 + \rho W \times Y_{i,t} + \rho_1 X_{i,t} + \rho_2 X_{i,t} \times W + \varepsilon \qquad (7.7)$$

式（7.7）中，$IS_{i,t}$ 为中国与 i 国家 t 年的产业结构高级化与产业结构合理化协同度指标，$W \times IS_{i,t}$ 为中国与共建"一带一路" i 国产业结构高级化与产业结构合理化协同度的空间滞后项，$X_{i,t}$ 为中国与该国解释变量金融合作与控制变量（包括金融发展水平、外商直接投资水平、对外开放程度、技术创新），$X_{i,t} \times W$ 表示解释变量与控制变量的空间滞后项，$\rho_0$ 为固定截距，$\rho$、$\rho_1$、$\rho_2$、为回归系数，$\varepsilon$ 为误差项。如果系数 $\rho_1$ 显著为正，则表明中国与 i 国产业协同升级将对中国与 i 国邻近地区产业协同升级具有正向影响，如果系数 $\rho_2$ 显著为正，则表明中国与 i 国金融合作对中国与 i 国邻近地区产业协同升级具有正向影响，且各控制变量同样具有空间溢出效应。

### 7.3.2 全样本回归分析

全样本下的回归结果如表 7 – 14 所示，被解释变量不论是产业升级协同度与产业升级协同度的空间滞后项（IS × W）与金融合作的回归系数均显著为正，且通过 1% 的显著性检验，这说明地理邻近地区、产业协同升级具有空间溢出效应，且产业结构合理化的空间溢出效应大于产业结构高级化。解释变量金融合作的空间滞后项（Financial_Score × W）与产业结构高级化协同度及产业结构合理化协同度的回归系数均显著为正，说明金融合作存在着正向空间溢出效应，即本地区与中国金融合作会促进邻近地区与中国产业升级协同度的提升，这与第 6 章的实证结果基本一致。控制变量金融发展、技术创新、对外贸易与外商直接投资的空间滞后项与被解释变量的回归系数均显著为正，表明金融发展、技术创新、对外贸易与对外直接投资对产业升级协同度均具有空间溢出效应，能够促进国家间产业升级协同，这一结论再次验证了前文的理论假设。原因同上。

表 7 - 14                              全样本回归结果

| 变量 | (1)<br>AIS | (2)<br>ISR |
|---|---|---|
| Financial_Score | 0.086 ***<br>(0.019) | 0.052 ***<br>(0.011) |
| lnPatent × W | 0.005 ***<br>(0.001) | 0.001 **<br>(0.000) |
| FDL × W | 0.001<br>(0.000) | 0.001<br>(0.011) |
| Import-Export × W | 0.051 **<br>(0.010) | 0.094 ***<br>(0.022) |
| Investment-Inflow × W | 0.007 ***<br>(0.001) | 0.006 ***<br>(0.001) |
| Financial-Score × W | 0.098 ***<br>(0.023) | 0.063 ***<br>(0.029) |
| $\rho$ | 0.028 ***<br>(0.003) | 0.039 ***<br>(0.009) |
| Sigma$^2$ | 0.012 ***<br>(0.002) | 0.013 ***<br>(0.001) |

注：**p < 0.05，***p < 0.01。

同样为避免可能产生的偏误问题，将产业结构协同升级的空间效应分解为直接效应、间接效应及总效应。结果如表 7 - 15 所示。

表 7 - 15        产业结构协同度的直接效应、间接效应与总效应

| 被解释变量 | 解释变量 | 直接效应 | 间接效应 | 总效应 |
|---|---|---|---|---|
| 产业结构高级化协同度 | 金融合作指数 | 0.081 ***<br>(0.007) | 0.024 ***<br>(0.009) | 0.106 ***<br>(0.016) |
| 产业结构合理化协同度 | | 0.048 ***<br>(0.011) | 0.017 ***<br>(0.005) | 0.065 ***<br>(0.019) |

注：***p < 0.01。

表 7 - 15 的检验结果可知，中国与共建国家金融合作对产业结构高级

化协同度及产业结构合理化协同度的回归中，直接效应、间接效应、总效应均通过了1%的显著性水平检验，这说明中国与共建国家金融合作有显著的正向空间溢出效应，中国与共建国家金融合作水平的提升有利于中国与该国产业结构升级协同度的提升，也能够促进该国相邻国家与中国产业结构升级协同度的提升。

### 7.3.3 分样本回归分析

将样本划分为2013年之前与2013年之后两组，检验结果如表7-16所示。无论是2013年前还是2013年后，被解释变量产业结构高级化协同度与产业结构合理化协同度的空间自回归系数均在1%的水平下显著为正，说明2013年前后，产业结构高级化协同度与产业结构合理化协同度均存在正向空间溢出效应，即本地区与中国产业结构协同度的提升会对相邻地区与中国产业结构协同度产生正向影响。解释变量中国与共建国家金融合作对产业结构高级化协同度与产业结构合理化协同度的影响均在1%的水平下显著为正，且2013年后产业升级协同度的系数均大于2013年之前，同时对产业结构高级化协同度的影响系数大于产业结构合理化，与基准回归部分结果一致。解释变量空间效应方面，2013年前后的金融合作空间滞后项与产业结构高级化协同度与产业结构合理化协同度回归系数均显著为正，说明本地区与中国金融合作存在正向空间溢出效应，即本地区与中国金融合作水平的提升会对相邻地区与中国产业结构升级协同度具有积极影响，且对产业结构高级化协同度的影响大于产业结构合理化。

表7-16　　　　　　　　　　分时间段样本回归结果

| 变量 | (1)<br>AIS | | (2)<br>ISR | |
|---|---|---|---|---|
| | 2013年前 | 2013年后 | 2013年前 | 2013年后 |
| Financial-Score | 0.062 ***<br>(0.023) | 0.161 ***<br>(0.034) | 0.048 ***<br>(0.011) | 0.079 ***<br>(0.015) |

| 变量 | (1) AIS | | (2) ISR | |
|---|---|---|---|---|
| | 2013 年前 | 2013 年后 | 2013 年前 | 2013 年后 |
| 控制变量 | 控制 | 控制 | 控制 | 控制 |
| Financial-Score × W | 0. 081 *** (0. 014) | 0. 216 *** (0. 043) | 0. 051 *** (0. 020) | 0. 091 *** (0. 017) |
| ρ | 0. 322 *** (0. 014) | 0. 369 *** (0. 055) | 0. 304 *** (0. 048) | 0. 365 *** (0. 018) |
| Sigma² | 0. 147 *** (0. 011) | 0. 237 *** (0. 022) | 0. 168 *** (0. 013) | 0. 211 *** (0. 022) |

注: ***p < 0. 01。

将样本划分为东盟与非东盟国家，回归结果如表 7 – 17 所示。不论是东盟国家还是非东盟国家样本下，被解释变量产业结构高级化协同度与产业结构合理化协同度的自回归系数均显著为正，表明产业协同升级表现出显著的正向空间溢出效应，本地区与中国产业协同升级对邻近地区与中国产业协同升级具有带动作用。解释变量金融合作及金融合作的空间滞后项与产业结构高级化协同度与产业结构合理化协同度的回归系数均显著为正，且东盟国家的作用效果大于非东盟国家，说明无论是东盟国家还是非东盟国家，与中国金融合作均能够带动相邻地区与中国的产业协同升级，且东盟国家内部的溢出效应大于非东盟国家，原因同上。

表 7 –17　　　　　　　　　区域样本回归结果

| 变量 | (1) AIS | | (2) ISR | |
|---|---|---|---|---|
| | 非东盟国家 | 东盟国家 | 非东盟国家 | 东盟国家 |
| Financial-Score | 0. 002 ** (0. 001) | 0. 082 *** (0. 021) | 0. 009 *** (0. 002) | 0. 036 *** (0. 007) |

续表

| 变量 | (1)<br>AIS | | (2)<br>ISR | |
|---|---|---|---|---|
| | 非东盟国家 | 东盟国家 | 非东盟国家 | 东盟国家 |
| 控制变量 | 控制 | 控制 | 控制 | 控制 |
| Financial_Score × W | 0.003 ***<br>(0.001) | 0.087 ***<br>(0.017) | 0.012 ***<br>(0.003) | 0.041 ***<br>(0.015) |
| ρ | 0.307 ***<br>(0.012) | 0.373 ***<br>(0.016) | 0.212 ***<br>(0.011) | 0.341<br>(0.009) |
| Sigma$^2$ | 0.189 ***<br>(0.018) | 0.224 ***<br>(0.023) | 0.207 ***<br>(0.021) | 0.231 ***<br>(0.024) |

注：**p < 0.05，***p < 0.01。

### 7.3.4　稳健性检验结果分析

采用上文中同样的方法，替换核心解释变量金融合作，进行模型的稳健性检验。检验结果如表 7 – 18 所示。无论是被解释变量产业结构高级化协同度与产业结构合理化协同度，还是解释变量金融合作的空间溢出效应均在 1% 的显著性水平下显著为正，且产业高级化的协同度大于产业结构合理化，与前文结论一致，说明以上模型与分析具有稳健性。

表 7 – 18　　　　　　　　　稳健性检验结果

| 变量 | (1)<br>AIS | (2)<br>ISR |
|---|---|---|
| Financial_Score | 0.075 ***<br>(0.021) | 0.044 ***<br>(0.007) |
| 控制变量 | 控制 | 控制 |
| Financial_Score × W | 0.093 ***<br>(0.018) | 0.072 ***<br>(0.023) |

| 变量 | (1)<br>AIS | (2)<br>ISR |
|---|---|---|
| ρ | 0.034 ***<br>(0.004) | 0.044 ***<br>(0.007) |
| Sigma² | 0.015 ***<br>(0.006) | 0.019 ***<br>(0.002) |

注：***p < 0.01。

# 7.4 本章小结

本章基于中国与共建 "一带一路" 国家 2010 ~ 2020 年的面板数据，从 "一带一路" 建设总体、分区域、分时间段三个视角出发，采用空间杜宾模型分别考察了中国与共建 "一带一路" 国家金融合作对产业协同增长与产业结构协同升级的影响。主要结论归纳如下：空间自相关检验结果：金融合作与产业协同发展均存在显著的正向空间溢出效应，即本地区与中国的金融合作与产业协同发展会对相邻地区与中国的金融合作与产业协同发展产生积极影响；总体回归结果：共建国家或地区与中国金融合作，能够共享金融与技术资源，共同提高金融发展水平与技术创新水平，促进产业分工布局、加快产业转移升级、加强产业关联带动，从而推进相邻国家或地区与中国的产业协同增长与协同升级；分时间段回归结果：在 2013 年 "一带一路" 倡议提出前后，金融合作与产业协同发展存在正向空间溢出效应，即本地区与中国金融合作的提升会对相邻地区与中国产业协同发展产生正向影响，且 2013 年之后的影响大于 2013 年之前；分区域回归结果：无论是东盟国家还是非东盟国家，与中国的金融合作均能够促进其相邻地区与中国的产业协同发展，且东盟国家与中国的金融合作对相邻地区与中国产业协同发展的促进效果大于非东盟国家，说明东盟国家内部产业协同效应大于非东盟国家。

# 第8章

# 中国与共建"一带一路"
# 国家金融合作影响产业
# 协同发展的中介效应检验

基于前文中国与共建"一带一路"国家金融合作对产业协同发展的影响机理、效应与路径，可知技术创新、进出口贸易与资本流动是金融合作促进产业协同发展的三个实现路径。鉴于此，本章采用 2010 ~ 2020 年共建"一带一路"52 个国家的面板数据，将技术创新、进出口贸易与跨境资本流动作为中介变量，纳入研究框架，实证检验中国与共建"一带一路"国家金融合作促进产业协同发展的影响路径的有效性。

## 8.1 中介效应模型设定与检验步骤

本章借鉴温忠麟等（2004）设定中介效应模型的方法，将技术创新、进出口贸易与资本流动作为中介变量，探索检验我国与共建"一带一路"国家金融合作促进产业协同发展的实现路径。中介效应模型设定如下：

$$Y = cX + \varepsilon_1 \tag{8.1}$$

$$M = aX + \varepsilon_2 \tag{8.2}$$

$$Y = dX + bM + \varepsilon_3 \tag{8.3}$$

基于此，本书构建递归方程用以进行中介效应检验，分为三个模型。

为了消除异方差，对变量进行取对数。

$$Industry_{i,t} = \partial_0 + \partial_1 Financial\_Score_{i,t} + \Theta X_{i,t} + a_i + z_t + \varepsilon_{it} \quad (8.4)$$

$$Mediator_{i,t} = \beta_0 + \beta_1 Financial\_Score_{i,t} + \Theta X_{i,t} + a_i + z_t + \varepsilon_{it} \quad (8.5)$$

$$Industry_{i,t} = \gamma_0 + \gamma_1 Financial\_Score_{i,t} + \gamma_2 Mediator_{i,t} + \Theta X_{i,t} + a_i + z_t + \varepsilon_{it}$$

$$(8.6)$$

其中，$Industry_{i,t}$ 是反映地区间产业协同发展程度的指标，本章分别采用三次产业增长协同度以及产业结构升级协同度表示。Financial_Score 是表示中国与共建 "一带一路" 国家金融合作综合指数，X 为表征其他控制变量的向量，度量方法与前两章相同。中介变量 Mediator 有三个，分别为：技术创新（Patent），表示各共建国家技术创新水平，用各国获批专利数表示；进出口贸易（Trade），用中国与各共建国家之间进出口总额表示；跨境资本流动（Investment），用中国与共建国家之间对外直接投资与外商直接投资总额表示。$a_i$ 与 $z_t$ 表示时间与个体固定效应，i 表示地区，t 表示时间，$\varepsilon_{it}$ 表示随机扰动项，系数 $\partial_1$、$\beta_1$、$\gamma_1$，用来衡量金融合作对三次产业协同发展的影响，如果 $\partial_1$、$\beta_1$、$\gamma_1$ 显著大于零，表明金融合作显著推动了产业的协同发展，相反则表示金融合作抑制了产业的协同发展。具体检验步骤为：

第一步，不加入中介变量，也就是根据前两章的模型（8.4）进行回归分析，如果系数 $a_1$ 为正，则继续进行检验；如果系数不显著，则终止检验。由于前两章检验结果显著，则继续进行第二步。

第二步，将技术创新、进出口贸易与资本流动替换为被解释变量，主要解释我国与共建 "一带一路" 国家金融合作对合作国技术创新、进出口贸易与跨境资本流动的作用，按照上文公式（8.5）进行。

第三步，纳入技术创新、进出口贸易与资本流动解释变量，用本章公式（8.6）分析我国与共建 "一带一路" 国家金融合作和技术创新、进出口贸易、跨境资本流动中介变量对产业协同发展的影响。

第四步，观察第二步的回归系数 $\beta_1$ 和第三步的回归系数 $\gamma_2$，若二者均显著则说明中介效应确实存在，继续进行第五步。如果 $\beta_1$ 和 $\gamma_2$ 至少一个不显著，则停止分析。

第五步，观察 $\gamma_1$ 显著性，如果显著，说明中介效应确实存在，如果 $\gamma_1$ 不显著，说明存在完全中介效应。

## 8.2 资本流动中介效应检验

### 8.2.1 资本流动中介效应分析

根据第 3 章理论部分的推理论证可知，中国与共建"一带一路"国家之间的对外直接投资与外商直接投资为区域内国家产业发展提供了资金支持，促进了生产要素流动与产业转移。对于中国来说，一方面，将低附加值的产业与过剩产能转移出去，有利于腾出空间与资源，大力发展高科技产业与新兴产业，有利于促进产业结构转型升级；另一方面，承接发达国家产业转移，有利于技术引进、技术模仿与创新，同样有利于促进国内产业结构优化升级。这一机理对于共建国家同样适用，因此资本流动是促进区域内国家产业协同发展的一个重要因素。

根据上文的中介效应检验步骤，首先，第一步进行解释变量为金融合作，被解释变量为产业协同发展的回归分析（前文已完成）；其次，第二步进行被解释变量为资本流动（Investment），解释变量为金融合作的回归分析；最后，第三步进行被解释变量分别为产业增长协同度与产业结构升级协同度，解释变量为金融合作与资本流动的回归分析。

### 8.2.2 实证结果分析

表 8-1 回归结果显示，列（1）中介变量资本流动作为被解释变量与解释变量金融合作的回归系数显著为正，说明金融合作能够促进资本流动；列（2）第一产业增长协同度、列（3）第二产业增长协同度以及列（4）第三产业增长协同度分别作为被解释变量，解释变量金融合作与中介

变量资本流动的回归系数均显著为正，说明资本流动在中国与共建国家金融合作对三次产业协同增长的影响中，起到了部分中介的作用。其中，在第一产业协同增长中，通过中介变量的影响比例达到22.8%，在第二产业协同增长中，通过中介变量的影响比例达到33.3%，在第三产业协同增长中，通过中介变量的影响比例达到29.6%，即中国与共建国家资本流动对第二产业协同增长的影响大于第三产业，大于第一产业。这是由于中国与共建 "一带一路" 国家对外直接投资及外商直接投资活动对基础设施、交通运输、制造业等第二产业的发展带动作用最大，同时也能够带动第一产业的开发利用和第三产业的发展。

表8－1    资本流动中介效应回归结果1

| 变量 | (1)<br>lnInvestment | (2)<br>Primary_per | (3)<br>Secondary_per | (4)<br>Tertiary_per |
|---|---|---|---|---|
| Financial_Score | 1.230 ***<br>(0.128) | 0.044 ***<br>(0.007) | 0.032 ***<br>(0.007) | 0.019 ***<br>(0.008) |
| lnInvestment | | 0.004 *<br>(0.002) | 0.008 ***<br>(0.002) | 0.007 ***<br>(0.003) |
| 控制变量 | 控制 | 控制 | 控制 | 控制 |
| _cons | 31.98 ***<br>(2.009) | 1.391 ***<br>(0.131) | 0.800 ***<br>(0.123) | 1.109 ***<br>(0.149) |
| N | 529 | 529 | 529 | 529 |
| F | 70.16 | 36.76 | 42.35 | 39.69 |
| adj. $R^2$ | 0.519 | 0.389 | 0.423 | 0.408 |

注: ***$p < 0.01$。

表8－2同理，将资本流动作为中介变量，检验金融合作通过资本流动对产业结构升级协同度的影响。列（1）中介变量跨境资本流动作为被解释变量，金融合作作为解释变量的回归系数显著为正，同样说明金融合作能够促进资本流动；列（2）在以中国与共建国家产业结构高级化协同度

（AIS）为被解释变量的回归分析中，解释变量和中介变量的回归系数均显著为正，说明存在着部分中介效应，且金融合作对产业结构高级化协同度的影响中，通过资本流动中介变量的影响比例为16.4%；列（3）以产业结构合理化（ISR）作为被解释变量的回归中，解释变量与中介变量的回归系数均显著为正，说明金融合作对产业结构合理化协同度具有促进作用，且通过资本流动中介变量的影响比例为25.5%。由此可得，资本流动对产业结构合理化协同度的影响大于产业结构高级化，这是由于对外直接投资及外商直接投资活动引进高端产业，将低端产业转移，可以完善本国产业链，因此对产业结构合理化的促进作用更显著。

表8－2                     资本流动中介效应回归结果2

| 变量 | （1）<br>lnInvestment | （2）<br>AIS | （3）<br>ISR |
|---|---|---|---|
| Financial_Score | 1.653 ***<br>(0.144) | 0.061 ***<br>(0.012) | 0.035 ***<br>(0.007) |
| lnInvestment | | 0.005 ***<br>(0.001) | 0.005 **<br>(0.002) |
| 控制变量 | 控制 | 控制 | 控制 |
| _cons | 11.66 ***<br>(0.833) | 0.852 ***<br>(0.076) | 1.362 ***<br>(0.045) |
| N | 448 | 448 | 448 |
| F | 43.98 | 13.38 | 25.02 |
| adj. $R^2$ | 0.502 | 0.252 | 0.387 |

注：**$p < 0.05$，***$p < 0.01$。

# 8.3　国际贸易中介效应检验

## 8.3.1　国际贸易中介效应分析

根据第3章理论部分的推理论证可知，中国与共建"一带一路"国家进出口贸易为区域内国家间提供了稀缺资源、改善要素禀赋，促进了商品、技术、信息与人才的流动，并通过消费需求、知识溢出、竞争激励、解决就业等效应促进贸易合作国之间产业的协同发展，因此进出口贸易是促进区域内国家产业协同发展的又一重要路径。

根据上文的中介效应检验步骤，首先，第一步进行解释变量为金融合作，被解释变量为产业协同发展的回归分析（前文已完成）。其次，第二步进行被解释变量为进出口贸易（Trade），解释变量为金融合作的回归分析。最后，第三步进行被解释变量分别为三次产业增长协同度与产业结构升级协同度，解释变量为金融合作与进出口贸易的回归分析。

### 8.3.2　实证结果分析

检验结果如表8-3所示。列（1）以中介变量国际贸易为被解释变量，金融合作作为解释变量的回归系数显著为正，说明中国与共建国家的金融合作能够促进双方的进出口贸易；在列（2）中被解释变量为第一产业增长协同度，解释变量金融合作与中介变量的系数均显著为正，说明金融合作对第一产业增长协同度具有促进作用，且金融合作对第一产业增长协同度的影响中，15.8%是通过国际贸易实现的；在列（3）中被解释变量为第二产业增长协同度，解释变量与中介变量的回归系数均显著为正，说明金融合作对第二产业增长协同度具有促进作用，且有50.0%是通过国际贸易实现的；列（4）以第三产业增长协同度为被解释变量的回归中，解释变量与中介变量系数均显著为正，且金融合作对第三产业增长协同度的影响中有33.3%是通过国际贸易实现的。由此可知，进出口贸易对第二产业协同增长的影响最大，对第三产业协同增长的影响次之，对第一产业协同增长的影响最小。说明目前中国与共建国家的进出口贸易主要集中在能源、采矿、制造业与建筑业等第二产业上，其次是批发零售、技术、劳务第三产业，最后是农林牧副渔等第一产业。

表 8 - 3 国际贸易中介效应回归结果 1

| 变量 | （1）<br>lnTrade | （2）<br>Primary_per | （3）<br>Secondary_per | （4）<br>Tertiary_per |
|---|---|---|---|---|
| Financial_Score | 0.608 ***<br>(0.097) | 0.048 ***<br>(0.007) | 0.024 ***<br>(0.007) | 0.018 ***<br>(0.008) |
| lnTrade | | 0.007 ** | 0.008 *** | 0.012 *** |
| 控制变量 | 控制 | 控制 | 控制 | 控制 |
| _cons | 11.80 ***<br>(1.459) | 1.384 ***<br>(0.108) | 0.709 ***<br>(0.103) | 1.025 ***<br>(0.122) |
| N | 541 | 541 | 541 | 541 |
| F | 51.10 | 38.30 | 41.61 | 41.30 |
| adj. $R^2$ | 0.435 | 0.394 | 0.414 | 0.412 |

注：**p < 0.05，***p < 0.01。

表 8 - 4 同理，将国际贸易作为中介变量，检验金融合作通过国际贸易对产业结构升级协同度的影响，检验结果如表 8 - 4 所示。列（1）以中介变量国际贸易为被解释变量，金融合作为解释变量，其回归系数显著为正，同样说明金融合作对国际贸易具有促进作用；列（2）在以产业结构高级化协同度（AIS）为被解释变量的回归中，解释变量与中介变量的系数均显著为正，说明金融合作对产业结构高级化协同度的促进作用中，进出口贸易起到了部分中介的作用，且影响比例为 26.0%；列（3）在以产业结构合理化协同度（ISR）为被解释变量的回归中，解释变量和中介变量的系数均显著为正，说明金融合作对产业结构合理化协同度的促进作用中，进出口贸易起到了部分中介的作用，且影响比例为 14.9%。由此可得，进出口贸易对产业结构高级化协同发展的影响大于对产业结构合理化协同发展的影响，这是由于进出口贸易可以为一国提供稀缺资源，产生技术溢出、消费需求及就业带动效应，进而促进产业结构的协同升级，且中国与共建国家之间的对外贸易中，商品贸易规模大于服务贸易规模。

表 8 - 4                           进出口贸易中介效应回归结果 2

| 变量 | (1)<br>lnTrade | (2)<br>AIS | (3)<br>ISR |
|---|---|---|---|
| Financial_Score | 0.553 ***<br>(0.102) | 0.054 ***<br>(0.011) | 0.040 ***<br>(0.007) |
| lnTrade | | 0.003 ** | 0.006 ** |
| 控制变量 | 控制 | 控制 | 控制 |
| _cons | 12.77 ***<br>(0.585) | 0.841 ***<br>(0.090) | 1.384 ***<br>(0.052) |
| N | 460 | 460 | 460 |
| F | 41.14 | 13.26 | 26.01 |
| adj. R$^2$ | 0.478 | 0.246 | 0.390 |

注: **p < 0.05, ***p < 0.01。

# 8.4　技术创新中介效应检验

## 8.4.1　技术创新中介效应分析

根据前文第 2 章的文献综述及第 3 章理论假设可知, 金融合作可以为企业技术创新提供资金支持、金融服务及防范融资风险, 促进技术创新发展, 继而技术创新又可以通过资金投入、信息平台、风险管理与公司治理效应促进产业发展与产业结构优化升级, 故技术创新是金融合作促进产业协同发展的又一重要路径。

根据上文的中介效应检验步骤, 首先, 第一步进行解释变量为金融合作, 被解释变量为产业协同发展的回归分析 (已完成)。其次, 第二步进行被解释变量为技术创新 (Patent), 解释变量为金融合作的回归分析。最后, 第三步进行被解释变量分别为产业增长协同度与产业结构升级协同度, 解释变量为金融合作与技术创新的回归分析。

## 8.4.2 实证结果分析

检验结果如表8-5所示。列（1）中是以中介变量技术创新为被解释变量，金融合作为解释变量的回归分析，金融合作系数为显著为正，说明金融合作对共建国家技术创新有正向的促进作用，接下来将中介变量加入主回归中进行分析；列（2）被解释变量为第一产业增长协同度，解释变量金融合作与中介变量技术创新回归系数均显著为正，说明技术创新在金融合作对第一产业增长协同度的影响中起到了部分中介效应的作用，且影响比例为8.7%；列（3）是金融合作对第二产业增长协同度影响的回归分析，解释变量金融合作与中介变量技术创新均显著为正，同样说明技术创新起到了部分中介效应的作用，且影响比例为27%；列（4）中，被解释变量为第三产业增长协同度，解释变量与中介变量的回归系数均显著为正，说明存在部分中介效应，且影响比例为7.4%。由此可知，技术创新对第二产业协同增长的影响比例较大，对第一产业的影响次之，对第三产业的影响最小。这可能是由于在工业化进程中，技术创新起到了关键作用，技术创新的贡献率最大，而在第三产业与第一产业的发展过程中，技术创新的贡献率相对略小。

表8-5 技术创新中介效应回归结果1

| 变量 | （1）<br>lnPatent | （2）<br>Primary_per | （3）<br>Secondary_per | （4）<br>Tertiary_per |
|---|---|---|---|---|
| Financial_Score | 0.899 ***<br>(0.137) | 0.052 ***<br>(0.007) | 0.035 ***<br>(0.005) | 0.025 **<br>(0.008) |
| lnPatent | | 0.005 ** | 0.004 ** | 0.004 *** |
| 控制变量 | 控制 | 控制 | 控制 | 控制 |
| _cons | 7.261 ***<br>(2.111) | 1.335 ***<br>(0.107) | 0.674 ***<br>(0.102) | 0.957 ***<br>(0.119) |
| N | 514 | 514 | 514 | 514 |
| F | 40.99 | 38.30 | 36.94 | 41.05 |
| adj. $R^2$ | 0.394 | 0.406 | 0.397 | 0.423 |

注：**p < 0.05，***p < 0.01。

表 8-6 是针对被解释变量分别为中国与共建国家产业结构高级化协同度（AIS）与产业结构合理化协同度（ISR）的回归分析，解释变量、中介变量以及其他控制变量与上文保持一致。通过表 8-6 回归结果的分析发现，列（1）以技术创新为被解释变量，金融合作为解释变量的回归中，金融合作系数显著为正，同样说明金融合作对技术创新具有促进作用；列（2）以产业结构高级化协同度（AIS）为被解释变量的回归中，解释变量金融合作与中介变量技术创新的系数均显著为正，说明金融合作对产业结构高级化协同度的影响中，存在技术创新的部分中介效应，且影响比例为12.3%；列（3）以产业结构合理化协同度（ISR）为被解释变量的回归中，解释变量和中介变量系数均显著为正，说明技术创新在金融合作对产业结构合理化协同度的影响中存在部分中介效应，且影响比例为4.25%。由此可得，技术创新对产业结构高级化协同度的影响大于产业结构合理化，这是由于技术创新主要取决于创新资本的投入，技术创新促进产业结构从劳动密集型向技术密集型与资本密集型跃迁，从而促进产业结构的高级化发展，而其短期内并对产业资源的合理配置与三次产业的均衡发展作用效果不明显。

表 8-6 技术创新中介效应回归结果 2

| 变量 | (1)<br>lnPatent | (2)<br>AIS | (3)<br>ISR |
|---|---|---|---|
| Financial_Score | 0.762 ***<br>(0.130) | 0.064 ***<br>(0.011) | 0.045 ***<br>(0.007) |
| lnPatent | | 0.007 * | 0.002 ** |
| 控制变量 | 控制 | 控制 | 控制 |
| _cons | 5.634 ***<br>(0.791) | 0.822 ***<br>(0.067) | 1.313 ***<br>(0.042) |
| N | 436 | 436 | 436 |
| F | 30.76 | 16.94 | 24.44 |
| adj. R² | 0.420 | 0.305 | 0.388 |

注：*p<0.1，**p<0.05，***p<0.01。

# 8.5　本章小结

根据理论部分推理与假设,技术创新、进出口贸易与资本流动是中国与共建"一带一路"国家金融合作的产业协同发展效应的三个传导路径,本章引入这三个中介变量,进行中介效应检验。检验结果显示,我国与共建"一带一路"国家进出口贸易、资本流动与技术创新在我国与共建国家金融合作对产业协同发展的影响中均存在部分中介效应。具体来说,中国与共建国家金融合作促进三次产业协同增长的影响中,技术创新对第二产业协同增长的影响最大(27%),第一产业次之(8.7%),对第三产业影响最小(7.4%);进出口贸易对第二产业协同增长的影响比例最大(50.0%),对第三产业协同增长的影响次之(33.3%),对第一产业协同增长的影响最小(15.8%);资本流动对第二产业协同增长影响最大(33.3%),对第三产业协同增长的影响次之(29.6%),对第一产业协同增长的影响最小(22.8%)。

中国与共建国家金融合作促进产业结构协同升级的影响中,技术创新对产业结构高级化协同发展的影响(12.3%)大于对产业结构合理化的影响(4.25%);国际贸易对产业结构高级化协同发展的影响(26.0%)大于产业结构合理化(14.9%);资本流动对产业结构合理化协同发展的影响(25.5%)大于对产业结构高级化协同发展的影响(16.4%)。

由本章可得的政策含义与启示为:通过对技术创新、进出口贸易与资本流动传导效应的验证,本章研究结论对降低生产要素流动壁垒,加快对外直接投资、跨国公司并购、贸易自由化、国际人才与技术引进,大力扶持发展新兴产业,广泛开展国际经济合作,从而反哺本国经济,促进共建国家产业协同发展具有一定的参考意义。

# 第 9 章

# 研究结论、对策建议与进一步研究方向

本章在归纳总结前文理论机理、现状描述与实证检验等内容后得出研究结论，并从推动金融合作向纵深发展、把握产业协同发展的趋势和方向及畅通金融合作对产业协同发展的作用渠道三个维度提出政策建议，以期为我国制定与共建"一带一路"国家金融合作与产业协同发展策略提供参考。

## 9.1 研究结论

在全球金融自由化的浪潮中，金融开放成为众多新兴市场国家金融体系改革的重要议题，在面对国内外复杂的政治经济局势时，广泛开展金融合作，是中国促进"双循环"发展的有效手段。新的现代化历史发展背景下，我国需要开展更大范围、更高水平、更深层次的国际金融合作，凸显与共建"一带一路"国家金融合作促进产业协同发展的积极效果。本书构建理论框架，厘清金融合作促进产业协同发展的理论逻辑与直接效应、空间效应及中介效应，在描述与测算我国与共建"一带一路"国家金融合作水平与产业协同发展程度的基础上，分别采用固定效应模型、门限效应模型、中介效应模型与空间杜宾模型，就共建"一带一路"国家金融合作促进产业协同发展的直接效应、中介效应及空间效应存在性及作用效果进行实证检验，研究结果表明：

（1）"一带一路"倡议提出以来，中国与共建国家的金融合作水平不断提升，但仍然有80%以上的国家和中国的合作水平较低，因此，中国与共建国家的金融合作还有较大的提升空间。具体表现为：货币互换方面：中国与共建国家的货币互换还集中在少数国家，而大部分国家没有实现互换或者互换额度较小；金融机构互设方面。中资银行分支机构在共建"一带一路"国家的覆盖率还很低，主要集中在东南亚、俄罗斯和阿联酋等国家和地区。中资银行在共建国家布局时间短，还未完全实现本土化经营，面临着较大的竞争压力；资本市场开放方面：中国与共建国家签订的 QFII & RQFII 投资协议集中在新加坡、马来西亚、泰国等个别东盟国家，与其他大部分共建国家没有签订投资协议，或批准的投资额度较低。中国对共建"一带一路"国家的证券投资中，投资总额逐年上涨，且涨幅较大，其中，股票资产总额与比例有所下降，而债务资产规模与比例却在逐年上升，说明中国与共建"一带一路"国家的债务问题逐渐凸显，未来合作的债务风险将加大；金融监管方面：目前金融监管合作还未全面覆盖，中国虽然与许多国家签署了多项区域金融监管协议，但实质性的合作相对较少。

（2）中国与共建国家具有不同的要素禀赋与产业优势，处于不同的工业化阶段，产业结构差异性较大，与中国在产业分工上存在一定的竞争与互补关系。其中，东南亚国家与中国在第一产业与第三产业上具有较好的协同发展空间，而在制造业方面与中国存在一定竞争关系；南亚和中亚国家，第一产业比重较高，第二产业比重略低于中国，第三产业发展程度不高，与中国形成较好的互补性；西亚北非属于石油、天然气等矿产资源丰富的区域，其采矿业发达，因此第二产业比重较大，与中国在资源方面形成良好的互补性。独联体国家整体产业结构相近，在第一产业上各具自然资源禀赋，第三产业相对发达，与中国存在一定互补性；而中东欧国家第二、第三产业占比相对较高，又由于与欧洲接壤，旅游资源丰富，第三产业发达，与中国形成良好的产业互补性。这就意味着中国作为全球制造业大国，以其丰富的产业门类，可以与共建"一带一路"国家通过资源优势互补与互联互通，将产业进行很好的对接，从而充分带动共建"一带一路"国家三次产业发展与经济增长。

（3）中国与共建"一带一路"国家金融合作能够促进合作国之间三次产业的协同增长与产业结构的协同升级。2013年后中国与共建国家的金融合作对产业协同发展的促进作用大于2013年以前，且中国与东盟国家的金融合作对产业协同发展的促进作用大于非东盟国家。经济发展程度、对外开放水平、外商投资水平、高科技竞争力、国家距离基础设施建设、制度质量对中国与共建国家的产业协同发展具有促进作用。这是因为共建国家经济发展程度、对外开放水平、外商投资水平、高科技竞争力、基础设施建设程度越高，制度质量越好，与中国地理距离越邻近，与中国在跨境资本、技术、贸易、人员方面的要素流动就越频繁，就越能产生空间溢出效应与协同效应，而金融发展水平对产业协同发展的影响表现为先抑制后促进的作用，只有当共建"一带一路"国家金融发展水平达到一定程度才能促进与中国的产业协同发展。

（4）中国与共建"一带一路"国家金融合作通过技术创新、进出口贸易与资本流动三条路径产生产业协同发展效应。技术创新、国际贸易与资本流动均对第二产业增长协同的促进作用最大；国际贸易与技术创新对产业结构高级化协同度的促进作用大于产业结构合理化，而资本流动对产业结构合理化协同度的促进作用大于产业结构高级化。因为技术创新是促进产业发展的根本动力，是推动区域产业链和国家间产业结构协同升级的纽带；进出口贸易是国家间实现优势资源共享的渠道；对外直接投资与外商直接投资是促进要素流动、产业结构升级的有效方式。

（5）中国与共建"一带一路"国家金融合作对产业协同发展的促进作用具有较强的空间溢出效应。本地区与中国的金融合作能够促进资本、技术、信息等要素资源的流动与共享，进而通过金融发展与技术创新的空间溢出效应以及产业链的空间协同效应，带动邻近地区的金融发展、技术创新、国际贸易与对外直接投资的发展，促进产业分工布局、加快产业转移升级、加强产业关联，从而推进邻近地区与中国产业的协同增长与协同升级；在 2013 年"一带一路"倡议提出前后，金融合作对产业协同发展的影响存在正向空间溢出效应，即本地区与中国的金融合作的提升会对相邻地区与中国产业协同发展产生正向影响，且 2013 年后的影响大于 2013 年之前；无论是东盟国家还是非东盟国家，与中国的金融合作均能够促进其相邻地区与中国的产业协同发展，且东盟国家的促进作用效果大于非东盟国家，说明东盟国家内部的溢出效应大于非东盟国家。

# 9.2　对策建议

金融是"一带一路"经济高质量发展的资金支撑，在当前世界经济增速放缓，政治局势动荡持续的情况下，高质量推进"一带一路"建设，需要加快推进共建"一带一路"国家的金融合作以促进共建各国经济复苏发展与产业结构协同转型升级。在此过程中，需要加强以下几方面的措施。

## 9.2.1　推动金融合作向纵深发展

### 1. 完善金融合作机制与政策保障

"一带一路"倡议下，各国金融政策沟通协调机制的建设和完善应以合作共赢为基础，在现有的金融交流合作平台亚太经济合作组织（APEC）峰会和东亚太平洋央行行长会议的基础上，需进一步建立健全金融合作机制与合作业务，针对成员之间的金融监管、金融政策协调、信息披露等问题，各成员可以通过平等协商达成更深层次的共识，促进金融合作的深化。首先，深入的金融合作需要建立与加深政府间的政治互信，共建"一带一路"国家众多，我国与共建"一带一路"国家之间需要采取"求同存异、协同发展"的方针和政策，协调好与不同类型国家之间的关系，把金融合作的重点对象放在东盟、金砖国家、中亚、俄罗斯等与中国保持良好关系和密切来往的国家和地区，此后，分阶段、分目标地逐步提升与各个共建国家的金融合作水平。其次，伴随着"一带一路"金融合作的发展，金融合作规则、标准、法律法规体系需要进一步建设和完善。需要在已有金融规则基础上，进行政策的协调和规则体系的创新，建立起更加公平合理的金融交易、金融征信及金融监管规则与标准、同时完善相关法律制度及争端处理机制，从而提升"一带一路"整体金融治理能力，为发展中国家争取更多的话语权。最后，需要完善我国政府部门、政策性金融机构、商业银行、民间资本、金融监管部门等各方在推动金融合作方面的政策与协调机制，并从制度、法律、技术、人才、组织体系等方面实施保障。

2. 促进金融机构互设与金融服务对接

我国需要在做好风险防范，确保国家安全的前提下，进一步扩大金融对外开放水平，加强与共建"一带一路"国家金融机构交流合作。鼓励我国银行机构走出去，适度降低与共建国家互设分支机构或海外办事处的准入门槛，继续扩大银行机构海外分支机构的规模和数量，改善分布不平衡的现状，完善银行业机构的网络化布局，加强银行机构同业合作，开发出针对合作国当地需求的融资产品，不断提高金融服务能力与服务质量。为进出口贸易与对外直接投资提供创新性融资产品。例如，开展跨区域融资代理、银团贷款，创新应用跨境人民币供应链融资产品等业务。在促进跨境支付服务方面，中国与共建国家应加快推行本币结算，设立跨境清算银行与跨境支付系统，并鼓励在贸易结算中使用人民币支付，提高人民币在国际货币体系中的地位。此外，支持中国与共建各国保险机构、证券机构、征信机构、基金管理公司等其他金融机构互设海外分支机构或办事处，加强信息共享与同业合作，并在合作中进行业务创新，提供更加符合本地市场与客户需求的专业化与个性化的金融产品与综合性的金融业务和服务，共同打造全方位、多层次的风险管理和保障体系。总之，要完善我国与共建"一带一路"国家金融业联动网络建设，不断提高金融服务的数字化与普惠性，提升"一带一路"区域整体金融发展水平，更好地服务于贸易、投资与产业发展，助推区域经济增长。

### 3. 拓展多样化融资渠道与融资方式

共建"一带一路"基础设施建设和产能合作潜力巨大，融资缺口亟待弥补，单个项目可能需要通过多个融资渠道获取资金，因此需要加强多重融资渠道的合作。鉴于此，首先，需要继续加大亚投行、国家开发银行、中国出口信用保险公司等政策性金融机构对共建国家的融资支持。其次，人民币债券市场的开放既可以为参与"一带一路"建设的企业提供直接和间接的融资支持，又可以降低融资成本和融资风险，因此，需要进一步拓展债券、股票、基金、保险等市场化、多元化的资本市场融资渠道，重点发展开放型人民币债券市场。最后，探索新型国际投融资模式，利用各国主权基金、股权投资基金、银团贷款、民间资本及政府和社会资本联合（PPP）的融资模式，实现融资来源多样化。其中，社会资本具有规模大、市场敏感度高、运营经验丰富、投资效率高的优势，而政府则可为社会资本提供政策指导、政策优惠与政策担保等支持，并承担项目实施过程可能产生的政治、法律和社会风险。将政府与社会资本联合（PPP）是解决"一带一路"建设融资困境的有效途径之一，因此需要充分调动两种资本的积极性，发挥其各自优势，使其参与到共建"一带一路"国家的投融资框架中。

### 4. 建立健全"一带一路"风险防范及化解机制

全面及时的信用风险信息分享系统是融资过程中的重要组成部分，目前共建"一带一路"国家的风险状况不容乐观，信用风险评价体系不完善，不利于投资融资决策，因此当前形势下，对于金融风险的防控与预警，避免系统性金融风险的发生，应对金融制裁应成为共建"一带一路"国家金融合作的首要任务和重中之重。首先，建立健全"一带一路"建设统筹协调监管合作机制，提升防范金融风险能力。搭建以"一带一路"建设参与国为主的征信与监管合作平台，加强与共建国家间监管机构之间的沟通协调；定期发布共建"一带一路"国家风险报告，促进区域内国家风险与信用信息的共享；我国应与共建国家在完善监管法律法规、统一监管标准、加强监管政策协调等方面达成共识。其次，应用监管科技，避免监管割据和盲区。技术上，需要将新兴数字技术运用到金融监管中，强化监管科技运用，提高监管判断的前瞻性、有效性，提升金融风险技术防范能力。最后，建立事后反馈机制，修复监管漏洞，不断完善监管体系。在发生金融风险后，要及时反馈相关信息，从风险处理中汲取经验教训，修复存在的监管漏洞。利用金融科学技术建立智能式分析系统，既可以减少一般性、重复性人力监管的工作量，也能够识别人力监管难以发现的风险线索，保证监管效率。对已发现的风险因素，要及时反馈到风险处理系统，不断更新金融风险信息库，保证出现类似风险能够及时制止。将风险总结报告递交给上级监管部门，推动相关法律及文件的出台或修订，避免后续同类风险的再次发生。

### 9.2.2 把握产业协同发展的趋势和方向

1. 培育优势产业，加大产能合作

近年来，中国与共建 "一带一路"国家国际产能合作与产业协同发展水平稳步提升，合作方式日趋多样化，取得了多领域合作成果，但同时由于各种经济、政治原因，给区域内产业协同发展形成障碍，因此，还需要进一步探索与挖掘共建 "一带一路"国家产业的互补性，积极引进更多项目和产业对接，实现多项目、多产业的区域产业合作，努力提升产业协同发展水平。首先，提升产业核心竞争力。目前共建 "一带一路"很多国家和地区处于工业化发展初期，工业体系不完善，产业链尚未形成较好的配套设施，给外商直接投资造成了不便。因此，共建国家需要大力发展优势产业，提升产业核心竞争力。我国需要加快发展新一代信息技术、航空、高铁、核电、新能源产业，打造产业集群，培育高端装备制造业，与共建国家形成产业优势互补，产业链协同配套。其次，推动产业数字化建设，推进与共建国家（地区）在装备制造、能源资源、文化旅游等合作领域的数字化与智能化，利用互联网，区块链、云计算等数字技术，为跨国企业提供全方位多层次的数字服务平台，加强产业政策对接，监管互认与信息交换合作。最后，加快建设境外产业园区，重点推进泰中罗勇产业园、中阿产能合作示范园区、中俄丝路创新园、中哈农业创新园等既有国际合作产业园区高质量建设，力争将上述产业合作园区打造为示范性项目。

2. 实施更多对外援助项目，完善项目效应评估体系

中国政府秉承"促进共同发展"的外交宗旨，应科学规划与实施更多有利于构建人类命运共同体和改善全球治理问题的"一带一路"建设项目，且加以推行，为亚非拉地区新兴市场国家的发展注入更强劲的力量，从而有助于推进全球政治经济新格局的构建。同时，进一步完善产业协同发展的效应评估体系，落实"一带一路"建设项目的信息共享和宣传工作。以科学合理的方法来评估项目的效应，并具体展示对外项目在当地经济发展的具体表现和效应，让外界看到中国政府对外援助的诚意。

3. 构建区域产业链分工机制，提升全球价值链地位

地区或国家间的分割，阻碍了产业发展溢出效应的发挥。因此，我国与共建国家一道，要以"一带一路"建设为抓手，打破区域分割，制定产业协同发展规划，促进产业政策对接，建立区域分工合作机制，加强产业融合与关联，推动区域产业的整体发展。通过建立共建"一带一路"国家区域分工合作机制，国家或地区可保留本地区优势产业的设计、研发环节，将生产、制造环节转移到区域内的周边国家，以此对全产业链进行整合，推动相关产业上下游企业向本国集聚，从而形成全产业链生产网络，并提升区域产业综合实力与国际竞争力。在加快构建"双循环"新发展格局背景下，中国应摆脱过往只嵌入发达国家主导的全球价值链的发展模式，更需要加快重塑本土产业链，逐步形成自主可控的产业链，并致力于产业链的结构优化，努力向全球价值链中高端攀升。

### 9.2.3 畅通金融合作对产业协同发展的作用渠道

1. 加快基础设施建设，提升贸易投资便利化水平

由于共建"一带一路"国家和地区基础设施发展滞后，交通便利化水平较低，一定程度上制约了国际产能合作。因此，需要借助世界银行、亚投行、亚洲开发银行、国家开发银行等区域性金融组织和开发性金融机构

的力量，获取基础设施建设融资支持。中国的基建工程团队可以驻外帮助共建国家继续进行铁路、公路、桥梁等基础设施建设，拉近我国与共建国家的地理距离，联通共建国家间基础设施网络。在促进对外贸易便利化方面，在借助区域全面经济伙伴关系协定（RCEP）等区域贸易组织的基础上，积极开展贸易协商，拓展更多贸易伙伴。通过签订自由贸易协定，建设自由贸易区，降低进出口关税，降低运输成本等措施，促进区域内自由贸易的发展。竞争策略以及数字贸易等方面，在建立规则、标准的基础上，考虑各个国家安全诉求，强化彼此之间的协调。在强化实施退税、出口信用保险建设的基础上，发展数字贸易、离岸贸易，提升我国对外贸易核心竞争力。在新的国际局势下，我国需要加入新型全球价值产业链分工，在扩大进口以及市场准入层面大力发展，构建国家新型安全防护机制。在促进投资便利化方面，结合教育、医疗、互联网以及文化等行业的开放水平，修订扩大外商投资产业目录，并不断地缩减外商投资准入负面清单，除绿地投资外，采取收购、控股、兼并、租赁等多种方式投资，并持续优化营商环境，举办多种形式的招商活动，促进重点产业外资项目对接，为招商引资提供更好的支持。

2. 提升研发创新能力，促进科技资源与人才交流

技术创新是创造比较优势，实现产业协同增长与产业链协同升级的关键力量。首先，政府应增加国内研发经费投入，提升创新能力，促进各领域自主创新产品及其衍生品在国际价值链中推陈出新。其次，应该重视生产过程中新技术的研发与应用，通过自主研发或引进先进技术，改良生产工艺，提升产品的高科技含量与国际竞争力，实现核心技术的自我研发和成果转化，以科技力量助推产业发展。此外，还应该营造良好的技术创新氛围，为科研人员提供良好物质条件和研发环境，使科研人员能够全力以赴进行研发工作。最后，共建"一带一路"国家区域劳动力整体受教育程度不高，专业技术人员与国际化人才极度缺乏，尚不能满足国际合作的要求，需要加大教育与培训力度，提高教育质量，培养更多熟悉当地语言、监管环境和市场规则的高层次人才，并促进先进国家的专家、学者、研究

人员等创新要素和资源的跨国流动，并积极统筹国际科技资源与共建国家和地区建立科技交流合作关系。

## 9.3 本研究的局限性及进一步研究展望

对金融合作与产业协同发展关系的研究，是促进"一带一路"建设的核心问题。本书尝试采取多种研究方法，从技术创新、国际贸易、跨境直接投资的视角梳理与论证了其中的理论逻辑，并完成了实证检验，但囿于研究方法的可行性和数据的可得性等障碍，本书仍然存在疏漏与不足，并不尽如人意，有待开展进一步探索。

首先，关于解释变量与被解释变量的度量指标的设计方面，由于共建"一带一路"国家众多，部分国家经济封闭、落后、局势动荡，有的国家一直存在战争，在数据获取上存在较大困难，因此，本书选取的度量指标不够全面与完美。在后续的研究中，可以将度量指标设计得更丰富、更全面。

其次，本书重点从金融机构、政府组织等宏观层面论证并选用宏观数据检验了金融合作对中国与共建"一带一路"国家产业协同发展的影响，但在微观层面，跨国企业也是我国与共建"一带一路"国家经济合作的主力军，且已有研究证实产业结构升级的微观内涵是企业生产效率的提升，因此，未来的研究可以利用微观数据和实地调研的方法，从企业层面进行论证和实证检验本书的研究问题，从而为本书提供微观层面的证据。

此外，与本书研究相关的影响因素、经济发展水平、外商直接投资水平、人力资本水平、高科技竞争力等只是进行了简单的回归分析，基于直观和已有文献进行判断，并没有深入研究这些因素与国家间产业协同发展的关系。尤其是对于金融风险，由于数据的缺失，并未将其作为调节变量或中介变量，深入研究金融风险在金融合作对产业协同发展中所起的影响作用。因此，未来有必要对相关因素进行深入分析和详尽论证，从而扩展更多新的研究问题。

最后，对于中国与共建"一带一路"国家金融合作的研究，应将绿色金融合作作为未来研究的重点方向。2020年国家主席习近平在第七届联合国大会中指出，中国将加快绿色低碳转型，实现绿色复苏发展。[①] 该目标的提出也为中国与共建"一带一路"国家的金融合作指明了新的方向。共建"一带一路"国家金融合作应聚焦和发挥各类资本的优势，有序引导资金流向新能源、环保等绿色产业或绿色投资项目，形成"一带一路"经贸合作与绿色发展相结合的发展格局。因此，绿色金融合作将成为研究的主要趋势。

---

① 习近平在第七十五届联合国大会一般性辩论上的讲话［EB/OL］. 中共中央党校网站，2020 – 09 – 22.

# 参 考 文 献

[1] 安虎森，蒋涛．一体化还是差别化——有关区域协调发展的理论解析 [J]．当代经济科学，2006（04）：53－63＋126.

[2] 安虎森，肖欢．我国区域经济理论形成与演进 [J]．南京社会科学，2015（09）：23－30.

[3] 白力，王明生．"一带一路"国家政治风险影响中国对外投资的实证研究 [J]．南京社会科学，2022（05）：66－74.

[4] 鲍星．金融开放、技术创新与产业结构调整——基于中等收入国家的分析 [J]．南京审计大学学报，2020，17（01）：54－61.

[5] 蔡红艳，阎庆民．产业结构调整与金融发展——来自中国的跨行业调查研究 [J]．管理世界，2004（10）：79－84.

[6] 蔡琦．金融支持"双循环"发展赋能中国—东盟经贸合作的路径 [J]．广西社会科学，2022（08）：55－61.

[7] 钞小静，任保平．中国经济增长质量的时序变化与地区差异分析 [J]．经济研究，2011，46（04）：26－40.

[8] 陈爱贞，陈凤兰．中国与"一带一路"国家产业链、供应链竞合：基础、发展与对策 [J]．厦门大学学报（哲学社会科学版），2022，72（06）：40－53.

[9] 陈凤兰，陈爱贞．RCEP区域产业链发展机制研究——兼论中国产业链升级路径 [J]．经济学家，2021（06）：70－80.

[10] 陈广汉，任晓丽．粤港澳大湾区城市群产业集聚变动的经济效应分析 [J]．亚太经济，2021（02）：143－152.

[11] 陈建军，刘月，邹苗苗．产业协同集聚下的城市生产效率增

进——基于融合创新与发展动力转换背景 [J]. 浙江大学学报（人文社会科学版），2016，46（03）：150-163.

[12] 陈明华，刘玉鑫，王山，等. 金融发展对城市经济差距的影响效应及传导路径——基于长三角地区产业分解的经验考察 [J]. 城市问题，2020（03）：57-67.

[13] 陈启清. 竞争还是合作：国际金融监管的博弈论分析 [J]. 金融研究，2008（10）：187-197.

[14] 陈世金，王爱萍，胡海峰. 金融开放与产业结构变化：国际经验比较 [J]. 国际金融研究，2021（07）：46-55.

[15] 陈四清. 去全球化背景下亚洲金融合作的新思路 [J]. 国际金融研究，2016（08）：3-12.

[16] 陈曦，朱建华，李国平. 中国制造业产业间协同集聚的区域差异及其影响因素 [J]. 经济地理，2018，38（12）：104-110.

[17] 陈小凡，邹宏元，陈丽. 金融一体化进程中的东亚风险分担研究——纳入估值效应渠道的实证 [J]. 亚太经济，2019（02）：33-42+150.

[18] 陈雨露，罗煜. 金融开放与经济增长：一个述评 [J]. 管理世界，2007（04）：138-147.

[19] 程贵. 丝绸之路经济带国际核心区货币金融合作的困境及其破解 [J]. 经济纵横，2015（11）：35-39.

[20] 苏春子. 东亚金融一体化的经济效应研究 [D]. 沈阳：辽宁大学，2018.

[21] 崔海洋，袁倩莹. 数字金融、产业结构升级与包容性增长——基于区域和城乡协调发展的视角 [J]. 云南民族大学学报（哲学社会科学版），2022，39（05）：108-116.

[22] 戴金平，万志宏. APEC的货币金融合作：经济基础与构想 [J]. 世界经济，2005（05）：12-20.

[23] 戴鹏毅，杨胜刚，袁礼. 资本市场开放与企业全要素生产率

[J]. 世界经济, 2021, 44 (08): 154-178.

[24] 邓平平. 对外贸易、贸易结构与产业结构优化 [J]. 中国工业经济, 2018, 37 (08): 27-34.

[25] 杜婕, 乔琳, 花秋玲. 国际金融合作与经济增长——基于中国—东盟国家经验的实证研究 [J]. 学术交流, 2022 (09): 103-119+191-192.

[26] 陏广军, 黄亮雄, 黄兴. 中国对外直接投资、基础设施建设与"一带一路"沿线国家经济增长 [J]. 广东财经大学学报, 2017 (1): 32-44.

[27] 樊勇明, 钱亚平. 区域国际公共产品与东亚合作 [M]. 上海: 上海人民出版社, 2014.

[28] 付保宗, 盛朝迅, 徐建伟, 等. 加快建设实体经济、科技创新、现代金融、人力资源协同发展的产业体系研究 [J]. 宏观经济研究, 2019 (04): 41-52+97.

[29] 干春晖, 郑若谷. 改革开放以来产业结构演进与生产率增长研究——对中国 1978~2007 年"结构红利假说"的检验 [J]. 中国工业经济, 2009, 251 (02): 55-65.

[30] 干春晖, 郑若谷, 余典范. 中国产业结构变迁对经济增长和波动的影响 [J]. 经济研究, 2011, 46 (05): 4-16+31.

[31] 葛鹏飞, 韩永楠, 武宵旭. 中国创新与经济发展的耦合协调性测度与评价 [J]. 数量经济技术经济研究, 2020, 37 (10): 101-117.

[32] 郭建鸾, 闫冬. "一带一路"倡议下国际产能合作风险与对策研究 [J]. 国际贸易, 2017 (04): 19-25.

[33] 郭卫军, 黄繁华. 高技术产业与生产性服务业协同集聚如何影响经济增长质量? [J]. 产业经济研究, 2020 (06): 128-142.

[34] 国晓丽. 银行信贷对三次产业增长作用的差异分析: 北京例证 [J]. 经济经纬, 2011 (05): 46-49.

[35] 韩丹. 我国股市融资的行业选择与产业增长研究——基于面板

数据模型的研究 [J]. 经济问题, 2008 (06): 33 - 35.

[36] 韩萌. "双碳"目标下中欧绿色金融合作的基础、阻力与对策研究 [J]. 理论学刊, 2022 (02): 65 - 73.

[37] 韩永辉, 罗晓斐, 邹建华. 中国与西亚地区贸易合作的竞争性和互补性研究——以"一带一路"战略为背景 [J]. 世界经济研究, 2015 (3): 38 - 44.

[38] 何建军, 毛文莉, 潘红玉. 中国 - 东盟金融合作与区域创新发展 [J]. 财经理论与实践, 2022, 43 (02): 17 - 23.

[39] 胡金焱, 张博. 民间金融、产业发展与经济增长——基于中国省际面板数据的实证分析 [J]. 中国工业经济, 2013 (08): 18 - 30.

[40] 胡晓鹏. 产业共生: 理论界定及其内在机理 [J]. 中国工业经济, 2008 (09): 118 - 128.

[41] 胡艳, 朱文霞. 基于生产性服务业的产业协同集聚效应研究 [J]. 产经评论, 2015, 6 (02): 5 - 14.

[42] 胡颖. 东亚金融体系变革与区域金融合作的深化 [J]. 亚太经济, 2005 (04): 2 - 5.

[43] 黄红光, 白彩全, 易行. 金融排斥、农业科技投入与农业经济发展 [J]. 管理世界, 2018, 34 (09): 67 - 78.

[44] 黄凌云, 黄秀霞. "金砖五国"金融合作对五国及全球经济的影响研究——基于GTAP模型的实证模拟 [J]. 经济学家, 2012 (04): 77 - 85.

[45] 黄益平. 关于中国数字金融创新与发展的几个观点 [J]. 金融论坛, 2021, 26 (11): 3 - 5 +36.

[46] 霍利斯·钱纳里. 工业化和经济增长的比较研究 [M]. 吴奇. 上海: 三联书店. 2015.

[47] 纪祥裕, 顾乃华. 生产性服务业与制造业协同集聚具有创新驱动效应吗 [J]. 山西财经大学学报, 2020, 42 (07): 57 - 70.

[48] 季志业, 桑百川, 翟崑, 等. "一带一路"九周年: 形势、进

展与展望［J］．国际经济合作，2022，419（05）：4－27＋94．

［49］贾妮莎，韩永辉．外商直接投资、对外直接投资与产业结构升级——基于非参数面板模型的分析［J］．经济问题探索，2018（02）：142－152

［50］江春，苏志伟．金融发展如何促进经济增长——一个文献综述［J］．金融研究，2013（09）：110－122．

［51］金浩，刘肖．产业协同集聚、技术创新与经济增长——一个中介效应模型［J］．科技进步与对策，2021，38（11）：46－53．

［52］金祥义，张文菲，施炳展，等．绿色金融促进中国出口贸易发展了吗？［J］．金融研究，2022（05）：38－56．

［53］李爱真，苏治，付红妍．金融发展、技术创新与产业升级关系的实证研究——基于中国277个地级市面板数据［J］．经济纵横，2022（05）：39－51．

［54］李宝庆，孙尚伟．中国对外区域金融合作模式探析——兼论深化中阿金融合作［J］．世界经济与政治论坛，2015（05）：158－172．

［55］李富有，于静．欧洲模式借鉴：东亚货币合作的路径选择与政策协调［J］．当代经济科学，2004（02）：49－54＋95．

［56］李海东，王帅，刘阳．基于灰色关联理论和距离协同模型的区域协同发展评价方法及实证［J］．系统工程理论与实践，2014，34（07）：1749－1755．

［57］李红权，唐纯，甘顺利．我国对外金融合作的经济增长效应：来自“一带一路”沿线国家的研究［J］．金融理论探索，2018（02）：3－12．

［58］李建军，李明洲，彭俞超．“一带一路”倡议与沿线国家金融效率［J］．金融评论，2022，14（02）：35－52＋124．

［59］李俊久，蔡琬琳．“一带一路”背景下中国与东盟货币合作的可行性研究［J］．亚太经济，2020（04）：39－48＋149．

［60］李琳，刘莹．中国区域经济协同发展的驱动因素——基于哈肯

模型的分阶段实证研究 [J]. 地理研究, 2014, 33 (09): 1603 - 1616.

[61] 李晓, 丁一兵. 全球金融动荡环境下的东亚金融合作: 政策选择及建议 [J]. 国际经济评论, 2008 (06): 45 - 49.

[62] 李晓玉. "一带一路" 倡议中的国际产能合作发展及深化策略 [J]. 经济研究参考, 2016 (67): 3 - 9.

[63] 李新功. 货币错配与东亚金融合作路径选择 [J]. 亚太经济, 2009 (03): 23 - 27.

[64] 李雪松, 龚晓倩. 地区产业链、创新链的协同发展与全要素生产率 [J]. 经济问题探索, 2021 (11): 30 - 44.

[65] 李延喜, 何超, 周依涵. 金融合作提升 "一带一路" 区域创新能力研究 [J]. 科研管理, 2019, 40 (09): 1 - 13.

[66] 李勇, 袁晓玲. 基于最优货币区视角的古丝绸之路地区人民币区域化研究——以欧亚十国为例 [J]. 经济经纬, 2017, 34 (03): 55 - 61.

[67] 梁双陆, 刘林龙, 郑丽楠. 金融合作对产业升级的影响研究——基于中国—东盟合作的分析 [J]. 当代经济研究, 2020 (10): 97 - 105.

[68] 林毅夫, 付才辉. 金融创新如何推动高质量发展——新结构经济学的视角 [J]. 全球商业经典, 2019 (12): 76 - 83.

[69] 林毅夫, 孙希芳, 姜烨. 经济发展中的最优金融结构理论初探 [J]. 经济研究, 2009, 44 (08): 4 - 17.

[70] 林毅夫, 章奇, 刘明兴. 金融结构与经济增长: 以制造业为例 [J]. 世界经济, 2003 (01): 3 - 21 + 80.

[71] 刘方, 丁文丽. 中国 - 东盟金融合作指数的构建及其演变特征 [J]. 对外经济贸易大学学报, 2020 (01): 71 - 83.

[72] 刘军梅, 郑民. 国际经验视野下的 SCO 金融合作: 约束条件与突破方向 [J]. 复旦学报 (社会科学版), 2011 (06): 109 - 116.

[73] 刘军, 王佳玮, 程中华. 产业聚集对协同创新效率影响的实证

分析 [J]. 中国软科学, 2017 (06): 89 - 98.

[74] 刘莉亚, 何彦林, 王照飞, 等. 融资约束会影响中国企业对外直接投资吗? ——基于微观视角的理论和实证分析 [J]. 金融研究, 2015 (08): 124 - 140.

[75] 刘亮. 区域协同背景下长三角科技创新协同发展战略思路研究 [J]. 上海经济研究, 2017 (04): 75 - 81.

[76] 刘伟, 张辉. "一带一路"产业与空间协同发展 [M]. 北京: 北京大学出版社, 2017.

[77] 刘怡, 周凌云, 耿纯. 京津冀产业协同发展评估: 基于区位熵灰色协同度的分析 [J]. 中央财经大学学报, 2017 (12): 119 - 129.

[78] 龙海明, 姜辉, 蒋鑫. 金融发展影响产业结构优化的空间效应研究 [J]. 湖南大学学报 (社会科学版), 2020, 34 (02): 42 - 48.

[79] 卢爱珍. "丝绸之路经济带"建设中中国与中亚五国的金融合作机制构建与完善 [J]. 经济研究参考, 2018 (63): 21 - 27.

[80] 卢峰. 产品内分工 - 一个分析框架 [J]. 经济学季刊, 2014, 4 (01): 55 - 82.

[81] 罗超平, 张梓榆, 王志章. 金融发展与产业结构升级: 长期均衡与短期动态关系 [J]. 中国软科学, 2016 (05): 21 - 29.

[82] 罗传钰. 国际经济政策协调下的中国—东盟金融协调合作 [J]. 亚太经济, 2011, (04): 32 - 36 + 48.

[83] 骆平原, 王业斌. 银行业市场结构与产业增长关系研究 [J]. 广西民族大学学报 (哲学社会科学版), 2017, 39 (03): 166 - 172.

[84] 马建堂, 等. 构建"一带一路"产能合作网络 [M]. 北京: 中国发展出版社, 2020.

[85] 马子玉, 李巍, 王琦. 金融发展促进区域经济一体化了吗? ——来自长三角区域的经验证据 [J]. 哈尔滨商业大学学报 (社会科学版), 2022 (02): 43 - 57.

[86] 毛盛志, 张一林. 金融发展、产业升级与跨越中等收入陷阱——

基于新结构经济学的视角 [J]. 金融研究, 2020 (12): 1 - 19.

[87] 穆良平, 姬振天. 货币区域化视角下国际区域金融合作对东亚的启示 [J]. 理论探讨, 2016 (04): 90 - 94.

[88] 邵汉华, LIU Yaobin. 金融结构与经济增长的非线性门槛效应: 基于最优金融结构的视角 [J]. 审计与经济研究, 2018, 33 (03): 119 - 127.

[89] 申韬, 陆斯琪. 金融合作机制如何促进东道国经济增长? ——基于中国与 "一带一路" 沿线国家样本数据的中介效应研究 [J]. 区域金融研究, 2022 (08): 25 - 32.

[90] 申韬, 周吴越. 金融合作、对外直接投资与东道国经济增长——基于 "一带一路" 国家面板数据的实证分析 [J]. 区域金融研究, 2021 (08): 33 - 39.

[91] 沈浩鹏. 京津冀协同视角下金融发展影响产业结构升级的机制与实证研究 [D]. 天津: 天津财经大学, 2018.

[92] 史瑞祯, 桑百川. 中国对 "一带一路" 沿线国家 OFDI 的区位选择: 要素环境竞争力视角 [J]. 国际经贸探索, 2022, 38 (08): 85 - 100.

[93] 首届 "一带一路" 高质量发展学术论坛在京举行 [EB/OL]. http: //news. china. com. cn/txt/2022 - 01/23/content_78006069. htm, 2022 - 01 - 23.

[94] 宋爽, 王永中. 中国对 "一带一路" 建设金融支持的特征、挑战与对策 [J]. 国际经济评论, 2018 (01): 108 - 123 + 7.

[95] 孙久文, 卢怡贤, 易淑昶. 高质量发展理念下的京津冀产业协同研究 [J]. 北京行政学院学报, 2020 (06): 20 - 29.

[96] 孙久文, 姚鹏. 京津冀产业空间转移、地区专业化与协同发展——基于新经济地理学的分析框架 [J]. 南开学报 (哲学社会科学版), 2015 (01): 81 - 89.

[97] 唐柳, 俞乔, 鲜荣生. 经济发展方式的 "两级转变": 基于协同论的分析 [J]. 管理世界, 2014 (05): 172 - 173.

[98] 陶长琪，陈文华，林龙辉．我国产业组织演变协同度的实证分析——以企业融合背景下的我国 IT 产业为例 [J]．管理世界，2007，171（12）：67 - 72．

[99] 田国立．打造高端区域金融合作新平台 [J]．中国金融，2019（01）：10 - 12．

[100] 田敏，刘宁，杨明．三次产业协同带动促进我国经济发展方式转变研究 [J]．经济体制改革，2011，167（02）：31 - 33．

[101] 田文．产品内贸易模式的决定与利益分配研究 [J]．国际商务．对外经济贸易大学学报，2005（05）：9 - 13．

[102] 万志宏，戴金平．东亚货币合作的现实基础——从最优货币区指数进行的解读 [J]．广东社会科学，2005（03）：26 - 31．

[103] 王保忠，何炼成，李忠民，等．金融支持"丝绸之路经济带"建设的重点方向及对策研究 [J]．经济纵横，2015（05）：61 - 65．

[104] 王静田，张宝懿，付晓东．产业协同集聚对城市全要素生产率的影响研究 [J]．科学学研究，2021，39（05）：842 - 853 + 866．

[105] 王军，付莎．金融一体化与城市群经济协调发展 [J]．财经科学，2020（10）：80 - 92．

[106] 王曼怡，郭珺妍．中国双向 FDI 的产业结构优化效应研究——基于地区金融发展水平的视角 [J]．经济与管理研究，2021，42（05）：50 - 67．

[107] 王文倩，张羽．金融结构、产业结构升级和经济增长——基于不同特征的技术进步视角 [J]．经济学家，2022（02）：118 - 128．

[108] 王翔，李凌．金融发展、产业结构与地区产业增长 [J]．财政研究，2013（05）：33 - 36．

[109] 王燕，孙超．产业协同集聚对绿色全要素生产率的影响研究——基于高新技术产业与生产性服务业协同的视角 [J]．经济纵横，2020（03）：67 - 77．

[110] 王友丽，南宁豫．粤港澳大湾区高科技产业供应链协同发展研

究 [J]. 国际贸易, 2020 (06): 37-44.

[111] 王云平, 王昌林. 三次产业协同驱动经济增长的思路和政策建议 [J]. 改革, 2008 (10): 53-64.

[112] 王子先. 欧元与东亚区域金融合作 [J]. 世界经济, 2000 (03): 70-72.

[113] 魏丽华. 京津冀产业协同发展困境与思考 [J]. 中国流通经济, 2017, 31 (05): 117-126.

[114] 魏丽华. 京津冀产业协同水平测度及分析 [J]. 中国流通经济, 2018, 32 (07): 120-128.

[115] 魏丽华. 论城市群经济联系对区域协同发展的影响——基于京津冀与沪苏浙的比较 [J]. 地理科学, 2018, 38 (04): 575-579.

[116] 温忠麟, 张雷, 侯杰泰托. 中介效应检验程序及其应用 [J]. 心理学报, 2004 (05): 614-620.

[117] 文东伟. FDI、出口开放与中国省区产业增长 [J]. 金融研究, 2013 (06): 104-117.

[118] 翁东玲. 东亚地区金融合作发展展望 [J]. 亚太经济, 2008 (06): 19-23.

[119] 邬彩霞. 中国低碳经济发展的协同效应研究 [J]. 管理世界, 2021, 37 (08): 105-117.

[120] 徐华. 三次产业协同发展机制及其产业政策 [J]. 中国经济问题, 2010 (06): 34-41.

[121] 徐力行, 高伟凯. 产业创新与产业协同——基于部门间产品嵌入式创新流的系统分析 [J]. 中国软科学, 2007 (06): 131-134+140.

[122] 徐妍. 产业集聚视角下中国高技术产业创新效率及其空间分异研究 [D]. 天津: 南开大学, 2013.

[123] 徐德云. 产业结构升级形态决定、测度的一个理论解释及验证 [J]. 财政研究, 2008, 299 (01): 46-49.

[124] 许家云, 周绍杰, 胡鞍钢. 制度距离、相邻效应与双边贸易——

基于"一带一路"国家空间面板模型的实证分析 [J]. 财经研究，2017 (1)：71 - 82.

[125] 许培源，罗琴秀. "一带一路"自由贸易区网络构建及其经济效应模拟 [J]. 国际经贸探索，2020，36 (12)：4 - 19.

[126] 薛畅，何青，张策. 银行业的跨地联通与区域协同发展 [J]. 系统工程理论与实践，2023，43 (01)：1 - 19.

[127] 亚当·斯密. 国富论 [M]. 郭大力，王亚南. 北京：商务印书馆，2015.

[128] 杨道玲，任可，秦强. 京津冀产业协同的驱动因素研究 [M]. 宏观经济管理，2022 (01)：52 - 59 + 67.

[129] 杨栋旭，于津平. "一带一路"沿线国家投资便利化对中国对外直接投资的影响：理论与经验证据 [J]. 国际经贸探索，2021，37 (03)：65 - 80.

[130] 杨津. 金融业发展与区域经济增长 [D]. 天津：天津师范大学，2016.

[131] 杨子荣，张鹏杨. 金融结构、产业结构与经济增长——基于新结构金融学视角的实证检验 [J]. 经济学（季刊），2018，17 (02)：847 - 872.

[132] 叶芳. 集体行动逻辑下的金砖国家金融合作机制——基于区域间国际公共产品视角 [J]. 财政研究，2018 (04)：98 - 107.

[133] "一带一路"金融合作研究院何界生：为推动全球经济复苏贡献中国智慧和中国方案 [EB/OL]. https://www. cebnet. com. cn/20201126/102705305. html，2020 - 11 - 26.

[134] 易会满. 经济一体化与金融区域化——长江三角洲经济发展中的金融联动策略研究 [J]. 金融论坛，2004 (02)：3 - 10 + 62.

[135] 易信，刘凤良. 金融发展与产业结构转型——理论及基于跨国面板数据的实证研究 [J]. 数量经济技术经济研究，2018，35 (06)：21 - 39.

[136] 易信. 新一轮科技革命和产业变革对经济增长的影响研究——基于多部门熊彼特内生增长理论的定量分析 [J]. 宏观经济研究, 2018, 240 (11): 79 - 93.

[137] 尤宏兵, 徐孟云, 王恬恬. 中国——东盟金融合作深化发展面临的障碍与路径选择 [J]. 经济研究参考, 2019 (05): 111 - 119.

[138] 于江. 高新技术产业集群式协同创新模式研究 [J]. 财经问题研究, 2008 (12): 41 - 44.

[139] 余永定, 何帆, 李婧. 亚洲金融合作: 背景、最新进展与发展前景 [J]. 国际金融研究, 2002 (02): 6 - 12.

[140] 余永定, 何帆, 李婧. 亚洲金融合作的发展前景 [J]. 经济研究参考, 2002 (39): 38.

[141] 余永定, 杨博涵. 中国城市化和产业升级的协同发展 [J]. 经济学动态, 2021 (10): 3 - 18.

[142] 喻旭兰. 经济周期同步性与东亚金融合作的可行性研究 [J]. 经济研究, 2007, 42 (10): 82 - 94.

[143] 喻旭兰, 王耀宗. 东亚金融市场合作的福利收益分析 [J]. 云南师范大学学报 (哲学社会科学版), 2014, 46 (04): 137 - 146.

[144] 袁航, 朱承亮. 国家高新区推动了中国产业结构转型升级吗? [J]. 中国工业经济, 2018 (08): 60 - 77.

[145] 原小能. 国际产业转移新趋势与江苏产业升级 [J]. 南京财经大学学报, 2004 (06): 21 - 24.

[146] 曾繁清, 叶德珠. 金融体系与产业结构的耦合协调度分析——基于新结构经济学视角 [J]. 经济评论, 2017 (03): 134 - 147.

[147] 曾国平, 王燕飞. 中国金融发展与产业结构变迁 [J]. 财贸经济, 2007 (08): 12 - 19 + 128.

[148] 曾倩. 中国对 "一带一路" 国家直接投资的母国产业结构升级效应研究 [M]. 西安: 西北大学, 2019.

[149] 翟昆, 王继民. "一带一路" 沿线国家五通指数报告 [M]. 北

京：商务印书馆，2018

［150］张虎，韩爱华，杨青龙．中国制造业与生产性服务业协同集聚的空间效应分析［J］．数量经济技术经济研究，2017，34（02）：3-20．

［151］张靖佳，史睿．金融营商环境与 RCEP 推进亚太金融合作路径［J］．南开学报（哲学社会科学版），2022（01）：93-102．

［152］张楠．金融开放与中国经济结构转型——基于 Pugno 修正模型的实证研究［J］．国际金融研究，2015（10）：32-42．

［153］张其仔，郭朝先，等．"一带一路"国家竞争力分析［M］．北京：社会科学文献出版社，2017．

［154］张亚斌，刘俊，李城霖．丝绸之路经济带贸易便利化测度及中国贸易潜力［J］．财经科学，2016（5）：112-122．

［155］张妍．三次产业协同发展视角下的开发区产业集群效应分析——以兰州新区为例［J］．北京交通大学学报（社会科学版），2020，19（04）：35-44．

［156］张一林，龚强，荣昭．技术创新、股权融资与金融结构转型［J］．管理世界，2016，278（11）：65-80．

［157］张志强．金融结构与经济发展的影响机制——基于"新结构主义"和"金融服务"视角的分析［J］．商业研究，2019（04）：60-68．

［158］张宗新．经济转型期融资制度绩效的经济解析［J］．管理世界，2002（10）：3-11．

［159］郑长德，杨海燕．现代西方金融理论［M］．北京：中国经济出版社，2011．

［160］郑海青．东亚消费风险分担的度量及潜在福利分析［J］．财经研究，2008，34（09）：91-100．

［161］郑小松，贾佳俊．"丝绸之路经济带"国家间金融合作经济效应的实证研究［J］．经济学人杂志，2017，28（05）：542-551．

［162］郑玉雯，薛伟贤．丝绸之路经济带沿线国家协同发展的驱动因素——基于哈肯模型的分阶段研究［J］．中国软科学，2019（02）：78-

92.

[163] 支燕，白雪洁. 中国汽车产业的协同演进特征及协同度提升策略——基于四时点投入产出表的实证分析 [J]. 中国工业经济，2011 (07)：76 – 85.

[164] 中川利香. アジア地域金融協力の取り組み [J]. アジ研ワールド・トレンド，2007，(144)：6 – 9.

[165] 中国人民银行周小川行长出席 2009 年国际货币与金融委员会第十九届部长级会议 [EB/OL]. http：//www. pbc. gov. cn/hanglingdao/ 128697/128719/128769/2841178/index. html，2009 – 04 – 26.

[166] 周程. 东亚金融合作对消费风险分担的影响 [J]. 国际金融研究，2015 (12)：75 – 84.

[167] 周茂，陆毅，符大海. 贸易自由化与中国产业升级：事实与机制 [J]. 世界经济，2016，39 (10)：78 – 102.

[168] 周小川. 共商共建 "一带一路" 投融资合作体系 [J]. 中国金融，2017，(09)：6 – 8.

[169] 周振华. 论产业结构分析的基本理论框架 [J]. 中国经济问题，1990 (01)：1 – 8.

[170] 朱玉杰，倪骁然. 金融规模如何影响产业升级：促进还是抑制？——基于空间面板 Durbin 模型 (SDM) 的研究：直接影响与空间溢出 [J]. 中国软科学，2014 (04)：180 – 192.

[171] 资本论. 马克思 [M]. 北京：人民出版社，2018.

[172] Aghion P, Commander S. On the dynamics of inequality in the transition [J]. Economics of Transition, 2010, 7 (2)：275 – 298.

[173] Aghion P . Handbook of Economic Growth [M]. Elsevier, 2005.

[174] Aghion P, Howitt P. A Model of Growth through Creative Destruction [J]. Econometrics, 1992, 60 (2)：323 – 351.

[175] AkamatsuK. A Historical Pattern of Economic Growth in Developing Countries [J]. Wiley Online Library, 1962, 1 (1)：3 – 25.

[176] Allen F. , Gale, Comparing Financial System [M]. Cambridge, MA: MIT Press, 1999.

[177] Asdrubali P. , Srensen B. E. , Yosha O. Channels of Interstate Risk Sharing: United States 1963 – 1990 [J]. The Quarterly Journal of Economics, 1996, 111 (4): 1081 – 1110.

[178] Badinger, H. Growth Effects of Economic Integration: Evidence from the EU Member States [J]. Rev. World Econ. 2005, 141: 50 – 78.

[179] BAIM. Will Asian Infrastructure Investment Bank Become a Reality? [J]. China Today, 2014 (11): 41 – 43.

[180] Balli F. Essays on Financial Integration and Risk Sharing among EMU Members [D]. University of Houston, 2007.

[181] Barry Eichengreen. Global Financial Cooperation [J]. Finance and Development, 2020 (9): 21 – 23.

[182] Bayoumi T. Eichengreen B. Exchange Rate Volatility and Intervention: Implications of the Theory of Optimum Currency Areas [J]. Journal of International Economics, 1998, 45 (2): 191 – 209.

[183] Beck T. , Levine R. Industry Growth and Capital Allocation: Does having a Market or Bank-based System Matter? [J]. Journal of Financial Economics, 2002, 64 (2): 147 – 180.

[184] Binh K B, Sang, Bo P, et al. [Preliminary] Financial Structure and Industrial Growth: A Direct Evidence from OECD Countries, 2005.

[185] Blustein, P. The Chastening: Inside the Crisis that Rocked the Global Financial System and Humbled the IMF [M]. New York: Public Affairs, 2003.

[186] Bodie Z. , Merton R. C. , Cleeton D. L. , Financial Economics [M]. China Renmin University Press, 2009.

[187] Bonfiglioli A. Financial Integration, Productivity and Capital Accumulation [J]. Journal of International Economics, 2008, 76 (2): 337 – 355.

[188] Broda C., Romalis J. Identifying the Relationship Between Trade and Exchange Rate Volatility [J]. Nber Chapters, 2010: 79 – 110.

[189] Callaghan M., Hubbard P. The Asian Infrastructure Investment Bank: Multilateralism on the Silk Road [R]. Finance Working Papers, 2016 (9): 116 – 139.

[190] Cerdeiro D. A., Komaromi D. Financial Openness and Capital Inflows to Emerging Markets: In Search of Robust Evidence [R]. IMF Working Paper, No. 194, 2019.

[191] Chan K. K., and Gemayel R E. 2004. Risk Instability and the Pattern of Foreign Direct Investment in the Middle East and North Africa Region [R]. IMF Working Paper, 2004, 139.

[192] Ciccone A. Agglomeration Effects in Europe [J]. European Economic Review, 2002, 46 (2): 213 – 227.

[193] Clark C. The Conditions of Economic Progress [M]. London: Macmillan, 1940.

[194] Coase R. The Problem of Social Cost [J]. Journal of Law and Economics, 1960, 3: 1 – 44.

[195] Cohen B. J. The Benefits and Costs of an International Currency: Getting the Calculus Right [J]. Open Economies Review, 2012, 23 (1): 13 – 31.

[196] Comin D., Nanda R. Financial Development and Technology Diffusion [R]. Working Paper, 2014.

[197] Cooper, Richard N. Macroeconomic Policy Adjustment in Interdependent Economies [J]. The Quarterly Journal of Economics, 1969, 83 (1): 1 – 24.

[198] Corcoran, A. International Financial Integration and Consumption Risk Sharing [C]. Trinity College Dublin, 2008.

[199] Cristian. Antonelli. Localized Technological Change, New Informa-

tion Technology and the Knowledge-based Economy: the European Evidence. Evolutionary Economics, 1998 (8): 177 – 198.

[200] De Nicolò, G., Juvenal L., Financial Integration, Globalization and Real Activity [J]. Journalof Financial Stability, 2014, 10: 65 – 75.

[201] Eichengreen, B. and Park, Y. C., Why has There been less Financial Integration in Asia than in Europe? [R]. Singapore: Monetary Authority of Singapore, MAS Staff Papers, 2004.

[202] Eichengreen B., Hausmann R. Exchange Rates and Financial Fragility [J]. NBER Working Papers, 1999: 329 – 368.

[203] Ellison G, Glaeser E L. Geographic Concentration in U. S. Manufacturing Industries: A Dartboard Approach [J]. Journal of Political Economy, 1997, 105 (5): 889 – 927.

[204] Fetai B T. Does Financial Development Accelerate Economic Growth?: An Empirical Analysis of European Countries in Transition [J]. Journal of Financial Economic Policy, 2018 (10): 426 – 435.

[205] Fisman R, Love. Trade Credit, Financial Intermediary Development, and Industry Growth [J]. Journal of Finance, 2003, 58 (1): 353 – 374.

[206] Francois J. & Woerz J. Producer Services, Manufacturing Linkages, and Trade [R]. FIW Working Paper, 2007.

[207] FujitaM, ThissseJ F. Economics of Agglomeration: Cities, Industrial Location, and Globalization [M]. Cambridge: Cambridge University Press, 2011.

[208] Gereffi, G. The Organisation of Buyer-Driven Global Commodity Chains: How U. S. Retailers Shape Overseas Production Networks [M]. Praeger Publishers, 1994.

[209] Gerschenkron A. Economic Backwardness in Historical Perspective [M]. The Belknap Press of Harvard University Press, 1962.

[210] Goldsmith R. W. Financial Structure and Development [M]. Studies in Comparative Economics, 1969.

[211] Greunz L. Industrial Structure and Innovation-Evidence from European Regions [J]. Journal of Evolutionary Economics, 2004, 14 (5): 563 – 592.

[212] Grimes, W. W. The Asian Monetary Fund Reborn: Implications of Chiang Mai Initiative Multilateralization [J]. Asia Policy, 2011 (11): 79 – 104.

[213] Gurley J G, Shaw E S. Financial Aspects of Economic Development [J]. American Economic Review, 1955, 45 (4): 515 –538.

[214] Hamada, Koichi. A Strategic Analysis of Monetary Interdependence [J]. Journal of Political Economy, 1976, 84 (4): 677 –700.

[215] Harry Gordon Johnson. Optimum Tariffs and Retaliation [J]. Review of Economic Studies, 1953, 21 (2) 142 –153.

[216] Henderson J. Semiconductors, Scotland and the International Division of Labour [J]. Urban Studies, 1987, 24 (5): 389 –408.

[217] Henderson, Karla A. Dimensions of Choice: A Qualitative Approach to Recreation, Parks, and Leisure Research [M]. State College PA: Venture Publishing Inc., 1991.

[218] H. Haken, Synergetics [M]. Physica B + C, 1984.

[219] Hoffmann P., Kremer M., Zaharia S. Financial Integration in Europe through the Lens of Composite Indicators [J]. Economics Letters, 2020 (109): 344.

[220] Hollander S. The Economics of David Ricardo [M]. University of Toronto Press, 1979.

[221] Howes R. Making Governance Mechanisms Effective in a Coordinated Industry: theCase of Construction in the United Kingdom [J]. International Journal of Technology Management, 2000, 20 (1): 194 –213.

[222] Hummels, D. , Ishii, J. and Yi, K. M. The Nature and Growth of Vertical Specialization in World Trade [J]. Journal of International Economics, 2001 (54): 75 – 96.

[223] Ito, T. Promoting Asian Basket Currency (ABC) Bonds [D]. University of Tokyo, 2004.

[224] Ito, T. The Future of the Asian Infrastructure InvestmentBank: Concerns for Transparency and Governance [R]. Columbia Business School, 2015.

[225] Jiandong Ju. , Justin Yifu Lin. , Yong Wang. Endowment Structures, Industrial Dynamics, and Economic Growth [C]. Meeting Papers, 2009: 244 – 263.

[226] Kalemli-Ozcan S. , Sorensen B. E. , Yosha O. Economic Integration, Industrial Specialization, and the Asymmetry of Macroeconomic Fluctuations [J]. Journal of International Economics, 2001, 55 (1): 107 – 137.

[227] Kim B K, White L. Who Drives the PV Industry? The Road to a Sustainable Industry [J]. Journal of Nanoelectronics & Optoelectronics, 2012, 7 (5): 454 – 459.

[228] Kim, S. , Lee, J – W. and Shin, K. Regional and Global financial Integration in East Asia [M]. New York: Oxford University Press, 2006.

[229] King R G, Levine R. Finance and Growth: Schumpeter may be Right [J]. Quarterly Journal of Economics, 1993, 108 (3): 713 – 737.

[230] King R G, Levine R. Finance, Entrepreneurship and Growth: Theory and Evidence [J]. Journal of Monetary Economics, 1993, 32 (3): 513 – 542.

[231] Klein M W, Olivei G P. Capital Account Liberalization, Financial Depth, and Economic Growth [J]. Journal of International Money & Finance, 2008, 27 (6): 861 – 875.

[232] Kletzer K, Bardhan P. Credit Markets and Patterns of International

Trade [J]. Journal of Development Economics, 1987, 27 (1 – 2): 57 – 70.

[233] Kohler, Marcel, Saville, et al. Measuring the Impact of Trade Finance on Country Trade Flows: a South African Perspective [J]. South African Journal of Economic and Management Sciences, 2011, 14 (4): 466 – 478.

[234] Kojima K. Direct Foreign Investment: A Japanese Model Business Operations [M]. New York: Praeger, 1978.

[235] Krugman P, Baldwin R E, Branson W H. Finance and Development: Issues and Experience: International Finance and Economic Development and Growth [M]. Cambridge University Press, 1993.

[236] Krugman P. , R. Vehicle Currencies and the Structure of International Exchange [J]. Journal of Money Credit and Banking, 1980, 12 (3): 513 – 526.

[237] Lane P R, Milesi-Ferretti G M, Forbes K J, et al. Long-term capital movements [C]. Annual Macroeconomics Conference. 2002.

[238] Leontieff W. Structure of the World Economy [J]. Nobel Prize in Economics Documents, 1973, 34 (1): 50 – 61.

[239] LeSage J. P. , Pace R. K. A Matrix Exponential Spatial Specification [J]. Journal of Econometrics, 2007, 140 (1): 190 – 214.

[240] Levine R. Finance and Growth: Theory and Evidence [J]. Handbook of Economic Growth, 2005, 1 (1): 865 – 934.

[241] Lipscy, P. Y. Japan's Asian Monetary Fund Proposal [J]. Stanford Journal of East Asian Affairs, 2003, 3 (1): 93 – 104.

[242] Marshall A . Principles of economics [J]. Political Science Quarterly, 1961, 31 (77): 430 – 444.

[243] Mccauley R. N. , White W. R. The Euro and European Financial Markets [J]. Bis Working Papers, 1997.

[244] MD Rin, Hellmann T. Banks as Catalysts for Industrialization [J]. William Davidson Institute Working Papers Series, 2001.

［245］ Miao Ji. Expectations and Realities: Managing the Risks of the "Belt and Road" Initiative ［J］. China Quarterly of International Strategic Studies, 2015 (1): 497 – 522.

［246］ Mikinnin. Optimum Currency and Areas ［J］. American Economic Review, 1963 (53): 717 – 725.

［247］ Moore, G. The Practical Economics of Walter Bagehot ［J］. Journal of the History of Economic Thought, 1996, 18 (2): 229 – 249.

［248］ Morgan P J, Lamberte M. Strengthening Financial Infrastructure ［J］. Finance Working Papers, 2012.

［249］ Mundell, Robert. TheTheory of Optimum Currency Area ［J］. American Economic Review, 1961 (9): 657 – 665.

［250］ Naghavi N. , Mubarik M. S. Financial Liberalization and Stock Market Efficiency: Measuring the Threshold Effects of Governance ［J］. Annals of Financial Economics, 2018, 13 (4): 1 – 24.

［251］ Obstfeld. M. International Capital Mobility in the 1990s ［J］. Center for International and Development Economics Research (CIDER) Working Papers, 1994.

［252］ Pakes A, Griliches Z. Patents and R & D at the Firm Level: aFirst Report ［J］. Economics Letters, 1980, 5 (4): 377 – 381.

［253］ Patrick H T. Financial Development and Economic Growth in Underdeveloped Countries ［J］. Economic Development and Cultural Change, 1966, 14 (2): 174 – 189.

［254］ Patrick, Hugh T. Financial Development and Economic Growth in Underdeveloped Countries ［J］. Money & Monetary Policy in Less Developed Countries, 1966, 14 (2): 174 – 189.

［255］ Peneder M. Industrial Structure and Aggregate Growth ［J］. Structural Change and Economic Dynamics, 2003, 14 (4): 427 – 448.

［256］ Peter Dicken, Jeffrey Henderson, Global Production Networks and the Analysis of Economic Development [J]. Review of International Political Economy, 2002, 9 (3): 436 – 464.

[257] Petty, William. Political Arithmetick [M]. History of Economic Thought Books, McMaster University Archive for the History of Economic Thought, 1690.

[258] Poter M. E. Competitive Advantage: Creating and SustainingSuperior Performance [M]. New York: Free Press, 1985.

[259] Poter M. E. Industrial Organization and the Evolution of Concepts for Strategic Planning: The New Learning [J]. Managerial and Decision Economics, 1983, 4 (3): 172 – 180.

[260] Poter M. E. The Competitive Advantageof Nations [M]. New York: Free Press, 1990.

[261] Rahman M. S. , Shahari F. The Nexus between Financial Integration and Real Economy: Solow-growth Model Concept [J]. Research in International Business and Finance, 2017, (42): 1244 – 1253.

[262] Rainer Greca, Regional Development and the Reorganization Processes in the Automobile Industry [J]. International Journal of Automotive Technology and Management, 2008 (8): 876 – 889.

[263] Rajan, R. G. , & Zingales, L. Financial Dependence and Growth [J]. The American Economic Review, 1998, 88 (3), 559 – 586.

[264] Reisen H. Will the AIIB and the NDB Help Reform Multilateral Development Banking? [J]. Global Policy, 2015 (3): 297 – 304.

[265] Rose A. K. , Engel C. Currency Unions and International Integration [J]. Journal of Money, Credit and Banking, 2002, 34 (4): 1067 – 1089.

[266] Schumpeter J. A. The Theory of Economic Development [M]. Cambridge: Harvard University Press, 1934.

[267] Simon X. B. Zhao. Spatial Restructuring Of Financial Centers In Mainland China And Hong Kong [J]. Urban Affairs Review, 2003, 38 (4): 535 –

571.

[268] S. L. Lan, Ray Y. Zhong, Coordinated Development between Metropolitan Economy and Logistics for Sustainability, Resources, Conservation & Recycling, 2018 (128): 345 – 354.

[269] Sumon C. Mazumdar. Bank Regulations, Capital Structure, And Risk [J]. Journal of Financial Research, Southern Finance Association; Southwestern Finance Association, 1996, 19 (2): 209 – 228.

[270] Sveikauskas L. The productivity of Cities [J]. The Quarterly Journal of Economic, 1997, 89 (3): 393 – 413.

[271] Tavlas G S. The Collapse of Exchange Rate Regimes: Causes, Consequences and Policy Responses [M]. 1997.

[272] Tavlas G S. The International Use of Currencies: The U. S. Dollar and the Euro [J]. Financa & Development, 1998, 35 (2): 46 – 49.

[273] Van Wincoop, E. How Big Are Potential Welfare Gains from International Risk Sharing? [J]. Journal of International Economics, 1999, 47 (1): 109 – 135.

[274] Van Wincoop, E. Welfare Gains from International Risk Sharing [J]. Journal of Monetary Economics, 1994, 34 (2): 175 – 200.

[275] Veena Goel, Various Sized Sugarcane Growers' Asset Positions, Cane Cultivable Practices and Chain Coordination Mechanisms in Punjab, India [J]. Acta Horticulturae, 2011 (895): 129 – 136.

[276] Venables A J. Equilibrium Locations of Vertically Linked Industries [J]. Journal of International Economics, 1996, 37 (2): 59 – 341.

[277] Vernon R. International Investment and International Trade in the Product Cycle [J]. The Quarterly Journal of Economics, 1966, 80 (2): 190 – 207.

[278] Vertakova Y, Grechenyuk O, Grechenyuk A. Identification of Clustered Points of Growth by Analyzing theInnovation Developmentof Industry [J].

ProcediaEconomics and Finance, 2016 (39): 147 - 155.

[279] Vinod K. Aggarwal, Shujiro Urata, Bilateral Trade Agreement in the Asia-Pacific, Origins, Evolution, and Implications [M]. New York: Routledge, 2006.

[280] Vlrich Volz. The Process of European Monetary Integration and Its Implications for East Asia [M]. The MIT Press, 2010.

[281] William N. Kring, William W. Grimes. How has ASEAN13 Financial Cooperation Affected Global Financial Governance? [J]. International Relations of the Asia-Pacific, 2021 (21): 7 - 35.

[282] Williamson O E. Markets and Hierarchies: Analysis and Antitrust Implications: A Study in the Economics of Internal Organization [J]. Accounting Review, 1975.

[283] Wurgler J. Financial Markets and the Allocation of Capital [J]. Journal of Financial Economics, 2000 (58): 187 - 214.

[284] Yunjong Wang. Financial Cooperation and Integration in East Asia [J]. Journal of Asian Economics, 2004 (15): 939 - 955.

[285] Zheng Xinli. Belt and Road Initiative: Major Strategy for Improving China's Open Economic System, Speech at Global Asset Management Forum (Tianjin Summit), Tianjin, December 13, 2014.

# 后　记

　　本书是在我的博士论文的基础上修改完成的，很久以来就盼望着写这本书了，这一盼就是5年，终于等到的时候，却不知从何说起，内心五味杂陈，感慨万千。一路走来，战战兢兢，摸爬滚打，跌跌撞撞。从懵懂入校到艰难毕业，付出了巨大的艰辛和努力，汗水与泪水。此刻，我满含热泪写下这本书，要感谢的人很多。

　　首先，要感谢的就是我的导师刘慧侠教授，没有她的谆谆教诲与悉心指导，就没有我今天的成果。论文是在导师的一步步指导下完成的，从论文选题到撰写，反复地修改到最后的定稿，无一不渗透着导师的心血。值此论文完稿之际，谨对导师的辛勤培育表示最衷心的感谢！刘老师是一位极其认真负责、治学严谨、为人善良的好老师。她没有嫌弃我基础差，没有放弃我，而是一直给予我督促、引导、鼓励和支持。在学术的道路上将我扶上马，送一程。云山苍苍，江水泱泱，恩师之情，山高水长。

　　其次，要感谢的是西北大学经济管理学院的无私培养，为我们配备最优秀的教师团队，提供丰富的学术资源，营造良好的学术氛围。在这里，感谢每一位给予我温暖和帮助的老师和同学们。尤其是徐璋勇、惠宁、赵景峰、韩锦棉等教授对我的毕业论文给予了宝贵的意见与建议。感恩遇见闫永生、胡西娟、郑晓舟、王洁辰、魏含笑等同学。常常向他们请教学术问题，交流论文、课题写作思路与感受，互相鼓励与支持，让我觉得不是一个人在战斗。

　　此外，还要感谢我单位的同事以及我的父母和家人，他们为我承担了很多，让我能够腾出时间来，进行学习与写作。尤其是我的丈夫，一直以来对我无私地奉献与付出，对我支持和鼓励，是我最坚强的后盾。最应该感谢的是自己，感谢自己一直咬牙坚持，在经历了无数个日夜的辛勤写作和无数次的自我否定后，依旧没有放弃。在我的人生中，经历过不为人知的失败与痛彻心扉的打击，正是这些生活经历，让我变得更加坚强、更有力量。让我相信女性也可以通过努力，为家庭、为国家奉献一份力量。

言辞有尽，感激无穷。人生之路，道阻且长，工于至诚，行以致远。单人独马，越关山唯勇毅；灯火阑珊，白青丝亦无悔。